Aragón de leyenda

CÉSAR ALCALÁ

Aragón de leyenda

ALMUZARA

Primera edición: enero de 2025

Editorial Almuzara • Colección Enigma
Editora: Rosa García Perea
Maquetación: Miguel Andréu

www.editorialalmuzara.com
pedidos@almuzaralibros.com - info@almuzaralibros.com

Editorial Almuzara
Parque Logístico de Córdoba. Ctra. Palma del Río, km 4
C/8, Nave L2, n.º 3. 14005 - Córdoba

Imprime: Black Print
ISBN: 978-84-10525-52-8
Depósito legal: CO-2184-2024
Hecho e impreso en España - *Made and printed in Spain*

Índice

Prefacio

A lo largo de España hay una serie de personajes o factores que son comunes en todas comunidades autónomas. Si nos alejamos en el tiempo, tenemos todas aquellas leyendas y tradiciones que se crearon alrededor de la estancia, en nuestras tierras, de los musulmanes y, sobre todo, de la Reconquista. Vinculados a esto tenemos a reyes, caballeros y personajes que han pasado a formar parte de la mitología, como puede ser el Cid.

A continuación, también dentro de la Reconquista, está el hecho de crear o dar forma a los diferentes reinos. La corona de Aragón, y en particular lo que hoy en día es la comunidad de Aragón, tuvo que centrar sus esfuerzos para convertirse en lo que es. Dejemos a parte la unión con Cataluña. Ahora bien, esta unión significó que una serie de tradiciones se convirtieran en temas comunes, siempre dentro de un respeto y con sus variantes. La más común de ambas es la de san Jorge, que la tradición de cada pueblo o lugar ha querido hacer suya y ha llevado a cabo una serie de variaciones vinculadas al hecho de que un caballero acabara matando a un dragón.

El amor también está muy presente. En este libro se recogen varias leyendas vinculadas con dos personas, enamoradas, cuyas familias impiden ese amor y deciden suicidarse para eternizarlo. Los más populares son los amantes de Teruel, pero estos no son los únicos. Se han recopilado en este libro muchas historias referidas a amantes que, en un momento determinado, decidieron eternizar su amor con el suicidio.

No nos podemos olvidar de los monasterios, ermitas, iglesias y, por descontado, la Virgen del Pilar. Directa o indirectamente la patrona de España y de Zaragoza planea en el pensamiento cristiano no solo de aquí, sino de toda España. A su alrededor se han creado mil y una historias y leyendas. Lo mismo ha ocurrido con estatuas de vírgenes encontradas que, antes de ser invadida España por los musulmanes, fueron enterradas para que estos no las destruyeran. Este episodio es común en Aragón, en Cataluña y en otras poblaciones de España. Y siempre un hecho fortuito ha dado pie a que se encuentren dichas imágenes en un lugar donde, a pesar de los intentos humanos de llevarlas a otro sitio, han acabado allí, construyéndoles una capilla que, con el tiempo, se ha convertido en iglesia.Las historias de santos también son comunes en esta recopilación de leyendas e historia de Aragón. Muchos han sido los que han pasado por estas tierras y muchos dejaron huella, como san Vicente Ferrer. Esto forma parte de la tradición cultural de una zona. Y, si nos centramos en los servidores de Dios, Aragón ha dado uno de los papas más controvertidos de la historia, artífice de una ruptura y que estableció lo que podríamos llamar su particular Vaticano en el castillo de Peñíscola. Estamos hablando del papa Luna o Benedicto XIII, que durante muchos años se mantuvo en sus trece.Luego tenemos el sentir común de pueblos y personajes históricos, como el Tío Jorge, que no dejan de ser la tradición. A todo esto se podría añadir el devenir cotidiano de cosas que ocurren y, al no tener una explicación racional, se convierten en leyenda para que puedan ser explicadas. Y ahí surgen las brujas y todo aquello que podríamos vincular con lo paranormal. En esto Aragón no se diferencia mucho de otras regiones españolas.

A lo largo de estas páginas hemos recopilado toda una serie de leyendas, tradiciones y agudezas aragonesas que forman parte de la cultura popular. Algunas olvidadas, otras desconocidas y muchas de ellas sorprendentes. La intención del libro es darlas a conocer y lo más importante: que el lector las transmita a las personas que tiene a su alrededor. Hoy en día, con las prisas y las nuevas tecnologías, se ha perdido aquello de leer por las noches, cerca de una chimenea, a los infantes, historias de su pueblo. Muchas de ellas misteriosas, que no les permitían dormir. Los mundos modernos nos hacen, muchas veces, olvidarnos de dónde venimos. Y esto es un problema. Porque somos aquello de donde vienen nuestros antepasados. Y no lo podemos olvidar.

Personalmente estoy muy agradecido a la editorial Almuzara, a Manuel Pimentel y a mi editora, Rosa García Perea, por haber podido hacer este libro. Homenaje a mis antepasados que, desde tiempos inmemoriales, nacieron, vivieron y se hicieron hombres en Aragón y que, tal vez, contaron a alguien una de estas historias. En un momento en el cual muchos olvidan su pasado, tener la oportunidad de ponerlo en valor y escribir este *Aragón de leyenda* ha sido un verdadero honor y un placer. Espero que ustedes disfruten tanto leyéndolo como yo escribiéndolo y recordando cosas que antaño algún antepasado mío me explicó a la luz de una chimenea.

César Alcalá

Leyendas e historias de Zaragoza

El asesinato de Pedro Arbués

Pedro Arbués, natural de la localidad de Épila (1441-1485), fue nombrado por Torquemada inquisidor de Aragón en 1484. Estando él en posesión de su cargo, se ejecutaron varios autos de fe, dando lugar a una época llena de convulsiones y grandes incertidumbres para los conversos, muchos de los cuales formaban parte de algunas de las familias más ricas e influyentes de Zaragoza. Además, también los nobles del reino de Aragón veían en la Inquisición un obstáculo a la hora de conservar sus fueros. En este contexto se comenzó a perpetrar una conspiración contra él. Esta sería culminada mientras rezaba ante el altar mayor de la Seo de Zaragoza, el 14 de septiembre de 1485. Ocho asesinos lo acuchillaron, llevando a cabo la sangrienta acción y siendo ajusticiados aquellos sobre los que pesaban más sospechas. Pedro Arbués fue canonizado por Pío IX en 1867. Su sepulcro, esculpido por Gil Morlanes, se encuentra en la Seo de ZaragozEse fue el quinto intento de asesinarlo, pues los otros fracasaron. Aquel día, a la hora de maitines, entraron en la iglesia de San Salvador los asesinos, armados y disfrazados, ocultándose entre las sombras. Apostados en dos lugares distintos, aguardaron la llegada del inquisidor. Entró este por la puerta del claustro, con una linternilla en una mano y una lanza corta en la otra. Llevaba cota de malla debajo de la sotana clerical y un casquete de hierro en la cabeza, oculto por el gorro, pues se cree que estaba algo apercibido sobre un posible ataque. Surgidos de la penumbra, saltaron sobre él los asesinos, dirigidos por Juan de Abadía. Vidal Durango le dio una cuchillada en el cuello y Juan de Esperandeu le arremetió con su espada asestándole dos estocadas. Lo dejaron por muerto sobre las losas del templo, pero el inquisidor no murió allí mismo. Falleció al cabo de tres días a consecuencia de las terribles heridas recibidas.

La noticia del asesinato causó tal revuelo e indignación que una gran turba de zaragozanos enfurecidos se dirigió hacia la Aljama, la casa del rabino Slomo Buisán, buscando venganza. Sin tener en cuenta su avanzada edad, le cortaron la cabeza, la clavaron en una pica y la dejaron expuesta en la plaza de la Magdalena. Se desató una persecución inmisericorde y, en un tiempo récord para aquella época, los sospechosos fueron identificados, detenidos, juzgados y condenados.

Vidal Durango fue arrastrado por caballos por la ribera del río, luego lo ahogaron y, después de ser nuevamente arrastrado hasta el mercado, fue descuartizado, siendo clavadas sus manos en la puerta de la diputación. Juan Esperandeu fue desmembrado entre cuatro caballos. Francisco de Santa Fe, importante asesor del Gobierno del reino de Aragón, se suicidó en la cárcel para evitar confesar bajo tortura. Juan Pedro Sánchez, hermano del tesorero del rey Fernando, escapó antes de que lo detuvieran. Jaime de Montesa, un septuagenario jurista e importante personaje de la ciudad, fue condenado a ser quemado vivo. También se condenó a muerte al fugado Pedro Sánchez, pero al estar en paradero desconocido se lo quemó en efigie. El cuñado suyo, Luis de Santamgel, en cuya casa se acordó el asesinato, debió de confesar o arrepentirse porque tuvo una muerte menos dolorosa. Primero fue decapitado y luego quemaron su cuerpo en la hoguera.

Los cheposos

Cuenta la leyenda que en Zaragoza se aplica este apodo, que nació del fiero cierzo, que azotaba las calles con fuerza. Por eso l zaragozanos caminaban por las calles con la cabeza gacha y los hombros encogidos, buscando refugio del viento helado. La historia de los cheposos escondía un secreto más oscuro. En tiempos del famoso Pedro de Luna, papa Benedicto XIII, los obispos que se habían aliado con el papa fueron condenados a llevar una chepa falsa como símbolo de su traición. La chepa, una pesada carga física y moral, les recordaría constantemente su error y los marcaría como apóstatas. Con el tiempo, la imagen de la chepa se asoció a los zaragozanos en general, también a aquellos que no habían tenido nada que ver con el cisma papal. El apodo de *cheposos* se extendió y se convirtió en una parte de la identidad de la ciudad.

La leyenda del trovador

Manrique de Lara, trovador de profesión y de sangre de la nobleza, fue criado por una gitana. Se enamoró de Leonor, una joven de la corte de la Aljafería, de la que también estaba enamorado Antonio Artal, hermano del primero, aunque ambos no lo sabían. Leonor eligió a Manrique, y Antonio, por celos, mandó encerrar a la joven en un convento. Pero el trovador la raptó y escaparon juntos. La pareja vivió feliz hasta que dieron con su paradero: Manrique fue apresado y llevado a la torre de la Aljafería, donde fue condenado a muerte y ejecutado. La muerte de Manrique provocó el suicidio de Leonor, y Antonio, al descubrir por la gitana que había ejecutado a su propio hermano, murió desconsolado.

La leyenda del arco del Deán

Cuenta la leyenda que el deán no deseaba tener contacto con la población y que por eso quiso unir los dos edificios en los que hacía su vida diaria. Ante el rechazo de los jurados de la época para la realización[1] de su obra, el deán se encomendó a Lucifer para conseguirlo. A cambio de lograrlo, Lucifer se quedaría con el alma de todo el que pasase por debajo del pasaje de su arco para el resto de los tiempos.

De Cesaraugusta a Zaragoza

La ciudad se levanta sobre los cimientos del campamento romano que a su vez se estableció sobre la villa íbera de Salduie. Recibió el nombre Caesaraugusta del emperador bajo cuyo mandato se refundó y fue proclamada colonia inmune, Octavio Augusto. Tras las invasiones musulmanas, se convirtió en un importante centro urbano llamado Medina al-Baida Saraqusta (Zaragoza la Blanca). Con el tiempo se convertiría en capital de su taifa. Tras la reconquista cristiana en el 1118, se pasó a llamar Saragoça y más tarde su nombre evolucionó hacia Çaragoça, adoptando finalmente su denominación actual de Zaragoza.

Don Quijote y Zaragoza

La verdad es que Miguel de Cervantes pudo haber hecho pasar a don Quijote por Zaragoza. Es más, al finalizar la primera parte, anuncia que en su siguiente viaje visitará esta ciudad. Sin embargo, no lo hizo. ¿Por qué? En el año 1614 apareció la segunda parte de *Don Quijote,* esta vez firmada por el licenciado Alonso Fernández de Avellaneda, natural de la villa de Tordesillas. En este volumen apócrifo sí entra don Quijote a Zaragoza. Cuando en 1615 Cervantes publica su segunda parte, la canónica, desvía a su protagonista de la ruta ideada en la primera parte de la novela, para evi-

1 Le hablo da Zarfagoza. Un paseo a tu lado por mi ciudad. Julio Antonio Vicente Navarro.

tar comparaciones y descartar lo escrito por Avellaneda, y don Quijote pone rumbo a Barcelona. Sin embargo, sí que pasa cerca de ella y los expertos consideran que la ínsula Barataria es, en realidad, Alcalá de Ebro. Al respecto de este tema escribe María Victoria Sáez Pascual:

> Cervantes cierra la Primera Parte de *El Quijote* con el anuncio de una tercera salida del hidalgo que le llevará hasta Zaragoza. Pero ¿por qué precisamente esta ciudad? La elección de un destino real y próximo encaja con el carácter cotidiano que el novelista imprime a su héroe: don Quijote nunca podría encaminarse hacia tierras lejanas y misteriosas como sus modelos caballerescos, él intenta convertir su realidad en novela y esto sólo puede conseguirlo partiendo de los datos de la experiencia. Por otra parte, Zaragoza constituye un ingrediente más de la verosimilitud novelesca, ya que en esta ciudad la Cofradía de San Jorge conservaba las costumbres caballerescas medievales, de modo que era el destino idóneo para nuestro nostálgico hidalgo.
>
> (...) La Segunda Parte de la novela cervantina está marcada por la constante mención de la ciudad aragonesa. Sin embargo, a partir del capítulo 59, don Quijote decide apartarse de Zaragoza para afirmar su autenticidad frente al imitador. Pero, ¿realmente es Avellaneda quien impide la llegada del héroe a su destino?
>
> (...) Hasta el capítulo 59 las acciones de nuestro héroe intentan hacer realidad lo escrito en los libros de caballerías, ya que su locura le impide distinguir lo real de lo ficticio. Pero tras el descubrimiento del imitador las energías del personaje se concentran en demostrar la falsedad de ese libro que narra su historia. Así que, la novela de Avellaneda no es una mera anécdota en el *Quijote* cervantino, sino que constituye un elemento fundamental en el desarrollo de la trama, pues desempeña un papel simétrico y opuesto al de las novelas de caballerías: si aquéllas causaron la locura del protagonista, ésta provoca su curación.

En la apócrifa obra escrita por Alonso Fernández de Avellaneda, *Segundo tomo del ingenioso hidalgo don Quijote de La*

Mancha, que contiene su tercera salida y es la quinta parte de sus aventuras, con el propósito de participar en las justas, don Quijote se encamina con Sancho Panza a Zaragoza, pero la pendencia que sostiene con un melonero en Ateca lo hace detenerse en ese lugar y llegar a Zaragoza cuando ya han concluido las justas. Avellaneda, que según Martí de Riquer era el seudónimo de Jerónimo de Pasamonte, con respecto a Zaragoza, escribe:

> (...) el día que la sortija se avía de jugar, estuvo, en comiendo, la calle del Coso riquíssimamente adereçada, y compuestos todos sus balcones y ventanas con brocados y tapizes muy bien bordados, ocupándolos infinitos seraphines, con esperanças cada uno de recibir de la mano de su amante, de la de alguno de aquellos cavalleros aventureros, la joya que ganasse. Vino a la fiesta la nobleza del reyno y ciudad, visorrey, Justicia mayor, diputados, jurados y los demás títulos y cavalleros, poniéndose cada uno en el puesto que le tocava. Vinieron también los juezes de la sortija, muy acompañados y galanes, que, como hemos dicho, eran un titular y dos cavalleros de hábito, y pusiéronse en un tablado no muy alto, curiosamente compuesto; a cuyo recibimiento empeçaron a sonar los menestriles y trompetas, y al mismo son començaron a entrar por la ancha calle, de dos en dos, los cavalleros que avían de correr.
>
> (...) ya todos los que entravan en este número sabían, de don Álvaro Tarfe y demás cavalleros amigos suyos, quién era don Quijote, su estraña locura y el fin para que salía a la plaça, pues era para regocijarla con alguna disparatada aventura. Y no es cosa nueva en semejantes regocijos sacar los caballeros a la plaça locos vestidos y adereçados y con humos en la cabeça, de que han de hazer suerte, tornear, justar y llevarse premios, como se ha visto algunas vezes en ciudades principales y en la misma Zaragoça.

La campana de Velilla de Ebro

Dicen que la campana llegó desde el Mediterráneo y se internó por el Ebro, a contracorriente, y se iba parando en diversos pueblos. Iba de pie y llevaba dos velas encendidas, que desafiaban el chapaleo de las aves y la furia de los vientos. Los lugareños bajaban al río para sacarla del agua, en botes o nadando, sin suerte. Ni el pescador más diestro ni el barquero más audaz ni el forzudo del lugar podían con ella. Y la campana, indomable, seguía su curso aguas arriba. Al llegar a Velilla volvió a suceder lo mismo. Nadie la podía sacar ni mover siquiera. Y a alguien se le ocurrió llamar a dos doncellas. La acariciaron y la movieron sin esfuerzo alguno. Y ella sola salió de las aguas y se quedó en la orilla. Fue así como se trasladó a la ermita de San Nicolás de Bari.

No tardó en dar muestras de su excepcionalidad. Se ponía a tocar sola, a cualquier hora, de día y de noche, para anunciar desgracias y, rara vez, alguna ventura. Era lo que se llama una campana agorera o premonitoria. Se sabe que tocó sola para advertir la muerte del rey Fernando de Aragón, la del inquisidor Pedro Arbués en una capilla de la Seo, la de la bella Isabel de Portugal o la de Felipe II.Consta que dejó de sonar en 1686. Se fue estropeando, ya que los vecinos le arrebataban fragmentos de bronce porque pensaban que eran un antídoto contra los malos augurios. Sus restos se utilizaron para fundir otras dos nuevas campanas que tocaron a su antojo, hasta que enmudecieron para siempre. Se las llamó María Nicolasa y Águeda. Y aún siguen esperando el gesto del cura o de un monaguillo para llamar a misa.

Las sirenas de Mequinenza

Estas sirenas, seres mitad mujer y mitad pez, se dice que atraen a los viajeros con sus cantos melodiosos. La leyenda advierte que las sirenas solo aparecen en noches de luna llena, cuando el río brilla con su luz plateada. Quienes han escuchado sus cantos cuentan historias de una sensación de éxtasis y una conexión mística con las aguas del Ebro. La tradición oral sugiere que estas sirenas son protectoras del río y otorgan bendiciones a aquellos que respetan sus aguas. Esta leyenda agrega un toque de magia a la región de Mequinenza.

El dragón del río

Cuando César Augusto desembarca, está realmente cansado. El viaje en barco desde Roma hasta Salduie ha sido agotador. Tiene una cita; dos en realidad. Los sedetanos lo esperan desde hace meses, tienen un pacto, serán colonia del imperio. El dragón lo espera desde hace siglos, toda la vida en realidad. Él es el que viene a arrancarle los dientes. Se revuelve en el río, las escamas brillan a través del agua. Empieza un viento suave del noroeste. Los barcos van llegando al pequeño puerto y de su interior aparece todo un mundo nuevo: herramientas, armas, gente de todas las edades y una misteriosa caja que es transportada con sumo cuidado.

César Augusto deja vagar la mirada sobre el Iberus; está en calma. Se ondula como si fuese una capa tejida con hilo de plata. Él sabe qué es lo que esconde. Ha venido a buscarlo. Los sedetanos han preparado una bienvenida con todos los honores. Bailes, flores, comida y vino. Las orillas del río han sido dispuestas con carpas lujosamente decoradas. Empieza la música. Al césar le empieza a doler la cabeza. Hay demasiado jaleo y necesita pensar. Ha venido a inaugurar la nueva colonia del imperio. Tiene que ser algo grande, algo sonado, algo que haga que el resto de la península se rinda a sus pies. Va a realizar un antiguo ritual que lleva haciéndose desde antes de que su pueblo gobernase el Mare Nostrum. Todo está preparado. Los sedetanos aguardan impacientes. Quieren formar parte del magno imperio. Quieren luchar con su gran ejército. Quieren ser también conquistadores.

Han reconocido a Roma y están dispuestos a adoptar su lengua, su cultura, su religión. Pero no todos están de acuerdo. Los sedetanos hace siglos que veneran a la diosa madre. Ella es la creadora de las montañas, de los ríos, de los animales, de las mujeres y los hombres. Tienen un trocito de ella caído del cielo, un meteorito negro traído desde muy lejos. Un betilo que la diosa les dio para cuidarlos, para estar con ellos y ellas. Para recordarles quiénes son y a quién se deben. Una roca tan negra, tan oscura que no refleja la luz, la atrapa igual que atrapa todas las miradas que se pierden dentro de ella para no volver a salir. Ellos no quieren traicionar a su pueblo, a su madre. Ellos no quieren ser romanos. Discursos, cantos, alabanzas al imperio. César Augusto tiene la cabeza a punto de estallar[2]. Se masajea las sienes. El viento arrecia. Es el Circius, un viento capaz de derribar hombres armados y carros. El agua se agita. El dragón se retuerce en el fondo del río. Está a punto de salir y devorarlos a todos.

El ritual no es demasiado complicado. Solo hay que uncir un par de bueyes salvajes, dos toros bravos que con el arado marcarán el perímetro de la ciudad. Luego marcarán la entrada. Para eso han traído la caja. Dentro hay una hermosa columna de jade rojo. Es fruto de un saqueo en una aldea del norte de África. Allí la veneraban. Era su diosa madre. La diosa de la fertilidad. La madre de las montañas, los ríos, los animales... Era preciosa. Aún lo es. Roja y brillante. Vibraba. Después el césar necesita los dientes del dragón para poder plantarlos en el surco que deje el arado. Se supone que de ellos nacerán unos guerreros muertos ya, esqueletos armados que retarán a los mejores guerreros del pueblo.

César Augusto sabe que eso no va a pasar. Ha vivido demasiado para desconfiar de las leyendas. Pero necesita que el pueblo crea. Necesita demostrar su poder. Por eso necesita convencer al dragón para que le dé sus dientes. Está muy cansado para enfrentarse a él y arrancárselos. Puede oírlo bajo las aguas del Íberus. Aún no se han visto, pero se conocen. El cuerpo del emperador está castigándolo por el viaje. La jaqueca se convierte en tortura. Los músculos del cuello se agarrotan. Nota el latido del corazón en sus ojos. A pesar del

2 Leyendas y monstruis sin miedo de Aragón y Pirineo. En www.peliagudo.

viento, arde. Necesita refrescarse. Se levanta, todos se levantan. Un simple gesto de su mano consigue que todos vuelvan a lo que estaban haciendo y lo dejen en paz. La música continúa mientras él se marcha caminando hacia la orilla.

A escasos metros su guardia personal lo sigue. Lo siguen siempre. Se arrodilla junto al agua. Se moja la nuca. Como el dolor no se apacigua, se agacha y mete la cabeza en el río. Lo calma, lo relaja. Abre los ojos. El dragón lo mira. El dragón está triste. El césar está cansado. A ninguno le apetece repetir la vieja lucha. Las escamas brillan con demasiada belleza, duelen. Bajo el agua las arrugas del césar se distienden. No necesitan hablar. Ya no tienen nada que decirse. La cabeza sale del agua. Las escamas vuelven al pozo. Al emperador lo esperan las suaves telas con las que secarse. A la otra bestia no la espera nadie. Antes de volver a su cátedra, Augusto pasa por el muelle y de una patada desentierra una enorme cabeza de ajos. Se la guarda en el bolsillo y la va desgranando mientras anda.

El ritual transcurre según lo planeado: los bueyes, el surco, la columna de jade y los ajos son plantados como si de dientes de dragón se tratasen. Algunos guerreros sedetanos están preparados, dispuestos. Esperando a los muertos, a la muerte. Pero son sus hermanos del más acá los que cargan fieros, llevando el betilo sobre sus cabezas. Parecen fieros y lo son. Visten cuero y bronce. Pero son su familia y no se atreven a interponerse. Colocan el meteorito encima del pilar. Un capitel. La piedra cabeza. La *çara goça.*

El viento sopla muy fuerte. El último rayo de sol ilumina a la diosa. César Augusto lo ve todo impasible. El agua fresca, la certeza de una noche de descanso en tierra firme y los ojos del dragón le han devuelto su espíritu de emperador. Se levanta. Todos se levantan. ¿Qué es eso que tan fieramente protegéis? Nadie contesta. Finalmente el jefe de los sedetanos explica que es esa extraña piedra negra.

También el césar tuvo una diosa madre antes de la llegada del cristianismo. Cibeles. Y fue traída desde oriente. Kibeles. Al igual que la columna. Una diosa una y otra vez robada.

La lucha es, pues, vana. La diosa ha sobrevivido a tantas guerras que hoy no merece la pena derramar más sangre por ella, explica Augusto. «No luchéis pues. Conservad vuestra diosa que es la nuestra. Y la de todos los que vivieron antes de nosotros. Hoy no habrá muerte sino vida que brotará de los dientes del dragón. La vida que esconde vuestro río».

La Virgen del Pilar

Cuenta la leyenda que la Virgen del Pilar se apareció al apóstol Santiago en la Cesaraugusta romana un 2 de enero del año 40. Tiempo después, sobre ese mismo lugar, empezó a levantarse un templo en el que venerar su figura, cuya imagen fue colocada sobre una columna de jaspe y que con los años se convirtió en la conocida basílica de Nuestra Señora del Pilar de Zaragoza. Durante la Edad Media, se la conocía como Santa María la Mayor. Por ello, las iglesias y ermitas de muchos pueblos aragoneses están dedicadas a esta figura, que en realidad se refiere a la Virgen del Pilar. La patrona de la ciudad de Zaragoza era santa Engracia, pero el milagro de Calanda hizo que santa Engracia quedara en un segundo plano y tomara protagonismo la Virgen del Pilar.

Empecemos por el principio. En la noche del 2 de enero del año 40, Santiago se encontraba con sus discípulos junto al río Ebro cuando oyó voces de ángeles que cantaban «Ave Maria, gratia plena» y vio aparecer a la Virgen Madre de Cristo, de pie sobre un pilar de mármol. La Santísima Virgen, que aún vivía, le pidió al apóstol que se le construyese allí una iglesia, con el altar en torno al pilar donde estaba de pie y prometió que «permanecerá este sitio hasta el fin de los tiempos para que la virtud de Dios obre portentos y maravillas por mi intercesión con aquellos que en sus necesidades imploren mi patrocinio»[3].

---

3 Historia de la virgen del Pilar. Www,guardiacivil.es

Desapareció la Virgen y quedó ahí el pilar. El apóstol Santiago y los ocho testigos del prodigio comenzaron inmediatamente a edificar una iglesia en aquel sitio y, con el concurso de los conversos, la obra se puso en marcha con rapidez. Pero antes de que estuviese terminada la iglesia, Santiago ordenó presbítero a uno de sus discípulos para servicio de aquella, la consagró y le dio el título de Santa María del Pilar, antes de regresar a Judea. Esta fue la primera iglesia dedicada en honor a la Virgen Santísima.En el 835, un monje de San Germán de París, llamado Almoino, redactó unos escritos en los que habla de la iglesia de la Virgen María de Zaragoza, «donde había servido en el siglo III el gran mártir San Vicente», cuyos restos fueron depositados por el obispo de Zaragoza en la iglesia de la Virgen María. También está atestiguado que, antes de la ocupación musulmana de Zaragoza, en el 714, había allí un templo dedicado a la Virgen.

La imagen de la Virgen del Pilar es una talla de pequeño tamaño, con unas medidas de treinta y seis centímetros de altura con corona, 35,50 centímetros sin ella; 14,5 centímetros de anchura máxima, y once centímetros de volumen. Está tallada en madera de frutal y se cubrió de policromía y de dorado en algunas partes. Se cree que fue tallada por el propio san Lucas Evangelista. El famoso pilar de jaspe de 1,80 metros de altura tiene una parte expuesta que se ha hundido cinco centímetros por los besos de los fieles a lo largo de los siglos.

El manto que lleva la imagen de la Virgen del Pilar es uno de los más famosos del mundo. Se dice que la Virgen recibió este manto de manos del apóstol Santiago y que lo ha conservado desde entonces como símbolo de su protección. Es una tradición que se conoce desde principios del siglo XVI. Los mantos tienen forma de trapecio, todos con la misma medida y en diferentes colores y tejidos. En cuanto al número, la Virgen tiene más de cuatrocientos cincuenta mantos, todos donaciones.

Los días en los que la Virgen no lleva manto son el 2, el 12 y el 20 de cada mes. Esto sucede porque tienen un significado especial. El día 2 fue cuando la Virgen llegó a Zaragoza, el 2 de enero del 40 d. C. El día 12 de octubre fue la dedicación del templo, mientras que un 20 de mayo tuvo lugar la coronación de la Virgen. El resto de los días tiene un manto diferente.

El milagro del cojo de Calanda

En 1640, el joven Miguel Pellicer Blasco descansaba en su casa de Calanda cuando, en mitad de la noche, la Virgen le restituyó la pierna derecha, que le había sido años atrás amputada y enterrada. El milagro se divulgó rápidamente por la corte y Miguel fue hasta recibido en Madrid por el rey Felipe IV. Miguel Pellicer había nacido el 24 de marzo de 1617 en Calanda, segundo hijo de ocho hermanos, de una humilde familia de labradores.

A los diecinueve años deja la casa de sus padres y se traslada a Castellón, a casa de un tío. A finales de julio de 1637, montado en un carro cargado de trigo y tirado por dos mulas, sobre una de las cuales cabalgaba Miguel, cayó este a tierra, pasándole una rueda del carro sobre su pierna derecha, fracturándole la tibia en su parte central. Ingresó en el Hospital Real el 3 de agosto de 1637. Allí permaneció cinco días, ya que añora su tierra. Después de casi dos meses de viaje, llega a su destino a primeros de octubre de 1637. Solo llegar fue a la basílica de Nuestra Señora del Pilar. Luego lo ingresaron en el Hospital General de Nuestra Señora de Gracia. Allí se le amputó la pierna cuatro dedos por debajo de la rodilla. Se entierra la pierna en el cementerio del hospital. Se le dio de alta. Le pusieron una pierna de madera y una muleta en la primavera de 1638. Para sobrevivir se dedicó a mendigar en la puerta de la basílica del Pilar. Cada día oía misa y se ungía con aceite de las lámparas el muñón de la pierna para intentar suavizar el dolor. Al cabo de dos años regresó a Calanda. El 29 de marzo de 1640, y después de una dura jornada de trabajo en su casa, al llegar la noche, y habiéndole preparado su madre una yacija improvisada con un serón de esparto y sobre él un pellejo, al lado del lecho conyugal, debido a que su habitación la empleaba un soldado que se alojaba en su casa, se duerme. Eran, aproximadamente, las diez de la noche. Entre las diez y media y las once de la noche, entran sus padres en la habitación y perciben una fragancia y un olor suaves. Al acercarse su madre para comprobar cómo se había acomodado su hijo, lo encuentra durmiendo. Asombrada, vio que de debajo de la manta asomaban dos pies cruzados. Milagrosamente le había crecido la pierna amputada.El Lunes Santo, 2 de abril de 1640, el notario de

Mazaleón, Miguel Andreu, levantó acta sobre tan impresionante hecho. El 25 de abril, Miguel Juan y sus padres fueron a Zaragoza para dar gracias a la Virgen del Pilar. El Cabildo de Zaragoza remitió al conde-duque de Olivares la información del hecho para que, a su vez, la pusiera en conocimiento del rey Felipe IV. Se abrió un proceso para autentificar el milagro, en el que declararon facultativos, sanitarios, familiares, vecinos, autoridades, autoridades eclesiásticas y personajes diversos. La archidiócesis aragonesa reconoce el hecho como milagro el día 27 de abril de 1641. En otoño de 1641 visitó a Felipe IV, el cual le besó la pierna. Luego pasó por Valencia antes de volver a Calanda. En la habitación donde se produjo el milagro se construyó un templo dedicado a la Virgen del Pilar. Como consta en el libro de difuntos de la parroquia de Velilla de Ebro…

> A doce de septiembre murió Miguel Pellicer, dijo que era de Calanda, y lo trajeron aquí desde Alforque más muerto que vivo; y el que lo trajo dijo que el Vicario de Alforque lo había confesado; con todo eso lo volví a confesar y dijo algo. Y le administré el Sacramento de la Unción y se enterró en el cementerio.

El milagro de las bombas de la Guerra Civil

La basílica del Pilar vivió un suceso milagroso el 3 de agosto de 1936. Aquel día, en plena Guerra Civil, un avión bombardeó la iglesia. Dos de las bombas penetraron en el templo, pero ninguna llegó a explotar. Muchos creen que la intercesión de la Virgen del Pilar impidió que esas bombas detonaran y destruyeran la basílica. Las dos bombas se pueden ver actualmente expuestas dentro del templo, así como el boquete que dejó una de ellas.

Alrededor de la basílica y de la devoción a la Virgen del Pilar hay toda una serie de curiosidades destacadas. La basílica del Pilar mide ciento treinta metros de largo, setenta y seis de ancho y ochenta de alto en la cruz de la cúpula central. Las grandes torres del Pilar, de noventa y dos metros de altura, tienen nombre propio: la más antigua es la de 1715, la de Santiago, en la fachada principal; la de Nuestra Señora del Pilar, la más cercana al ayuntamiento, es de 1907; las dos de la ribera son de 1959 y 1961 y son las de San Francisco de Borja y Santa Leonor. La cripta está situada bajo las grandes planchas de bronce, a los pies de la capilla de la Virgen. Se abre el 1 y el 2 de noviembre. Allí están enterrados arzobispos y mecenas. Desde 1958 está enterrado el general José Rebolledo de Palafox y Melzi, así como el general Palafox.

Los restos del templo románico del siglo XII son visibles en el muro que da a la plaza del Pilar, junto a la puerta baja del templo. Además, las contraventanas de la Sacristía Mayor y la sillería del coro pertenecen al templo gótico del siglo XV, así como el retablo de Damian Forment. Dos grandes frescos de Francisco de Goya pueden contemplarse allí: el primero, *La adoración del Nombre de Dios*, en la cúpula del coreto, frente a la capilla de la Virgen; el otro es *Regina Martirum*, una cúpula con linterna en el norte del templo en línea con la columna de la Virgen. Una tradición es que los niños menores de once años pueden subir al camarín de la Virgen acompañados por un infantico. En el caso de los bebés, son llevados ante la Virgen del Pilar por el padre, la madre o el tutor.

Leyendas y misterios de Zaragoza

La mayoría de las leyendas y las tradiciones están vinculadas a seres que nunca existieron, vírgenes, reyes, papas o gente corriente. Basadas en hechos que, en su mayoría, pasaban como inexplicables, se convertían en leyenda para su comprensión. Hay otra serie de historias vinculadas con el misterio, hechos inexplicables que han pasado a la memoria popular. En este capítulo hablaremos de ellos. No hace mucho tiempo que ocurrieron y han pasado ya a la memoria popular, convirtiéndose en leyenda y tradición. Con el paso de los años, muchos no sabrán si realmente pasó de verdad o alguien un día se lo inventó para distraer a la población y así pasaron a formar parte de lo que se conoce como *leyendas urbanas.*

El duende de Zaragoza

Uno de los misterios más alucinantes de la parapsicología ocurrió en Zaragoza entre septiembre y noviembre de 1934. Un ser misterioso, invisible, diabólico, mantuvo conversaciones desde la hornilla de la cocina de un domicilio particular. Allí se presentó la policía y la voz se burló de ellos. El hecho se conoce como *duende de Zaragoza* y ocurrió en la calle Gascón de Gotor número 2.

Lo que ocurrió en aquella casa es un misterio que, noventa años después, todavía no se ha resuelto. El hecho les ocurrió a muchas personas y ninguna dio una respuesta científica a aquel misterio. Y el tema no se quedó aquí. Traspasó fronteras y el caso fue publicado por *The Times, The Washington Post* o medios como la BBC o Movietone-FOX. La noticia, a nivel internacional, se publicó el 23 de noviembre de 1934.

El fenómeno paranormal se inició la madrugada del 27 de septiembre de 1934. Los vecinos de la calle Gascón de Gotor número 2 estaban durmiendo. De repente se despertaron al oír unas fuertes carcajadas. Buscaron de dónde salían, pero no vieron nada. Las risas acallaron y en los siguientes días no pasó nada. El 15 de noviembre, una joven, que servía en uno de los pisos, se dispuso a abrir la hornilla para preparar la comida. Oyó un lamento y una voz terrorífica le habló: «¡Por lo que más quieras, no enciendas, que me quemas!».

El miedo se apoderó de aquella joven. Aquí hay dos versiones. Una cuenta que fue a buscar a otro compañero y otra que a la señora de la casa. El hecho es que la escena volvió a repetirse. El pánico hizo que abandonaran la casa y buscaran ayuda. Ambas mujeres, impresionadas, chillaban mientras bajaban las escaleras. Esto hizo que salieran los vecinos del bloque. Las calmaron y decidieron ir a la cocina para descubrir lo que ocurría. Alguno de ellos pensó que aquellas mujeres les estaban tomando el pelo. Al llegar a la cocina aquella voz seguía hablando desde el interior de la hornilla.

Sobrecogidos por aquel hecho, decidieron comunicárselo a las autoridades, con la esperanza de que resolvieran aquel misterio. De esta manera llegó a los medios de comunicación, como hemos comentado. El periódico *The Times,* el 27 de noviembre de 1934, publicó:

> Un irónico duende, que habla por la campana de una chimenea, tiene sobresaltados estos días a los habitantes de Zaragoza, los cuales se afanan por dar con la pista de la misteriosa voz. Un arquitecto y varios obreros han sido requeridos para trabajar sobre el terreno: han removido todo el piso e incluso han levantado el tejado, pero los trabajos han sido totalmente infructuosos. La policía trabaja activamente, pero no se ha podido impedir que grupos estacio-

nados frente a la casa se destacasen y varias personas se lanzaran al techo, presas de la gran alteración nerviosa, para buscar al duende de Zaragoza.

En el edificio de la calle Gastón de Gotor se congregaron cientos de personas para descubrir o conocer la resolución del misterio. Se llegó a destrozar el tejado para introducirse dentro del edificio, para buscar al fantasma o, en su defecto, a la persona que estaba llevando a cabo ese acto sobrenatural. Con los días, aparte de los fisgones, pasaron por allí policías, albañiles, fontaneros, electricistas, arquitectos, jueces, médicos e investigadores. Ninguno de ellos solucionó el caso.

Un arquitecto que fue enviado por la policía empezó a medir la cocina. Mientras lo hacía, la voz le dijo los centímetros exactos del tramo que estaba midiendo. Y, al acertar, todos los allí presentes entraron en pánico. El dueño del piso, que se llamaba Antonio, se puso a investigar por la cocina para ver si descubría lo que pasaba. En aquel momento la voz le habló: «¡Ay, me haces daño!». Y nombró a todos los presentes.

La voz, según los testigos, le hablaba a cualquiera que le preguntaba y durante días enteros. Parece que tenía un horario de las siete de la mañana a las diez de la noche. Lo que sí pudieron confirmar es que aquel ente o ser misterioso era originario de Aragón, pues tenía acento maño. Insultaba y era mal hablado con las personas que con él querían hablar. Eso sí, aunque a algunos los amenazó de muerte, lo hizo con acento maño.

Pasaron los meses y la voz continuaba hablando en su horario de oficina a todo aquel que le hablaba. Cierto día de 1935, se calló para siempre. Como no se consiguió conocer la verdad, se tuvo que buscar un culpable y así archivar el caso. En esa ocasión se acusó a la criada, Pascuala Alcocer, de ser ventrílocua; es decir, cambiaba su voz para llevar a cabo ese engaño. La tesis no se mantenía, pues la joven no siempre estuvo en la casa. Era difícil que fuera la culpable si no estaba presente en la habitación.

Ante la impotencia de lo ocurrido, se tomó la decisión de derrocar el edificio para que la voz nunca más volviera. Hubo una tragedia vinculada con este hecho. Asunción Jiménez Álvarez, una famosa espiritista en aquella época, quiso ponerse en contacto con aquel ente. Durante la sesión que organizó murió como consecuencia de un colapso. Hoy en día, donde estaba el edificio, se levanta otro que lleva por nombre Edificio Duende.

El pozo de San Lázaro

Se conoce como *pozo de San Lázaro.* Está a la izquierda del puente de Piedra. Es una sima de gran profundidad. La leyenda explica que no tiene fondo y comunica con el mar, después de pasar por la ciudad de Tortosa. Muchas personas que han decidido acabar con su vida se han lanzado a él perdiendo la vida. Nunca se han podido recuperar sus cuerpos.

El nombre proviene del antiguo convento de San Lorenzo, fundado en el 1224, por la Orden de Nuestra Señora de la Merced. Como ocurre muchas veces, el pozo tiene su parte romántica, vinculada a dos enamorados. Estos se llamaban Azucena y Roldán. Como sus familias prohibieron que se vieran y pudieran llevar una vida juntos, decidieron entrelazar sus manos con un cachirulo y lanzarse al pozo. Si bien su amor se convirtió en eterno, sus cuerpos nunca se recuperaron. También se cuenta otra historia de enamorados, la de Pilar y Gregorio, de dos familias de labradores enfrentadas. Era el siglo XIX y, como su amor era imposible, también decidieron acabar con su vida, sin que se recuperaran sus cuerpos. El convento de San Lorenzo era utilizado para que los enfermos de lepra y apestados de la sociedad vivieran allí sus últimos días. Cuando fallecían, los cuerpos eran lanzados a aquel pozo, donde desaparecían para siempre. Esta historia hizo que aquel sitio empezara a considerarse un lugar maldito.

Otra historia vinculada con este pozo es la del mártir san Dominguito del Val. Un 31 de agosto de 1250, un niño de siete años, que vivía en Zaragoza, desapareció. Se llamaba Domingo del Val. Pertenecía al coro de la catedral de Zaragoza. Cierto día, cuando iba camino de la catedral a su casa, parece ser que fue engañado por un judío llamado Albayuceto, llevándolo a la judería de la ciudad. Al llegar allí, un grupo de judíos lo comenzaron a torturar, lo clavaron en una cruz y lo hirieron hasta causarle la muerte. Le cortaron la cabeza y los pies. Lanzaron estas partes a un pozo de una de las casas y el resto del cuerpo lo enterraron a orillas del río Ebro. El lugar escogido fue cerca del pozo de San Lorenzo.

Los vecinos de Zaragoza estuvieron buscando, por todas partes, al niño. Pasó el tiempo y, cierto día, dos pescadores que estaban en el río Ebro vieron un rayo que descendía del cielo iluminando un lugar concreto de la orilla. Los dos pescadores fueron hasta ese lugar y se pusieron a buscar. Poco después de cavar en la tierra encontraron el cadáver de Domingo del Val. Se llegó a la conclusión de que una señal divina les enseñó dónde estaba el niño. Después de descubrirse el cuerpo, las aguas del Ebro crecieron y los pozos de las casas empezaron a subir hasta desbordarse. Los pies y la cabeza del niño salieron por el pozo de la casa donde fueron lanzados.

Domingo del Val había nacido en Zaragoza en el 1243. Era hijo de los infanzones Sancho del Val, notario de la ciudad, e Isabel Sancho. Era monaguillo y cantante del coro de la catedral de Zaragoza. Ayudaba en la liturgia. Tenía fama de gran devoto y piedad personal.

En aquella época y posteriormente se les atribuyó a los judíos toda una serie de crímenes, bajo la creencia de que estos necesitaban el derramamiento de sangre de los cristianos para acabar con la opresión a la que estaban sometidos. Muchos crímenes se atribuyeron a los judíos, sin que estos los hubieran cometido. Muchas de estas presuntas víctimas de los judíos, poco años después, acabaron siendo canonizados. Con respeto a Domingo del Val, en las *Siete partidas,* el rey Alfonso X el Sabio escribió:

> Y porqué oímos decir que, en algunos lugares, los judíos hicieron y hacen el día del Viernes Santo remembranza de la pasión de Nuestro Señor Jesucristo en manera de escarnio, hurtando los vivos y poniéndolo en la cruz, o haciendo imágenes de cera y crucificándolas cuando no pueden conseguir niños.

Cuando aquellos pescadores encontraron el cadáver del niño y luego recuperaron las otras partes que habían cortado, las palmas de las manos y de los pies tenían agujeros, y el costado abierto, imitando el tormento de Jesucristo en la cruz. El niño fue canonizado, pasando a conocerse como santo Dominguito del Val, siendo patrono de los monaguillos y de los infantes de la escolanía de Zaragoza. Sus reliquias se veneran en la iglesia del Salvador de Zaragoza. Familiares suyos son la familia Merry del Val.

El 19 de diciembre de 1971, un autobús que cruzaba el puente de Piedra perdió el control y cayó al río Ebro. En el accidente murieron diez personas y cuarenta y dos pudieron salvar la vida. Cinco de los fallecidos eran niños de entre nueve meses y trece años. Los cuerpos desaparecieron para siempre. Al día siguiente se quiso extraer el autobús del río. No pudo llevarse a cabo la operación al romperse la cuerda y hundirse en el pozo sin dejar rastro. El 12 de octubre de 1975, para homenajear a los fallecidos, un grupo de buceadores decidió hacer una inmersión dentro del pozo para depositar una imagen de la Virgen del Pilar, una imagen de ciento cincuenta kilos de plomo y cemento. Los submarinistas eran miembros del Club Aragonés de Actividades Subacuáticas. Se pudo saber que el pozo tiene una profundidad de quince metros. La realidad es que no se encontró nada más que piedras y restos de árboles. Ningún cuerpo. Con lo cual, el misterio de los cadáveres que desaparecieron, a lo largo de los años, aún sigue abierto.

La arboleda de Macanaz

Una curiosidad que podemos encontrar en Zaragoza son los cementerios ocultos. Cementerios atípicos. Uno de ellos está en la *arboleda de Macanaz,* junto al río Ebro, entre el puente de Santiago y el puente de Piedra. Allí hay una enorme fosa común que alberga los cuerpos de quince mil personas que fallecieron entre 1808 y 1809, durante el segundo sitio de Zaragoza. Otra está en la *plaza de Santo Domingo,* donde también se enterró a muchas personas.

El sitio de Zaragoza puede calificarse como una auténtica masacre. El ejército francés entró en la ciudad el 21 de febrero de 1809. De las cincuenta y cinco mil personas que había en la ciudad antes del sitio, al finalizar solo quedaron doce mil vivos, que fueron capturados. Cuando los franceses entraron en la ciudad, las calles estaban llenas de cadáveres. Se dio la orden de enterrarlos. Uno de los sitios escogidos fue la arboleda de Macanaz. Sobre aquel sitio el mariscal francés Jean Lannes, duque de Montebello, escribió:

> Jamás he visto encarnizamiento igual al que muestran nuestros enemigos en la defensa de esta plaza. Las mujeres se dejan matar delante de la brecha. Es preciso organizar un asalto por cada casa. El sitio de Zaragoza no se parece en nada a nuestras anteriores guerras. Es una guerra que horroriza. La ciudad arde en estos momentos por cuatro puntos distintos, y llueven sobre ella las bombas a centenares, pero nada basta para intimidar a sus defensores... ¡Qué guerra! ¡Qué hombres! Un asedio en cada calle, una mina bajo cada casa. ¡Verse obligado a matar a tantos valientes, o mejor a tantos furiosos! Esto es terrible. La victoria da pena.

No solo los ataques de los franceses acabaron con la vida de muchos zaragozanos; también el tifus hizo mella entre los ciudadanos. El nombre de esta arboleda lo toma del escritor y político murciano Melchor Rafael de Macanaz (1670-1760). De 1711 a 1712 fue corregidor de Zaragoza, esto es, magistrado real. Hoy en día, como recuerdo de los allí enterrados, hay una escultura de Jesús Gazol. Encima de la fosa se construyó un *parking* cubierto.

En la plaza de Santo Domingo se ha encontrado un antiguo cementerio musulmán que acoge unas doscientas tumbas. Ese antiguo cementerio estaba enclavado cerca de la puerta de Toledo y se utilizó entre los siglos VIII y XII. En aquella zona también existe una necrópolis romana. Otro cementerio musulmán también se encuentra en el barrio de la Magdalena, entre las calles San Agustín, Asalto y Alonso V, con más de un millar de entierros. Otras fosas las encontramos en San Blas, con una necrópolis paleocristiana; el cementerio del Hospital de Nuestra Señora de Gracia; una necrópolis romana en la calle Predicadores; en la plaza de España, un cementerio cristiano; en Barrioverde, un cementerio islámico; en Las Fuentes, otra necrópolis romana.

La Torre Nueva

En la actual plaza de San Felipe, hasta el año 1892, se levantaba la Torre Nueva, de estilo mudéjar, en la que el concejo mandó colocar un reloj público, obra del leridano Jaime Ferrer. Empezó a construirse en el 1504 y finalizó en 1506. A la torre se le colocaron unas campanas. El rey Fernando el Católico dio permiso para que todo aquello se llevara adelante. La obra corrió a cargo de Gabriel Gombao y Antón Saliñena, que eran maestros cristianos, y los mudéjares Juce Gali, Ismael Allabar y el maestro Monferriz. En 1892 se derribó, por orden del Ayuntamiento, alegando su inclinación y la presunta ruina y peligrosidad de la obra. Allí se colocó en el suelo la forma del sótano de la torre y un niño, en bronce, que mira hacia lo alto del antiguo campanario civil.

Hasta aquí la historia de esta torre, que no tendría mayor interés si no fuera porque tenía su propio fantasma. La torre medía 80,24 metros, siendo durante años la construcción más alta de Zaragoza. Con el tiempo, empezó a inclinarse, como la de Pisa. La torre llegó a una inclinación de tres metros. La base era octogonal, con cuatro alturas. Por miedo a que cayera, se reforzó. La orden de derribo se firmó el 24 de mayo de 1892.

La creencia popular afirmaba que la torre habia un fantasma, otros aseguraban que era un duende. Lo cierto es que este ser se encargaba de retrasar el reloj y de que las campanas sonaran cuando no tenían que hacerlo. Algunos consideran que ese personaje era el Tío Candiola. ¿Quién era? Como explica, en *Zaragoza*, Benito Pérez Galdós...

> (...) un vecino de Zaragoza, hombre que según dicen, tiene en su casa un sótano lleno de dinero. Es avaro y usurero y cuando presta saca las entrañas. Sabe de leyes, y moratorias y ejecuciones más que todo el Consejo y Cámara de Castilla. El que se mete en pleito con él está perdido. Es riquísimo.

Se llamaba Jerónimo y tenía como esposa a María Rincón. Era de origen mallorquín. Tuvieron una hija llamada María. Cuentan que ayudó a los franceses a entrar en la ciudad por túneles subterráneos. Encerrado en la torre, fue ajusticiado por un tal Agustín, que estaba enamorado de María Candiola.

También se cree que en la torre se escondían las almas atormentadas de aquellos que asesinaron a san Pedro Arbués, nombrado inquisidor de Aragón por Tomás de Torquemada. La noche del 14 al 15 de septiembre de 1485, mientras rezaba de rodillas ante el altar de la catedral de Zaragoza, fue acuchillado por ocho personas, en el cuello. No recibió en el cuerpo, pues llevaba una malla metálica. Los culpables fueron juzgados, ejecutados y sus cuerpos descuartizados para dar ejemplo al resto de ciudadanos.

El pueblo de Trasmoz

Está situado en la falda del Moncayo, en la provincia de Zaragoza. A lo largo de la historia, dos conflictos vecinales han convertido a este pueblo en maldito. El primero tuvo lugar en el 1255. El motivo fue la leña. El abad del monasterio de Verneda, de la Orden del Císter, Andrés de Tudela, cansado de las discusiones con los habitantes del pueblo sobre la cantidad de leña que podían cortar en el monte de la Mata, decidió excomulgar a todo el pueblo y al pueblo en sí, con lo cual les quitó la posibilidad de salvación divina. Andrés de Tudela los expulsó del Reino de los Cielos.

Los conflictos no terminaron aquí. En el 1511 se produjo uno nuevo. Los monjes del monasterio estaban bastante cansados de la falta de sumisión y respeto a las órdenes que ellos dictaban. Por si esto no fuera poco, el señor de Trasmoz, Pedro Manuel Ximénez de Urrea (1485-1524), tenía un litigio con los monjes por el desvío de unas aguas para abastecer al pueblo. El señor de Trasmoz era hermano del conde de Aranza y la familia, un peso específico en aquella comarca. Para zanjar el conflicto, decidieron ir a las Cortes de Aragón. Le dieron la razón al señor de Trasmoz.

El abad no se quedó con las manos cruzadas. En el 1512 celebró una misa en la que cubrió con un velo negro el crucifijo y maldijo al pueblo, cantando el salmo 108 de la Biblia. En este salmo, Dios maldice a sus enemigos. El canto del abad fue acompañado de contundentes toques de campana. Los vecinos oyeron perfectamente esos toques. Esa noche, Trasmoz se convirtió en un pueblo maldito, con lo cual tenemos al único pueblo de España que, aun hoy en día, está excomulgado y maldecido. El pueblo fue abandonado por los vecinos. También el señor de Trasmoz dejó el castillo. El pueblo quedó a su suerte durante muchos años.

A partir de ese momento la leyenda y la realidad se mezclan. Se cuenta que en las ruinas del castillo se reúnen brujas para realizar sus aquelarres. También se dice que ahí habitó una famosa hechicera llamada la Galga o Tía Casca.

Pasaron los años y los siglos. Nos encontramos en el año 1863. En el monasterio de Veruela se instala el escritor Gustavo Adolfo Bécquer. Enfermo de tuberculosis, eligió este monasterio tranquilo, apartado del mundanal ruido y con un clima propicio, para curar su enfermedad. Una vez ahí tuvo la ocasión de conocer los hechos que anteriormente se han narrado. Bécquer no perdió la oportunidad de escribir sobre Trasmoz. Se había comprometido con el diario *El Contemporáneo* a enviar una serie de cartas que, con el título

Desde mi celda, fueron apareciendo en el periódico entre mayo y octubre de 1864. Ocho de las cartas fueron escritas en el monasterio y una en Madrid. En una de las cartas no pierde la oportunidad de hablar sobre las brujas existentes en el pueblo:

> Desde tiempo inmemorial, es artículo de fe entre las gentes del Somontano que Trasmoz es la corte y punto de cita de las brujas más importantes de la comarca. Su castillo, como los tradicionales campos de Barahona y el valle famoso de Zugarramurdi, pertenece a la categoría de conventículo de primer orden y lugar clásico para las grandes fiestas nocturnas de las amazonas de escobón, los sapos con collareta y toda la abigarrada servidumbre del macho cabrío, su ídolo y jefe. Acerca de la fundación de este castillo, cuyas colosales ruinas, cuyas torres oscuras y dentelladas, patios sombríos y profundos fosos, parecen, en efecto digna escena de tan diabólicos personajes, se refiere una tradición muy antigua. Parece que en tiempo de los moros, época que para nuestros campesinos corresponde a las edades mitológicas y fabulosas de la Historia, pasó el rey por las cercanías del sitio en que ahora se halla Trasmoz; y viendo con maravilla un punto como aquél, donde gracias a la altura, las rápidas pendientes y los cortes a plomo de la roca, podía el hombre, ayudado de la Naturaleza, hacer un lugar fuerte e inexpugnable, de grande utilidad por encontrarse próximo a la raya fronteriza.

También nos describe a la Tía Casca:

> La tía Casca era famosa en todos estos contornos, y me bastó distinguir sus greñas blancuzcas que se enredaban alrededor de su frente como culebras, sus formas extravagantes, su cuerpo encorvado y sus brazos disformes, que se destacaban angulosos y oscuros sobre el fondo de fuego del horizonte, para reconocer en ella a la bruja de Trasmoz. Al llegar ésta al borde del precipicio, se detuvo un instante sin saber qué partido tomar. Las voces de los que parecían perseguirla sonaban cada vez más cerca, y de cuando en cuando se la veía hacer una contorsión, encogerse o dar un

brinco para evitar los cantazos que la arrojaban. Sin duda, no traía el bote de sus endiablados untos, porque, a traerlo, seguro que habría atravesado al vuelo la cortadura, dejando a sus perseguidores burlados y jadeantes como lebreles que pierden la pista. ¡Dios no lo quiso así, permitiendo que de una vez pagara todas sus maldades!(...)

Llegaron los mozos que venían en su seguimiento, y la cumbre se coronó de gentes, éstos con piedras en las manos, aquéllos con garrotes, los de más allá con cuchillos. Entonces comenzó una cosa horrible. La vieja, ¡maldita hipocritona!, viéndose sin huida, se arrojó al suelo, se arrastró por la tierra besando los pies de los unos, abrazándose a las rodillas de los otros, implorando en su ayuda a la Virgen y a los santos, cuyos nombres sonaban en su condenada boca como una blasfemia. Pero los mozos, así hacían caso de sus lamentos como yo de la lluvia cuando estoy bajo techado. «Yo soy una pobre vieja que no ha hecho daño a nadie; no tengo hijos ni parientes que me vengan a amparar: ¡perdonadme, tened compasión de mí!», aullaba la bruja; y uno de los mozos, que con la una mano la había asido de las greñas, mientras tenía en la otra la navaja que procuraba abrir con los dientes, le contestaba rugiendo de cólera: «¡Ah, bruja de Lucifer, ya es tarde para lamentaciones, ya te conocemos todos!». «Tú hiciste un mal a mi mulo, que desde entonces no quiso probar bocado, y murió de hambre dejándome en la miseria!», decía uno. «¡Tú has hecho mal de ojo a mi hijo, y lo sacas de la cuna y lo azotas por las noches!», añadía el otro; y cada cual exclamaba por su lado: «¡Tú has echado una suerte a mi hermana! ¡Tú has ligado a mi novia! ¡Tú has emponzoñado la yerba! ¡Tú has embrujado al pueblo entero!».

Bécquer va describiendo a lo largo de las cartas aquello que vio o le contaron de Trasmoz y sus alrededores: desde la lapidación y espeluznante muerte de la Tía Casca, acusada de brujería, hasta el relato fantasmagórico de la construcción del castillo en una noche. El pueblo vive, hoy en día, con tranquilidad y explotando turísticamente los hechos que en el pasado ahí ocurrieron.

Leyendas de Teruel

La sopa de ajo

Estando el rey Jaime I en la ciudad de Teruel, cayó tan enfermo que todo el mundo temía por su vida. La enfermedad parece ser que le sobrevino como consecuencia de una cacería que había realizado en tierras de Gea de Albarracín. Ni los médicos judíos de Teruel ni los propios galenos de la corte acertaban el remedio para sus males, y el rey estaba cada vez peor. A uno de sus súbditos se le ocurrió la idea de aplicar al rey el mismo remedio que había utilizado, hacía tiempo, con un familiar suyo. Esto es, poner a hervir una cazuela con agua, pan y ajos. Los médicos, creyendo la idea un disparate, aceptaron la propuesta. Los ajos los fueron a buscar seis jóvenes caballeros al reino de Valencia. Solo volvió sano y salvo uno de ellos, trayendo consigo cinco cabezas de ajos. Una anciana fue la encargada de preparar las sopas de ajo que curaron en el acto su enfermedad y tras las cuales se le abrió tanto el apetito que continuó con unas chuletas de ciervo. Tras dormir toda la noche, Jaime I fue informado de lo que había costado conseguir los ajos. Este, agradecido, recompensó a los familiares de los caballeros fallecidos así como al superviviente. Además dispuso que el cultivo de los ajos se propagara por todo su reino a fin de no tener que ir en próximas ocasiones al reino de Valencia.

Los amantes de Teruel

Corría el siglo XIV, una época marcada por la dureza de las condiciones sociales y la rigidez de las normas que regían toda la sociedad. Diego de Marcilla era hijo de una familia noble, pero no contaba con la fortuna económica de otros nobles de la región. Pese a esto, su personalidad encantadora y su valentía lo convirtieron en un joven respetado y querido en Teruel. Isabel de Segura pertenecía a una familia de mayor posición social, y su belleza era conocida en toda la ciudad.

La amistad entre Diego e Isabel se transformó en amor, pero la desigualdad social se interponía en su camino. Los padres de Isabel no veían con buenos ojos la posibilidad de que su hija se uniera a un hombre de menor estatus y así intentaron separar a los jóvenes amantes. Los enamorados se comprometieron en secreto, prometiéndose amor eterno. Diego, deseando mejorar su situación económica para así obtener la aprobación de los padres de Isabel, decidió partir a las cruzadas. Juró regresar a Teruel en cinco años para casarse con su amada. Isabel, leal a su juramento de esperar a Diego, aguardó pacientemente su regreso a pesar de no recibir noticias de su amado. Los años pasaron, y en la ciudad comenzaron a circular rumores acerca de la muerte de Diego.

Ante la presión social y la insistencia de su familia, Isabel accedió a casarse con el pretendiente elegido por su padre. Fue precisamente el mismo día de la boda cuando apareció Diego, cargado de honores y riquezas. Al enterarse de la boda de su amada decidió reclamar el último beso prometido. Escaló al balcón donde el nuevo matrimonio dormía, pero, fiel a Isabel lo rechazó. El dolor fue tal que Diego cayó muerto de inmediato. Durante el entierro Isabel besó a Diego y cayó muerta. Ambos fueron enterrados juntos para que su amor permaneciera durante toda la eternidad.

La fundación de Teruel

En plena Reconquista, cuando la monarquía aragonesa miraba al sur para seguir creciendo, llegaron los soldados del rey Alfonso II hasta el cerro donde hoy se levanta Teruel. Y allí acamparon. Para asegurar la zona, decidieron crear, en el año 1171, una villa amurallada para reforzar la frontera entre musulmanes y cristianos. Y el monarca aragonés accedió. Su dilema era dónde crearla. Los soldados decidieron dejar la búsqueda del emplazamiento a una señal que marcara el lugar adecuado.

Los musulmanes enviaron hacia ellos una manada de toros con las astas encendidas. Los soldados de Alfonso II acabaron con los soldados musulmanes. Estos divisaron en un alto a un toro con una luz entre las astas que parecía una estrella. Esa estrella se llamaba Actuel. Tomaron esa visión como una señal divina que indicaba dónde debían fundar la nueva ciudad. Dice la leyenda que el nombre *Teruel* es el acrónimo de las palabras *toro* y *Actuel.*

El Santo Cristo del Salvador

La iglesia del Salvador se encuentra en pleno centro histórico de Teruel, adosada a la torre del mismo nombre. En el altar mayor, a la imagen del Cristo crucificado que da nombre a la iglesia, de mayores proporciones que las humanas, con el rostro inclinado hacia el lado derecho, hacia el de la llaga, en el costado izquierdo, le nace una mano sobre las costillas a la altura del pecho. Le sale sangre de la llaga y la de los clavos de manos y pies parece correr con gotas continuas. Un paño anudado a la cintura lo cubre hasta las rodillas. La cruz es plana e imita a la madera. De este cristo se cuentan multitud de historias y leyendas. Una de ellas dice que la imagen llegó flotando en las aguas de los ríos Alfambra y Guadalaviar, que llegaban desbordados; que el artista fue un ángel o un peregrino, y de esa tercera mano se cuenta que era la de un ladrón que quiso robar a Cristo y se le quedó pegada. Otros dicen que seguramente esta imagen formó parte de un grupo escultórico que representaría un descendimiento, del cual las otras imágenes están desaparecidas. Otros dicen que pertenecería a un tríptico. Lo cierto es que esta imagen es a la que más fe tienen los turolenses y a la que más devotos acuden; también se le llama el Santo Cristo de los Milagros o de la Misericordia.

Los beatos Juan y Pedro

Para conocer la historia de estos dos mártires leamos lo que en *Los santos mártires franciscanos B. Juan de Perusa y B. Pedro de Saxoferrato en la historia de Teruel* escribió el P. León Amorós, O. F. M.

Los beatos Juan y Pedro son de nacionalidad italiana; el primero nacido en Perusa, ciudad de Umbría, y el segundo en Saxoferrato, de la región de los Abruzos. Entraron en la Orden Franciscana en edad avanzada y fueron formados espiritualmente bajo la dirección del mismo Seráfico Padre, san Francisco. Juan era sacerdote, y Pedro hermano laico. De esto se infiere que Juan era ya sacerdote cuando ingresó en la orden, porque ni la edad —entró de edad avanzada— ni la organización de la orden antes del año 1220, que es el tiempo en que hay que colocar la fecha de su entrada en esta, podían proporcionarle ocasión y coyuntura para adquirir la formación intelectual que entonces se requería para el estado sacerdotal.

La fecha de ingreso en la nueva orden, todavía en proceso de fundación, no la conocemos. Ciertamente hay que colocarla después del año 1209, fecha en que comienzan a afluir los primeros discípulos de san Francisco, y antes de 1220, fecha cierta en que aparecen en la ciudad de Teruel.

Aquellos primeros miembros de la Orden recibieron directamente su formación espiritual del mismo san Francisco, , como también los primeros compañeros que se le agregaron. Adiestrados en la vida espiritual por tan insigne maestro, bien pudieron realizar en sí el ideal del perfecto religioso franciscano.

Según la *Crónica de los veinticuatro generales* fueron enviados por el Seráfico Padre al reino de Aragón «para predicar la fe católica». El reino de Aragón era el camino que los había de conducir a la España ocupada por los árabes, cuyo punto más próximo era Valencia.

Hay algo de discrepancia entre los historiadores respecto de la fecha de su llegada a Teruel. En dos capítulos generales envió san Francisco sus frailes a las misiones: el de 1217, del cual salieron los religiosos principalmente a tierras cristianas, y el de 1219, de donde se dirigen a tierras de moros, pasando por Aragón. La fecha de la llegada de nuestros beatos a Teruel depende de una u otra de estas dos expediciones, en que debieron de salir a predicar la fe. Algunos sostienen que llegaron a Teruel en 1216 o 1217, mientras que otros, más numerosos, dan como año de entrada en Teruel el 1220. Esta fecha nos parece más aceptable: primeramente por convenir en ella mayor número de historiadores, y luego por estar más en consonancia con la finalidad de la misión de los religiosos enviados por el Seráfico Padre a la tierra de infieles, más concretamente, la predicación de la fe a los sarracenos de España y Marruecos, cuyo paso natural para llegar allí era Aragón. Resultado de esta misión fueron los protomártires de la orden en Marruecos y nuestros beatos, martirizados por los moros de Valencia. Ya hemos dicho que la misión de 1217 tuvo como finalidad la predicación entre fieles y propagar la orden en las naciones cristianas de Europa; por eso no se produjo ningún martirio.

Enviados por san Francisco al reino de Aragón, ellos mismos eligieron la ciudad de Teruel para fijar pie en ella. La causa de esta elección es obvia. El P. Tomás Jordán, cronista del convento de Zaragoza, lo declara al afirmar que, siendo la intención de los beatos predicar la fe a los moros y con ello buscar la gracia del martirio, se dirigieron a Teruel como punto más cercano a Valencia, que es en donde ellos intentaban predicar.

De su estancia en Teruel, dice la *Crónica de los veinticuatro generales* que, con la oración y la predicación, esparcieron por aquellas tierras el buen olor de su santidad. Su porte humilde, caritativo y sencillamente franciscano, les granjeó en gran manera el afecto de todo el pueblo.

Cuadra aquí muy bien una antigua tradición muy arraigada en Teruel. Apenas llegaron a la ciudad, no teniendo todavía local donde cobijarse, se dirigieron a un hospital, dicen que de leprosos, situado en la plaza de San Juan, donde comenzaron a prestar los buenos servicios de la caridad a los enfermos. Las noches las pasaban en casa de una persona caritativa que los albergaba por amor de Dios. El emplazamiento de esta casa todavía se muestra en la calle llamada de los Santos Mártires, donde hasta hace poco aún existían restos de pinturas antiguas que recordaban este hecho. Hoy lleva esta casa en la fachada unos azulejos con las imágenes de los santos mártires. Este modo de proceder anda en perfecto acuerdo con la primitiva organización de la Orden Franciscana. Los frailes franciscanos no tuvieron residencias fijas hasta después del año 1221. Hasta esa fecha vivían practicando la oración, la predicación y la caridad recorriendo ciudades y villas, siendo siempre sus lugares preferidos los hospitales. Era, pues, muy puesto en razón que al llegar a Teruel los beatos Juan y Pedro se dirigieran al hospital, según su modo de vivir en Italia.

Después del año 1220, comienza ya en la Orden Franciscana, recién fundada, la organización de las casas en residencias fijas. La *Crónica de los veinticuatro generales* dice que los beatos Juan y Pedro, conformándose con la nueva modalidad de la orden, resolvieron establecer en Teruel residencia fija. El lugar preciso donde construyeron su humildísima morada está bien determinado por las fuentes históricas que refieren el caso. Muy cercana a la ciudad y a la vera del río Turia, se alzaba una pequeña ermita dedicada al apóstol san Bartolomé. Como ya hemos dicho antes, los santos religiosos se ganaron el afecto de toda la población por su caridad, predicación y buen ejemplo. Ello fue causa de que de muy buen grado les ofrecieran dicha ermita para edificar junto a ella su pobre y pequeña morada. Fabricaron de pobres y humildes materiales dos celditas adosadas al ábside de la ermita, de tal manera que la del beato Juan correspondía al lado del Evangelio y la del beato Pedro al lado de la epístola. Junto a la ermita tenían los beatos un huertecito en el cual cultivaban las verduras que les servían para su pobre alimentación. Este huerto existía todavía al final del siglo XVII.

Dentro del actual claustro de los franciscanos, hay un pozo que ya de tiempo inmemorial se tiene como obra de nuestros beatos. Este pozo es lo único de los santos mártires que ha llegado hasta nosotros. Tiene escasa profundidad y nunca se ha agotado el agua. De la grande veneración en que se ha tenido este pozo y de los prodigios obrados por su agua, ya hablaremos más adelante. Las *Relaciones* del proceso de beatificación de los santos mártires nos hablan de este pozo como obra realizada por ellos mismos para proveerse de agua en sus necesidades.

El tiempo que estuvieron en Teruel lo emplearon santamente en la edificación de aquellas gentes con su buen ejemplo, con la oración y la predicación de la divina palabra. Este apostolado no se limitó solo a Teruel, sino que también se extendió a toda la comarca circundante. En su propia capillita la predicación era muy frecuente y seguramente concurrida, dados la veneración y el afecto que les tenía el pueblo. La ermita tenía un púlpito que ellos construyeron o que existía ya al tomar posesión de esta, desde donde solían dirigir la palabra de Dios a los fieles. Este púlpito había de ser, andando el tiempo, el primer altar que recibiera sus santos cuerpos al ser rescatados después de su martirio y ser traídos en viaje triunfal a Teruel.

Fray Juan Parente, compañero de san Francisco, fue nombrado primer provincial de la provincia franciscana de Aragón, que con él y los religiosos de la misión de España acababa de fundarse. Convocó Capítulo Provincial en Zaragoza, en 1220, al que asistieron los religiosos disponibles, probablemente todos italianos, existentes en los pocos conventos que habían fundado. Waddingo dice que nuestros beatos estuvieron en Zaragoza, y su presencia en este capítulo viene afirmada por Hebrera, quien dice que en este capítulo trataron con fray Juan Parente, su provincial, de su propósito de predicar la fe a los sarracenos de Valencia. Luego regresaron a Teruel.

No podemos determinar con exactitud el tiempo transcurrido en Teruel hasta su partida a predicar la fe en Valencia. Waddingo dice que ocurrió su martirio a los diez años de su llegada a Teruel y el P. Vicente Martínez Colomer afirma que moraron en Teruel diez años.

El tiempo que estuvieron los beatos Juan y Pedro en Teruel lo podemos determinar con estos datos: su llegada a Teruel ocurrió en el año 1220; podemos dar como fecha más tardía de su martirio el año 1228; por tanto, el tiempo que estuvieron en Teruel no va más allá de ocho años.Los dos santos varones Juan y Pedro, almas formadas al calor e irradiación de la santidad de san Francisco, de quien reciben la obediencia para predicar la fe a los sarracenos de España, acrisolados y maduros en las obras del apostolado, de la oración, caridad y predicación entre los turolenses en los ocho años de su permanencia en estas tierras, consideraron ya llegada la hora de dar cima a la empresa que les había sido encomendada. El celo santo de la fe, la salvación de las almas por la predicación de la divina palabra y el ardiente deseo del martirio fueron los estímulos que empujaron a nuestros beatos a emprender el viaje a Valencia, al decir de la *Crónica de los veinticuatro generales*. Para Waddingo fue el deseo de la salvación de los moros del reino de Valencia lo que los llevó allá a predicar la fe. La *Relación* de la causa de beatificación asegura que las noticias que les llegaron de la cruel persecución desencadenada por el rey Azoto contra los cristianos fue lo que los llevó a Valencia a predicar la fe, lo cual naturalmente les hacía más fácil conseguir la palma del martirio que tan ansiosamente deseaban.

Los tres testimonios concuerdan, pues, en afirmar que el motivo que los llevó a Valencia fue el celo por la conversión de los infieles y el vehemente deseo del martirio. Ciertamente, poderosos eran estos motivos para empresa tan santa, además de la obediencia del Seráfico Padre y de las exigencias de su propia vida interior, que buscaba el completo holocausto por el Señor. Ante sus propios ojos tenían dos recentísimos martirios de compañeros suyos que habían convivido con ellos en compañía del Seráfico Padre y que habían sido sacrificados en la misma parcela de la viña del Señor que a ellos les estaba invitando a trabajar: la conversión de los moros. En efecto, el día 16 de enero de 1220, apenas llegados nuestros beatos a Teruel, morían en Marruecos por la fe sus propios compañeros, los seis protomártires de la orden, san Berardo y compañeros; y el día 10 de octubre de 1227, un año antes de su propio martirio, sufren el martirio por la misma causa otros siete compañeros suyos en Ceuta, san Daniel y compañeros mártires. El ejemplo, pues, de sus propios hermanos era también para nuestros beatos poderoso estímulo para alcanzar la misma corona.

Para establecer bien los hechos de la fecha del martirio de Juan y Pedro, y el tiempo que medió entre su llegada a Valencia y la muerte de estos, hemos de tener presentes las circunstancias que concurrieron a su llegada a dicha ciudad.

Los santos religiosos llegan a Valencia, dentro del año 1228, en los últimos tiempos del último rey moro de aquel reino árabe, conocido entre los cristianos con el nombre de Azoto, el célebre moro Zeit Abuzeit, hermano de Miramolín, el caudillo de los almohades, derrotado en las Navas de Tolosa. Rey tirano y déspota, perseguidor de los cristianos para vengar en ellos la derrota de los almohades en las Navas, los miraba como a espías de los ejércitos cristianos; por eso permitió el asalto al barrio cristiano de Valencia, donde tantas crueldades y crímenes se cometieron.

Al llegar a la ciudad del Turia los beatos Juan y Pedro, la persecución de los cristianos se encuentra en fase aguda, como lo prueba el mismo hecho de su propio martirio.

¿Cuánto tiempo transcurrió entre su llegada y el martirio? Del examen detenido de las fuentes históricas se infiere que el martirio de los beatos Juan y Pedro debió de ocurrir muy poco después de su llegada a Valencia. La *Crónica de los veinticuatro generales* afirma que tan pronto llegaron a dicha ciudad comenzaron a predicar con fervor y valentía la fe de Cristo y la falsedad de la ley de Mahoma, lo cual, llegado a oídos del rey Zeit Abuzeit, hizo que este los mandara encerrar en dura prisión.

Los cronistas andan bastante discordes en el establecimiento de la fecha del martirio de nuestros beatos. En el espacio de una década, desde 1221 hasta 1231, se hallan comprendidos los distintos pareceres en orden al año de su muerte.

Prescindiendo de todos estos pareceres tan distintos, para fijar con bastante seguridad la fecha del martirio de los beatos Juan y Pedro tenemos en la historia de Valencia de estos tiempos un acontecimiento bien conocido que tomamos como término *ad quem* del martirio. Este hecho es el destronamiento del rey moro Zeit Abuzeit, ocurrido en el año 1229. Es un dato histórico indiscutible y admitido por todos los historiadores de los santos mártires que el rey moro de Valencia Zeit Abuzeit fue el que ordenó su martirio *siendo rey de la Ciudad y Reino.* Pues bien: a raíz de la muerte de nuestros santos mártires, estalló la sublevación de los moros de la ciudad contra Zeit, al tiempo que la ocupaba con sus tropas un noble jeque de aquella tierra y gobernador de Denia, conocido por los historiadores con el nombre de Zaen. Zeit tuvo que huir y buscar refugio en don Jaime I el Conquistador, a quien encontró en Calatayud. Después de 1229, reina ya en Valencia Zaen. El martirio de nuestros beatos no pudo ser posterior a esta fecha. Como entre el martirio y la caída de Zeit transcurrió poco tiempo, si Zeit fue destronado en 1229, el martirio debió ocurrir el día 29 de agosto de 1229 o en el mismo día de 1228, como se dice en el proceso de beatificación. De estas dos fechas nos parece más probable la de 1228, porque daría más tiempo para producirse los acontecimientos del cambio de Zeit: la rebelión de Valencia, la huida del mismo Zeit y la toma de la misma ciudad por Zaen.

Acuciados por el celo apostólico más encumbrado por la salvación de las almas apartadas de la fe y con vivo y ardiente anhelo de dar su sangre por la gloria de Dios, por el año 1228 los beatos entran en Valencia para dar cima a la obra que se habían propuesto. Tan pronto como llegaron, comenzaron a predicar con ardor y valentía la fe de Cristo y la falsedad de la religión mahometana a los sarracenos. Fueron detenidos y llevados a la presencia del rey Zeit, quien los interrogó acerca de la causa de su venida a Valencia, y como primera providencia los encerró en cárcel durísima. Zeit pone todo su empeño en atraerlos a la ley musulmana; para ello emplea todos los medios a su alcance. Recurre a los halagos, promesas y todo cuanto de humano pudiera cautivar el interés de los invictos varones. No consiguiendo nada por este camino, recurre a las amenazas, a las que siguen los tormentos. Estas torturas las padecieron atados a un ciprés. No especifican las fuentes de información la clase de tormentos que recibieron atados al ciprés. Sin embargo, no es difícil comprender que al ser atados al árbol era para recibir el tormento de los azotes. Así lo han entendido los escritores posteriores.

Después del horrendo castigo, nuestros beatos no solo quedaron con la fe más robusta, si es que en ella cabían grados, sino que, sin dejarse amilanar por los tormentos, persistieron en la predicación. Perdidas, pues, todas las esperanzas de atraerlos a la ley islámica, Zeit pronuncia la sentencia capital contra ellos.

Era el día 29 de agosto de 1228, fiesta de la degollación de san Juan Bautista, como hacen notar todas las fuentes históricas. La sentencia pronunciada sobre los dos confesores de Cristo era la decapitación, la cual había de cumplirse en lugar público. El escenario escogido para el suplicio lo indican bien claro los testimonios históricos más antiguos: la plaza de la Higuera o de la Figuereta, como entonces se la nombraba. Esta plaza estaba junto a la antigua iglesia de Santa Tecla, que correspondía a la actual plaza de la Reina. Con anterioridad, nuestros beatos habían estado en el palacio de Zeit, donde fueron encarcelados y sufrieron los interrogatorios; además, vista la ineficacia de estos, fueron atados a un ciprés de aquella finca y allí recibieron el tormento de los azotes y demás vejaciones e injurias. Ciertamente, la sangre de los santos mártires también llegó a santificar aquella regia morada, convertida más tarde en convento.

Puestos ya nuestros dos santos religiosos en el lugar del suplicio en la llamada plaza de la Higuera, dieron gracias al verdugo por el beneficio del martirio y, puestos de rodillas en tierra, con fervor rogaron por la salud espiritual del rey e interiormente recibieron del cielo la convicción de que su oración era atendida. Hincadas las rodillas en el suelo y después de haber pronunciado unas palabras proféticas referentes a la conversión del tirano Zeit, los beatos Juan y Pedro fueron decapitados, recibiendo con ello la tan ansiada palma del martirio.

Ejecutada la sentencia, los cristianos residentes en Valencia se hicieron cargo de los cuerpos y de las cabezas separadas de los santos mártires, hasta las reliquias más insignificantes. En el tiempo que andamos de nuestra historia, existía en Valencia, ya desde los comienzos de la conquista árabe, un barrio cristiano llamado de Rebetins, que estaba situado entre las calles actuales de la Concordia, San Bartolomé y Portal de Valldigna. A los cristianos, que tenían la costumbre de hacer sus enterramientos dentro de las iglesias, les servía de cementerio la iglesia del Santo Sepulcro, después iglesia de San Bartolomé, enclavada dentro del barrio cristiano. Obtenidos ya los sagrados cuerpos, allí les dieron honrosa sepultura y estuvieron sepultados hasta su traslado a Teruel.

Según hemos dicho, los gloriosos mártires, habiendo orado por la conversión del rey Zeit y después de recibir aviso del cielo de que su oración había sido escuchada, le anunciaron con palabras proféticas su futura conversión a la fe cristiana. ¿Cómo y en qué circunstancias se cumplió esta profecía? Zeit, consumado el martirio de nuestros santos religiosos, experimentó un cambio radical en su propia contextura psicológica y moral. Torcedores remordimientos y angustiosas tristezas le acompañaban de continuo. Se dijo que alguien le vio entrar disfrazado en el barrio cristiano. Por otra parte, en 1229 estalló la rebelión del pueblo de Valencia contra Zeit, a quien destronó, proclamando en su lugar a Zaen o Zellan. Zeit, con unos partidarios suyos, huyó a Zaragoza, a buscar a don Jaime, con el cual tenía un tratado de amistad, poniéndose a sus órdenes. Según J. Zurita, Zeit fue bautizado en 1233. Ayudó antes a don Jaime en la reconquista de Valencia, y este le concedió la señoría de Villahermosa, donde gobernó hasta su muerte, acaecida en 1247.

La devoción popular a los santos mártires Juan y Pedro comenzó en el punto mismo de su muerte y sepultura. A raíz de su martirio, se apresuró el Señor a honrar a sus siervos con el don de milagros obtenidos por intercesión de ellos. Pronto comenzaron a ser invocados con los nombres de *beatos* y *santos,* no solo entre la gente del pueblo, sino también entre las personas de la nobleza y de la familia real.

Dada la comunicación que había entre Teruel y Valencia por los mercaderes que iban y venían por razón de sus negocios, la noticia del martirio de nuestros beatos llegó pronto a Teruel. Además, los nobles caballeros Blasco de Alagón y Artal de Luna, presentes en Valencia durante el proceso y martirio de los gloriosos confesores de Cristo, volvieron a Teruel en el mismo año o, a lo más tardar, al siguiente del martirio. Pudieron, pues, referir todos los pormenores de lo acaecido en Valencia. La devoción y afecto que la gente de Teruel sentía por estos santos varones por el olor de santidad que habían difundido en la ciudad y sus aledaños durante los ocho años de convivencia con ellos, hubo de tomar mucho vuelo con la llegada de estas noticias.

El mismo rey don Jaime sintió viva devoción por los nuevos mártires, de tal manera que a la intercesión de ellos atribuía los clamorosos triunfos logrados en su continuo batallar contra los moros. Con vivo anhelo deseaba el rey recuperar las santas reliquias y con no menos singular interés lo deseaban también los turolenses, quienes miraban a los santos mártires como a sus venerados maestros de espíritu. No era, sin embargo, cosa fácil la recuperación de los cuerpos de los beatos Juan y Pedro. Las relaciones entre el nuevo régulo de Valencia, Zaen, y don Jaime distaban mucho de ser amistosas. Fue la divina providencia quien llevó las cosas de manera que con facilidad, y como venidas a la mano, pudieran ser trasladadas las reliquias a Teruel.

La fecha de la entrada en Teruel de los cuerpos de los santos mártires la colocamos en el año 1232. En efecto, aquel año el rey don Jaime se encontraba en Teruel y, a instancia de los turolenses, rechazando la ingente suma que le ofreció el rey moro Zaen, pidió los cuerpos de los mártires como precio del rescate de los nobles moros de Morella, prisioneros del monarca aragonés tras la caída de dicha ciudad a finales de 1231. No era cosa difícil para Zaen encontrar los sagrados cuerpos. Depositados en la iglesia del Santo Sepulcro (San Bartolomé), cementerio de los cristianos, estos los entregaron al rey moro, quien los consignó a unos mercaderes cristianos, que traficaban entre Valencia y Teruel, para su traslado a esta ciudad. Salieron de Valencia encerrados en una caja en la cual los cristianos valencianos escribieron los nombres de nuestros beatos en esta forma: «San Juan y San Pedro». Y con este título se los ha invocado en el transcurso de los siglos posteriores, y con este título ha quedado aún hoy profundamente arraigada en el corazón de los turolenses la devoción a los beatos Juan de Perusa y Pedro de Saxoferrato.

El recibimiento de los sagrados cuerpos fue apoteósico. Llegan a Teruel al tiempo en que la ciudad se encuentra visitada por muchos y muy ilustres huéspedes de todo Aragón, convocados por don Jaime con motivo de la magna asamblea para preparar la conquista de Valencia. Este asunto del rescate de las santas reliquias es muy del agrado y de la devoción de don Jaime, y por ello todas estas gestiones las lleva personalmente, por el gran deseo que tenía de tenerlas consigo. De aquí que, al acercarse la comitiva que traía los sagrados despojos, se aparejaron, por orden del rey, todos los habitantes de la ciudad para recibirlos con gran devoción y compostura y solemne procesión. Y, como advierte el proceso de beatificación, el propio don Jaime, que presidía esta fastuosa a la par que piadosa manifestación, recibió las santas reliquias en sus propias manos, llevándolas con suma devoción y recogimiento hasta el lugar designado para ellas. Este lugar era el mismo oratorio o ermita de San Bartolomé, con las dos celditas que, adosadas al ábside, habían construido ellos mismos. En elegante urna de alabastro fueron colocadas en el púlpito desde donde tantas veces habían predicado la divina palabra a los turolenses.

Al llegar la caja con los santos cuerpos a Teruel, no faltaba ninguno de los miembros. Sin embargo, las cabezas de los dos mártires, separadas de sus cuerpos por la espada y contenidas también en el arca al llegar a Teruel, no fueron depositadas en el oratorio de San Bartolomé, sino que el rey don Jaime las sacó de la caja y, engastadas en plata, las colocó en su relicario o capilla con suma devoción y ternura.

La veneración y culto secular a nuestros mártires, constantemente mantenido por la devoción de los fieles, tardó por diversas circunstancias en obtener el reconocimiento oficial de la Iglesia. El 31 de enero de 1705, la Sagrada Congregación de Ritos publicó, con la aprobación del papa Clemente XI, el decreto en el que confirmaba el culto inmemorial de estos santos mártires, lo que equivale a una beatificación formal. Y el 23 de julio de 1723 el papa Benedicto XIII concedía el oficio divino y misa en honor de los beatos Juan y Pedro, a toda la Orden Franciscana, a las ciudades y diócesis de Valencia, Teruel y Perusa y al pueblo de Saxoferrato.

Dulce-Luna de Teruel

Son las once de la noche. El tic tac de un viejo reloj de pared es el único sonido que se escucha en la silenciosa habitación. Juan Diego, la persona que ocupa la habitación, es un joven, se encuentra pensativo y a la vez impaciente ante algo que lo deslumbra. Cada medio segundo dirige la vista hacia el reloj, pero el mecanismo que mueve sus manecillas continúa su ritmo marcando el tiempo inexorable. Al fin dan las once y media, impulsivamente se incorpora del sillón y se dirige a uno de los cajones de la cómoda, tomando de él un carrete de cordel, que guarda en uno de sus bolsillos. Sale de la casa, en el portal observa que la calle está desierta. Solo después de atravesarla y ya en la plaza del Torico ve la silueta de algunos noctámbulos; seguramente salen de alguna cantina que, escaseando ya los clientes, se dispone a cerrar.

Al final de la calle Amantes, esquina con la plaza de la Catedral, después de mirar a todos los lados y ya seguro de que no era seguido ni había llamado la atención o curiosidad de nadie, avanza con paso firme hacia un solar en el que brilla algo de luz. Al pie del solar, con bastante agilidad, salta la valla no muy alta por aquel sitio. Avanza sin más, atravesando el jardín o huertecillo hasta llegar a una vieja casa solariega inmediata. En una de sus ventanas de rancios cortinajes puede ver en el interior una luz tenue. Silba tres veces y al momento la luz se apaga; sin embargo, las hojas de la ventana se abren, tras las cuales distingue un bulto estilizado que agitando en la mano un pañuelo lo deja caer a sus pies.

—¿Eres tú, cielo? —se le oye decir, al tiempo que guarda el pañuelo en el bolsillo.

Al no obtener respuesta, Juan Diego saca el carrete de cordel que lleva en el bolsillo, diestramente lo tira hacia la ventana y con voz apagada dice:

—¿Lo has cogido?

—Sí —le responde una vocecilla femenina. Un momento después comienza a bajar el cordelito con el contrapeso de una manzanita verde atada a la punta.

Echando una mano a la manzanita y la otra al cordel exclama:

—¡Ya la tengo! ¡Ya la tengo! Descuélgate.

—Allá voy —le contesta la *dulce* vocecilla desde la ventana.

Instantes después veía deslizarse como flotando pero en descenso por el cordelito el cuerpecillo escultural de una doncella de diecisiete abriles poco más o menos.

—¡Vida mía! ¡Cuánto deseaba que llegara este instante! —exclama, recibiendo entre sus brazos a la doncella, sin que se crucen ya más palabras y solo pechos palpitantes, abrazos, besos, más besos y suspiros… solo suspiros de amante…

Un tiempo razonable después, la chica propone:

—Juan Diego, ¡huyamos! ¡Huyamos, que mi tía nos podría sorprender! Juan Diego se pone a maldecir con afectada desesperación.

—¿Qué pasa? —dice la *dulce* Luna, asustada.

—¿Qué ha de pasar? Que con las prisas se me ha olvidado el caballo en el que teníamos que huir. Después de tenerlo ensillado no me he acordado de traerlo.

—¿Y qué vamos a hacer? —exclama la niña, prorrumpiendo en amargo llanto.

—No te aflijas, mi cielo. Otro día será.

—Pero ¿y yo qué hago? —dice asustada y confusa la pobre chica.

—Sube por donde has bajado —contesta el joven apartándola de entre sus brazos sin brusquedad. A continuación echa a correr y, saltando la valla, le dice—: ¡Mañana volveré! ¡Mañana volveré!

Hay quien asegura hoy que en una antigua casa de la ciudad todas las noches, a eso de las doce, una mano femenina deja deslizar por maltrecha ventana una hebra de hilo, de cuya punta pende una manzanita verde. Cosa de cuento de viejas, yo personalmente he pasado mil veces de día y de noche por el lugar y no existe casa ni solar semejante.

La historia de Alvar y Sancha

Ambos jóvenes pertenecían a dos familias muy importantes de la ciudad, casi siempre enfrentadas por el dominio y control de la villa turolense: los Muñoz y los Marcilla. Alvar era un joven pendenciero, mujeriego, amigo de la bulla nocturna y un tanto follonero. De sus aventuras y desordenada vida estaba al corriente todo el mundo, hasta los propios Marcilla. Como a cualquier joven, le llegó también el momento de sentar la cabeza. Así que determinó cambiar aquel tipo de vida por otra más honesta y modélica. Pero tal cambio no tenía otra explicación sino la de sentirse enamorado, enamorado como cualquier joven de su edad. Se había enamorado de Sancha, la hija de los Marcilla.

Lo que para él era un simple enamoramiento, era algo bastante más complicado para su propia familia, pues así se lo explicaron cuando les comentó que se había enamorado de tal jovencita. A pesar de todo, siguió cortejando a escondidas a su amada y la pasión amorosa entre ambos fue creciendo día tras día. Entre tanto, Alvar no cesó de insistir ante su propia familia hasta conseguir el consentimiento familiar para casarse con Sancha. Peor le fue a la Marcilla, pues, al enterarse su padre de que la cortejaba semejante elemento, le puso por guardiana a una dama que no la dejaba ni a sol ni a sombra, toda vez que impedía cualquier intento de comunicación entre ambos. El ardiente enamorado, armado del poder que da el dinero para tales ocasiones, compró a la dama-guardián para facilitarle las citas con su amada.

Pasados unos días, Alvar le propuso a Sancha huir lejos de la ciudad, a un lugar donde su amor fuera libre y no tropezase con ningún obstáculo. Ella accedió y juntos decidieron fugarse a las doce de esa misma noche. Cruzaron el portal de Zaragoza y, tomando los caballos que les tenía preparados el criado de Alvar, dieron comienzo a su aventura.

Entre tanto, el padre de Sancha, habiendo echado en falta a su hija, presionó a la dama-guardián, que estaba al corriente de lo sucedido, hasta conseguir que confesara la fuga de los enamorados. Enterados los hermanos de Sancha, partieron en su busca, cual si de un rapto y afrenta se tratara. Y camino de Alfambra, a una legua de Teruel, alcanzaron a los fugados. Tras rescatar a la hermana dieron muerte a Alvar, dejándolo abandonado.

El juez de Teruel, al enterarse de lo ocurrido, mandó prender y juzgar a los asesinos. Al destierro fueron condenados y… a levantar una cruz al muerto en el lugar del crimen. Y así terminaron los trágicos amores de Alvar y Sancha, otros dos turolenses cuya trágica historia, a no alcanzó la categoría de la de los amantes de Teruel.

El puente de Doña Elvira

Leamos el relato escrito por el archivero e historiador Jaime Caruana y Gómez de Barreda:

A finales del siglo XIII, cuando ya el peligro del moro había desaparecido completamente, vivía al otro lado del río una joven de extraordinaria hermosura, llamada Doña Elvira, que poseía las ricas tierras de la vega bañadas por el Turia.

Muchos fueron sus pretendientes, pero ella, enamorada de un joven y apuesto turolense, le concedió su mano, celebrándose con gran pompa las bodas en Teruel.

Ocurrió que uno de los antiguos pretendientes de Doña Elvira quedó resentido y juró tomar venganza del desdén de la hermosa.

Durante algún tiempo los esposos vivieron felices. Él venía frecuentemente a Teruel a resolver asuntos y visitar a parientes, y dice la tradición que cierta noche, cuando el joven enamorado regresaba de Teruel ansioso de volver con su amada, cuando cruzaba el puente de San Francisco, único que entonces existía, fue asesinado alevosa y traicioneramente por aquel pretendiente despechado.

Inmenso fue el dolor de Doña Elvira. Enlutada y triste vivió en adelante la infeliz y como tenía que venir repentinamente a Teruel, repugnando cruzar por el fatídico puente manchado con la sangre del ser tan querido, ordenó construir un paso de tablas que acortaba el camino —el Puente de Doña Elvira— para no tener que pasar por el que tan ingrato le era.

La leyenda de las dos torres. Abdalá y Omar eran dos arquitectos musulmanes que trabajaban en Teruel a principios del siglo XIV. Los cristianos de la villa querían levantar para las iglesias de San Martín y el Salvador sendas torres adosadas, y les encomendaron a los dos alarifes su construcción. Iban a ser magníficas: la pericia de los mudéjares para la albañilería era conocida y apreciada en todo el reino.

Y quiso el destino o el amor que una hermosa mora se cruzara en el camino de los maestros. Zoraida era pretendida por los dos, pero a la muchacha le gustaban ambos y no se decidía. Entonces se le ocurrió al padre de la joven intervenir; les propuso que la mano de su hija sería para quien alzara la torre más bella en menor tiempo. Los tres expresaron su acuerdo y comenzaron las tareas.

Pasaron los meses. Los dos edificios, casi gemelos, se elevaban cubiertos por lonas, andamios y cañizos. Omar había terminado su obra el primero; llegó el momento de ofrecer orgulloso su maravillosa atalaya a todos los turolenses. Pero el deslumbramiento duró unos segundos. La torre de San Martín estaba levemente torcida. El enfurecido Omar subió las escaleras de tres en tres, trepó a lo más alto y desde allí se precipitó a la calle. Unos días después, cuando Zoraida y Abdalá, unidos ya en matrimonio, se deleitaban con las vistas en el campanario del Salvador, dejaron escapar un suspiro de melancolía al contemplar la torre del rival.

Santa Emerenciana

La única ciudad de España que tiene a esta santa por patrona es Teruel. Esta santa no recibió el bautismo del agua, al ser catecúmena. Sí recibió el de la sangre, pues fue martirizada por lapidación en Roma en el año 304, durante la época de Diocleciano. En esta ciudad permanecen sus restos muy cerca de los de santa Inés. A Emerenciana la descubrieron rezando en la tumba de santa Inés y eso le costó la vida, pues ella no negó su conversión al cristianismo. De acuerdo con la hagiografía cristiana, la madre de Emerenciana fue una niñera de santa Inés, una rica heredera que finalmente fue martirizada después de abrazar el cristianismo. Santa Emerenciana en un primer momento fue sepultada en el Coemeterium Majus. Este cementerio está un poco más distante de la vía Nomentana que el sitio en que fue erigida la basílica de Santa Inés. En Teruel, ciudad de la que es patrona, se conservan en un busto relicario que se saca en procesión el día de su festividad, en el denominado Seisado de Santa Emerenciana.

La dama errante de Albarracín

En el extremo sur del peñón en que se asienta la ciudad de Albarracín, junto a la antigua iglesia de Santa María, se alza un grueso y cuadrado torreón. Se conoce como la torre de Doña Blanca. Esta torre fue, sin duda, una pequeña fortaleza destinada a vigilar, primeramente, a los mozárabes de la ciudad, situada junto a la sobredicha iglesia, como luego vigiló los movimientos de la judería, que ocupaba el campo de San Juan.

La torre de Doña Blanca guarda entre sus muros, al decir de las gentes, el misterio evocador de la figura triste de una joven infanta aragonesa. Porque doña Blanca era hermana menor de un príncipe heredero del trono de Aragón. Era una joven ingenua, casta y sencilla, por cuyas prendas no solo sus padres, los monarcas, sino también toda la nobleza de estos reinos la idolatraban. Pero la esposa del futuro rey, por la más vergonzosa envidia, la odiaba tenaz y sañudamente.

Al morir el rey, los nobles aclamaron al príncipe heredero, y aquella mujer, que tanto odiaba a doña Blanca, quedó constituida reina de Aragón. La joven infanta se acogió al lado de su madre, la reina viuda, pero fueron los mismos nobles quienes le aconsejaron que huyera de estos reinos para salvar su vida, refugiándose en la corte de sus deudos, los reyes de Castilla.

De paso para Castilla, llegó a Albarracín, acompañada de algunas dueñas y de pocos caballeros, la infanta aragonesa. La acogida que a doña Blanca le dispensó Albarracín fue muy cordial, por cuanto que hasta aquí había llegado la fama de sus virtudes y la noticia de los odios de la reina. La ciudad entera presenció el paso de la vistosa comitiva con sus jinetes y sus escuderos por las calles tortuosas hasta llegar a los palacios de Azagra, señor de Albarracín, donde se hospedó la joven. Consigo traía, en cofres forrados de cuero y guarnecidos de hierro, todos sus tesoros de joyas valiosas y preciadas telas. No era bien dejar todo esto en Aragón.

Pasaron los días y las gentes esperaban con impaciencia poder contemplar de nuevo el rostro de doña Blanca y ver su lucida comitiva, al menos, cuando dejara la corte de los Azagra para continuar su viaje hacia Castilla. Con el paso del tiempo, las dueñas y los caballeros que habían acompañado a la infanta emprendieron su regreso hacia tierras de Aragón. A doña Blanca nadie volvió a verla.

El pueblo creyó que la joven había muerto llena de tristeza por su doloroso destierro y que había sido sepultada secretamente en el torreón. Nadie supo jamás lo sucedido. Los de la casa de Azagra y los nobles de la ciudad siempre guardaron secreto de lo sucedido con doña Blanca. Dice la leyenda que, cuando las campanas suenan a medianoche, se puede ver salir de la torre de Doña Blanca una sombra clara, como de rayo de luna, a la manera de la figura de una mujer de blancas y holgadas vestiduras que va descendiendo lentamente por los escarpes de la roca, como si fueran los peldaños de un palacio encantado, hasta llegar a los huertecillos y luego al río, en cuyos cristales se baña, y desaparece para no ser vista hasta otra noche de plenilunio.

Leyendas de Huesca

La campana de Huesca

El rey Alfonso I el Batallador murió, sin descendencia, en el 1134. Los nobles ofrecieron la corona del reino a su hermano Ramiro, recluido en el monasterio francés de Saint Pons de Thomières. Con un rey inexperto y en apariencia pusilánime, los nobles aragoneses pensaron que podrían manejarlo a su antojo.

El rey Ramiro II el Monje tomó posesión del trono a finales de ese año con el compromiso de regresar en dos años a sus quehaceres eclesiásticos, una vez asegurada la línea de sucesión. Los continuos desdenes y rebeldías de los nobles principales pusieron a la corona al borde de la ingobernabilidad y Ramiro, neófito en cuestiones de corte y gobierno, pidió consejo a su mentor, el abad de Saint Pons. Tras escuchar este al emisario enviado por el rey, sin mediar palabra alguna y cuchillo en mano, salió al huerto del monasterio, donde cortó las hojas de col más sobresalientes, al tiempo que ordenó al emisario que narrara al rey lo que había visto.Tras el relato del emisario, el rey convocó a todos los nobles aragoneses a palacio con el pretexto de mostrarles una enorme campana cuyo tañido sonaría en los confines del reino. Entre divertidos, curiosos y escépticos, uno a uno, los nobles más levantiscos fueron conducidos a la estancia para contemplar la famosa campana. Tal y como entraban, un verdugo cortaba las cabezas de todos ellos. Dispuestas las cabezas en círculo, colgando de una soga una de ellas en el centro, a modo de badajo, hizo entrar en la estancia al resto de los nobles para que contemplaran la campana de Huesca, que sonó en todo el reino de Aragón.

La leyenda de la piedra de los moros

Se cuenta que en el cielo vivían los ángeles, vivían otros seres celestiales y Dios. Un día se rebeló contra la autoridad divina un grupo de ángeles liderados por Lucifer, el portador de la luz. Estos ángeles rebeldes perdieron la batalla y fueron expulsados del cielo y lanzados sobre la tierra.

De esta caída, todos estos ángeles rebeldes quedaron cojos de un pie y también por eso se los podía reconocer. Al caer a la tierra se quedaron a vivir en las montañas. Estos ángeles caídos fueron conocidos sucesivamente como diablos, como gigantes y finalmente como moros.

Su aspecto físico era de gigantes, también lucían una cabellera que les llegaba hasta la cintura, eran cojos del pie derecho y entre sus poderes estaba el de dar grandes saltos. Sobre todo esto es la leyenda de la mora de Santa Eulalia.

Había un rey moro que vivía en Santa Eulalia. Tenía a su hija encerrada en la torre. El padre quería que esta se casara con un hombre que él había elegido. La hija no quería. El caso es que el padre para presionarla la encerró en la torre.

La hija del rey moro, harta de padecer tanto encierro y decidida a no aceptar la decisión de su padre, escapó de aquella torre que estaba junto a Santa Eulalia. De un gran salto cayó encima de una piedra conocida como la piedra Mora. Su salto quedó grabado en las rocas, dejando estas huellas. Y además dejó su poder fecundante impregnado en ellas.

La esclava liberada de Barbastro

Tras la conquista cruenta de la ciudad de Barbastro por las tropas cristianas, capitaneadas por el conde Armengol, este lugar se convirtió en un auténtico centro de lujo, de placeres sin límite y de vida disipada. Los caballeros cristianos se adueñaron de las casas, las ropas, los enseres y los tesoros de sus antiguos moradores musulmanes y, servidos por hermosas esclavas moras, se entregaban al ocio y al disfrute sin fin. En una de estas casas vivía todavía una doncella, famosa en toda la comarca por su forma tan hermosa como triste de cantar, delatando sus ojos la amargura de una pena infinita.

Un día llegó a la casa un mercader judío reclamando a la muchacha en nombre de un joven moro que estaba dispuesto a entregar por su rescate hasta cuatrocientos caballos cargados con hatos repletos de perfumes, joyas y sedas. El noble despreció todas aquellas riquezas que le eran ofrecidas y aun mostró amontonadas en un patio las suyas propias al emisario judío, dándole a entender que no era dinero lo que necesitaba. Pero, ante la auténtica fortuna que se le ofrecía, valoró como no lo había hecho hasta entonces a la joven mora, que esperaba ansiosa la decisión.

El noble no pudo resistir la mirada cargada de tristeza de la joven y se apiadó de ella, tanto que la dejó libre sin querer percibir nada a cambio. La muchacha mora fue conducida y custodiada hasta la cercana Fraga por guardianes guerreros del noble y, a orillas del Cinca, fue entregada a su amante moro. Y cuenta la leyenda que, a su regreso, uno de aquellos guerreros lloraba.

La Losa Mora

Con respecto a este dolmen prehistórico se cuentan dos historias. Existió una mujer hilando con su rueca, llevando sobre la cabeza la gran piedra horizontal . Al llegar al lugar donde hoy está el dolmen la dejó l en la posición que la llevaba. Otra cuenta que durante la huida de un rey y una reina perseguidos por los moros desde los Pirineos, la mujer fue muerta por estos en el lugar del dolmen y enterrada bajo la losa.

Los fatos

Esta palabra proviene de *fatuo*, que significa «presumido» o «vanidoso», y que los zaragozanos atribuían a los oscenses por su carácter tranquilo y sosegado. La leyenda atribuye este mote a la quietud de la ciudad, en contraste con la bulliciosa Zaragoza. Se decía que los oscenses, habituados a la calma y la paz de su entorno, podían llegar a ser un tanto lentos e incluso torpes, como si les faltara un hervor. Otra versión dice que el origen del mote está relacionado con una anécdota que ocurrió después del diluvio universal, cuando un oscense salió a regar su huerto mientras el resto del mundo estaba inundado.

El alcaide moro de Peralta de la Sal

En la época en que los musulmanes ocuparon la antigua Petra Alta romana, hubo un alcaide que respetó la devoción que los lugareños sentían por la Virgen de la Mora. Y no solo eso, sino que, cuando su mujer se ponía enferma, hacía traer la imagen para que esta la sanara. El alcaide vivía en el denominado castillo de Monegastre. La imagen se conservaba en una ermita muy próxima a esta fortaleza. Aquel alcaide de gran corazón y de gran permisividad para moros y cristianos fue sucedido por otro muy cruel llamado Muhamad ibn Lubb, que capitaneó una cuadrilla de rebeldes durante los años 922 a 927.

A mediados del siglo XI, las líneas de la Reconquista se situaron en el límite de la fortaleza de Monegastre. Además, el territorio sufría presiones desde diferentes frentes, propiciados por el rey aragonés, por el conde de Urgel y por el conde de Barcelona. Ante la presión de los cristianos, una noche, el último teniente musulmán decidió escapar. Antes entró en la ermita y robó la imagen de la Virgen. Huyó en su caballo, montaña abajo, pero, al llegar a un recodo del camino, dos grandes piedras se desprendieron de la montaña y lo sepultaron.

La imagen de la Virgen no sufrió ningún daño y los cristianos, una vez conquistada la fortaleza, decidieron devolverla a su ermita. La piedra bajo la cual dicen que sucumbió el moro se denomina piedra del Moro y, cuando los lugareños pasan por el lugar, tienen por costumbre arrojar contra ella, con mucha fuerza, una piedra del camino.

Tella, el pueblo de las brujas

Este era uno de los sitios preferidos por las brujas para realizar rituales, hechizos y aquelarres. En cierta ocasión una tormenta provocó desprendimientos. Una gran piedra bloqueó el camino de acceso a Tella. La población se vio en la necesidad de desbloquear el acceso y para ello pidió ayuda a un brujo. Este analizó la situación y aseguró que podría mover él solo la gran piedra. Para ello puso dos condiciones. La primera era que nadie debía mirarlo mientras se dedicase a quitarla de en medio, y la segunda era que nunca más lo volviesen a llamar para hacer trabajos comunales en el pueblo. Aceptaron sus condiciones. El brujo movió la piedra y la encajó en la ladera para evitar que se pudiese volver a desprender.

El diablo de Acumuer

Este tenía como mediador al amo de Casa Dámaso. En 1898, uno de Asún que tenía su casa en el prado rodeado de bosque acudió a pedirle dinero al demonio, que siempre llegaba en un caballo negro. A cambio, el montañés vendió su alma al diablo y se prestó a ser su intermediario en el resto del valle para que otros imitaran su ejemplo. La venta del alma adquiría validez después de firmar con sangre en un libro que él llevaba siempre consigo. La cuestión es que Lucifer llegó a tener abundante clientela por aquellas aldeas, hasta el punto de que se popularizó la leyenda *Serrablo, tierra del diablo.*

La montaña mágica llamada El Turbón

Desde tiempos inmemoriales se cuentas historias extraordinarias sobre esta montaña. De sus orígenes míticos, de sus curiosas cualidades meteorológicas, de sus habitantes sobrenaturales o de actos de brujería. Sobre esto último encontramos dos sitios vinculados a estos seres llamados Coll de Fadas («collado de las hadas») y Forat d'as Bruixas («agujero de las brujas»).

Se cuenta que en tiempos remotos los dioses escogieron la montaña para instalar una fragua que producía los truenos y los relámpagos. En aquella montaña también habita el gigante conocido como Ome Granizo, que con sus soplidos, cuando sube a la cumbre, anuncia las tormentas. Esta criatura gigantesca, que podría ser uno de aquellos dioses antiguos que trajeron la fragua o, incluso, la personificación misma del espíritu de la montaña, debe ser temida. El Ome Granizo no es el único ser sobrenatural que habita en la montaña. En un carrascal próximo al núcleo de población de Serrate, hay una cueva conocida como del Oso. Fue refugio de un gran plantígrado que, quizá, había sido alguna vez un hombre.

También se cuenta que en sus laderas, sobre todo en primavera, se pueden ver los duendes y las encantarias que en ese lugar habitan. A los primeros se les atribuyen los ruidos extraños o las misteriosas músicas que muchos dicen haber escuchado en sus paseos, aunque al final nunca vean a nadie. Las encantarias son una clase de hadas o damas presas por encantamientos que suelen aparecer en el fondo de los barrancos o junto al río lavando sus telas blancas, por lo que también se las conoce como *lavanderas.* Dicen que, si alguien consigue apoderarse de una de esas prendas, se puede hacer rico y afortunado.

Las brujas utilizan ese lugar para llevar a cabo sus aquelarres. Se cuenta que hicieron un gran agujero, conocido como de las Brujas, su guarida, y que al pasar por la fuente de la Pedreña daban tres golpes con ramos de boj y se elevaban por el cielo, con la facultad de manejar a su antojo las tormentas. Se cree que la montaña es la puerta de entrada del diablo desde el infierno.

El herrero de San Felices

A finales del siglo XVII, un herrero conocido como Tío Apolinar engañó al diablo. Había nacido en Biescas, pero tenía su herrería en San Felices. Creía en Dios, aunque también en el diablo. Tenía el *Libro de san Cipriano,* junto con otro de hechicerías y maleficios que le sirvió para tratar más de cerca al diablo y hacer íntima amistad con él. Tanto es así que un día decidió venderle su alma. Se estipuló un precio en oro, pactado para poder disfrutar de sus riquezas en un periodo de diez años. Finalizado este plazo moriría. Cuando pasó el tiempo estipulado se presentó el diablo en casa del herrero para cobrarse la deuda. «Vengo por tu alma», dijo. El Tío Apolinar le respondió pidiéndole un nuevo favor. «Me conformo con que me dejes elegir la enfermedad para remate de mi vida». El diablo se lo pensó. «Si solo es eso, te lo concedo». El herrero sonrió irónicamente. «¿De qué enfermedad quieres morir?», preguntó el diablo. El Tío Apolinar exclamó: «¡De sobreparto!». El diablo, enfurecido y burlado, desapareció, impotente después de concederle la última voluntad al Tío Apolinar. Con esto la deuda quedó saldada.

El castillo de Boltaña

Según la tradición allí se reunían las brujas para realizar sus rituales y encantamientos. Con sapos, setas y otros ingredientes se untaban las axilas y la entrepierna y a lomo de ramas de boj emprendían sus vuelos. Desde ahí viajaban a Tella, el pico de Cotiella o El Turbón. Hoy en día el castillo está en ruinas, pero desde su mirador se aprecia una fantástica panorámica del valle del Ara.

La leyenda de san Cristóbal

Cristóbal fue un gigantesco personaje que infundía terror a quienes lo veían. Decidió recorrer mundo en busca del señor más poderoso para consagrarse a su servicio y lo encontró en la persona de un rey cristiano. Descubriendo que este rey temía al diablo, no paró hasta localizarlo y ponerse a su lado al frente de un ejército destructor. Pero en aquella encrucijada de caminos, al pasar por delante de una cruz de piedra, el diablo se puso a temblar por el temor que le infundía el símbolo crucificado. Se alejó del diablo, preguntando a las gentes cómo servir al hombre llamado Cristo. Nadie contestaba, hasta que un ermitaño le indicó la mejor manera de hacerlo...

—Aquí al lado hay un río donde suelen morir muchos de los que intentan atravesarlo. Tienes una estatura y una fuerza descomunal, perfectamente podrás pasarlos de orilla a orilla sobre tus hombros. —Y, efectivamente, comenzó a pasar viajeros apoyado en una vara gruesa y resistente.

Un día estaba descansando en su cabaña, al lado del vado, cuando oyó una voz de niño:

—¡Cristóbal, sal y ayúdame a cruzar el río!

Salió y no vio a nadie. Lo mismo aconteció por segunda vez; a la tercera ocasión divisó un chiquillo. Cargándolo sobre sus hombros como si fuera una pluma, tomó el bastón y comenzó el viaje a través del río, pero a cada paso el niño pesaba más y aumentaba el nivel de las aguas. A mitad del cauce creyó no poder soportar ni el peso ni el ímpetu de la corriente; no obstante, en sobrehumano esfuerzo, logró poner al niño en la otra orilla.

—¡Ay, pequeño! —le dijo—. Creía llevar el mundo entero sobre mis espaldas.

—Y lo has llevado porque yo soy Cristo, el creador de ese mundo. Cuando vuelvas a tu cabaña, planta la vara y mañana por la mañana estará verde y con frutos. —Dicho esto, el niño desapareció.

Cristóbal murió martirizado por predicar el cristianismo hacia el año 250 de nuestra era. Puesto sobre una parrilla, esta se derritió; cuatrocientos arqueros le disparaban flechas que flotaban en el aire al contacto con su piel. Finalmente fue decapitado.

El fantasma de Sariñena

Se dice que merodeaba un fantasma por las proximidades de Sariñena. Los vecinos estaban atemorizados y no se atrevían a salir de noche. Aquel ser sobrenatural sentía una predilección especial por la laguna, sin saber por qué. Tan pronto aparecía sobre tierra firme, nadie osaba pasar por aquel lugar. Hasta que un mozo se armó de valor, tomó su arma y salió cierta noche en busca del temido fantasma. A eso de la medianoche, contempló impresionado una sombra que se deslizaba sobre el agua, cerca de la orilla de la laguna. El mozo se quedó mirando, atónito, al descubrir que se trataba del fantasma. Disparó seis veces, y el fantasma continuó impasible, como si nada. El mozo, entonces, emprendió la huida y decidió refugiarse en la iglesia, que estaba abierta. Se resguardó tras la pila de agua bendita, en la que remojó varias balas y volvió a cargar el arma. Recuperado su valor, volvió a la laguna. Disparó una sola vez y el fantasma desapareció para siempre.

El fantasma del castillo de Loarre

En este castillo estuvo encarcelado el conde don Julián. Su alma atormentada merodea por aquellas torres lamentando el trágico fin de su hija. Al conde don Julián lo hicieron prisionero los moros y su hija, conocida como la Cava, terminó suicidándose al arrojarse desde una torre.

Sobre el conde y su hija se explica otra leyenda. Florinda la Cava habría sido una joven de gran belleza que fue enviada por su padre, conde de la ciudad de Ceuta, a la corte visigoda en Toledo, con el fin de recibir una buena educación. En aquel territorio reinaba Rodrigo, último rey visigodo, quien tenía fama de ser un rey mujeriego. En la corte, Florinda conoció a Rodrigo, quien al instante se enamoró de su belleza y comenzó a cortejarla. Florinda decidió darse un baño sin percatarse de que don Rodrigo la contemplaba. La visión de la bella joven dejó fuera de sí al monarca, que, obsesionado con la muchacha, acabaría por forzarla. El cancionero popular dice que «Florinda perdió su flor, el rey padeció castigo». Esta fue la derrota en la batalla de Guadalete y el fin del reino visigodo.

Florinda, lejos de querer estar junto al rey, le rechazó. El rey, enfurecido y lleno de rabia, secuestró a Florinda y la forzó a mantener relaciones íntimas. Florinda dio cuenta de todo lo ocurrido a su padre, quien decidió vengarse de Rodrigo. Don Julián se reunió con los musulmanes, facilitándoles las necesarias embarcaciones para acceder a la península ibérica a través de Ceuta. Este conjunto de «amores, odios y venganzas» sería el origen legendario de la conquista musulmana de la península ibérica. Las tropas de Táriq ibn Ziyad, el general musulmán de Muza, en el verano de 711 vencieron a las huestes de don Rodrigo en la batalla de Guadalete.

Referida a este castillo también se cuenta una historia vinculada con Violante de Luna, sobrino del papa Benedicto XIII. Nos encontramos en el mes de noviembre de 1413. Los soldados de Pedro de Urrea, aburridos y somnolientos, vigilan las primitivas bombardas cuyas oscuras bocas apuntan a Loarre. En el interior del castillo el desánimo es grande, esperan refuerzos que nunca llegarán. Violante de Luna, antigua abadesa excomulgada por su tío, resiste el asedio. Ansía reunirse con su amante, su primo Antón, quien acaba de ser derrotado por las tropas del rey. La rebelión ha fracasado, pero Violante resiste durante tres meses, mientras su amado Antón huía a Navarra para traer refuerzos. Estos nunca llegaron para ayudar a su amada. Violante capituló antes las fuerzas del rey en diciembre. A pesar de su excomunión, su tío intercedió por ella, consiguiendo el perdón real. Violante galopó entonces en busca de su amado Antón, refugiado en Bearne, en Francia. Nunca se ha podido encontrar su tumba, y el alma de Violante sigue vagando en las noches de luna llena por las almenas del castillo.

El abad de Alquézar

Se asegura que en Alquézar recorre las estancias de la colegiata el fantasma de un monje que hace sonar una campaña, que anunciaba algún mal o la muerte de algún pecador. Se asegura que el fantasma en cuestión es el de un anacoreta que habitaba el santuario de la Virgen de Lecina, un hombre prudente y sobrio en sus costumbres. Pero sucedió que en su larga vida cometió un desliz. Solo uno. Fue cuando se le apareció una mora de gran belleza. Cuando la vio, quedó perturbado y no pudo resistir la tentación, de manera que sucumbió a sus encantos. Se ignora el tiempo que duró aquel romance, aunque se afirma que el monje, al fin, se arrepintió de su pecado y se impuso una dura penitencia durante el resto de su vida. Ni esta ni su muerte lo liberaron del pecado, siendo castigado a que su alma vagara eternamente por la colegiata, hasta el día del juicio final. Sobre la campana, el maestro campanero, Casimiro Casalera, explicó que…

> Era yo muy joven. Trabajaba como aprendiz junto al Campanero de Sijena. Llegó a oídos de mi maestro que andaban buscando a alguien para tocar en la Abadía de Santa María de Alquézar. Hacia esa Villa me encaminó. Nada más llegar, subí a ver al Abad. Un hombre normal, ni muy viejo ni muy joven, muy delgado, eso sí, y con una mirada sombría y triste. Apenas habló conmigo. Me aconsejó una casa de huéspedes, me adelantó el sueldo de una semana y me dejó junto a la puerta de la Torre del Campanario. Sólo me dijo:
>
> —Después de la primera noche, hablaremos despacio.
>
> Nada me indicó de horarios de misas, ni de toques, ni de oraciones; y ningún encargo me hizo. En aquel momento, ante mi primer trabajo de responsabilidad, y llevado por mi inconsciente juventud, sólo me movía una urgencia. Las campanas, para nosotros, son como seres vivos. Mi maes-

tro me había enseñado a quererlas, por no decir a amarlas. A llamarlas por su nombre, siempre de mujer. Yo estaba impaciente por conocer la campana principal de la Abadía, a buen seguro de nombre Santa María. Y no me preocupé de más. A punto de abrir la portezuela para subir al campanario, una vieja se acercó a mí.

—Hijo, susurró. Aléjate de la campana encantada. No gusta de manos humanas vivas.

Y desapareció entre las sombras de una capilla lateral. Yo había oído muchas leyendas sobre campanas que tocan solas y cosas así. En realidad, las campanas siempre han tenido que ver con lo sobrenatural y lo misterioso. Mi maestro de Sijena decía que nacieron con el sólo fin de alejar a los malos espíritus, así que sonreí para mis adentros, encendí un cirio, y comencé a subir las escaleras.

En apenas una hora, pensaba, podría estrenarme con el toque de la medianoche, ese al que en algunos sitios llaman el del Alma Perdida, que sirve de aviso para rezagados y de ayuda para quienes se demoran extraviados por los caminos. Nada en contra habíame dicho el Abad, y así podría yo caer con buen pie en tan excelente lugar. Faltaba como una hora, según digo, pero sin embargo, mi asombro no tuvo límite cuando una campana empezó a sonar. Debía ser una campana descomunal, a juzgar por el estruendo que allí se oía. No, desde luego, no era un cimbálico empujado por el viento, era la mismísima campana de la Agonía tocando a muertos.

Fue mi primera reacción la de bajar a toda prisa, pero me contuve. Pudo más la curiosidad que el pánico. Tenía que saber quién estaba tocando, porque de seguro allí había alguien. ¿Sería un usurpador de mi puesto? ¿Acaso el anterior campanero despechado y vengativo? ¿O quizá el mismo Abad poniendo a prueba mi arte y mi destreza? Dejé a un lado el recuerdo de las supercherías de la vieja de la iglesia y subí, muy cauto, los peldaños que me separaban del campanario. Justo al llegar a la vista de la campana, volvió a sonar. ¡Nunca antes escuché un tañido más triste, y al mismo tiempo tan desgarrador, tan violento! Y nunca después lo volví a escuchar. Aquel se introdujo para siempre en mis desgraciados tímpanos. Pero lo peor de todo es que allí no había nadie. Recuerdo que la vela se me apagó, ¡y Dios no lo hubiera querido! Ante mí, lo juro por los clavos del Cristo de Lecina, se me presentó una sombra más oscura que la misma noche, un aletear de pesados hábitos rozó mi piel, y un aliento helador y pestilente me estremeció. ¡Dios, cuán increíble es lo que cuento... más cuán real es el terror que desde aquella aciaga noche atenaza mis entrañas...!

Esto es lo que oí entonces decir al fantasma, y así lo escribo, y sirva el cercano final de mis días en esta tierra como testigo de que lo que digo, verdad es:

—Fui en vida Abad de esta santa Abadía consagrada a la Señora cuyo nombre no soy digno pronunciar... Sacrifiqué los últimos años de mi cuerpo terrenal con las más duras y espantosas penitencias... Mas mi alma ni tuvo, ni tiene perdón. Porque mi pecado fue y no fue de carne, eternamente deberé pagar... Surgió ante mí aquella sobrenatural belleza sin par, y aún me pregunto por qué, ¿Quién lo permitió? ¿Por qué aquella aparición en mi solitaria celda a turbar vino mis sentidos e hízome caer? Con el cuerpo de una hada incorpórea hube de folgar en mi inconsciencia pecadora, arrebatado de tan engañosos encantos, y ahora, y por siempre, y por los siglos de los siglos, encontraré palabras a mi dolor en el badajo de esta campana, y mi llanto arrepentido convertieráse en tañer de Oficio de Difuntos...

Estas terroríficas palabras se quedaron grabadas en mi alma, no sólo por lo que dijeron, sino por cómo fueron dichas. Llegaban hasta mis oídos desde la sombra del fantasma como un lejano eco, y tras cada frase, la campana tocaba una y otra vez... Huí de allí preso de locura... Supe luego que esa noche murió el Abad con el que yo había apenas hablado unas horas antes.

Leyendas de la catedral de Huesca

Según la leyenda, un monje de la catedral de Huesca fue excomulgado por la Iglesia debido a sus malas acciones. Después de su muerte, su espíritu atormentado comenzó a vagar por la catedral, haciendo ruidos extraños y asustando a los feligreses. Se dice que todavía se puede escuchar su lamento en la noche.

La catedral de Huesca, una imponente e histórica edificación situada en el corazón de la ciudad, está envuelta en un misterio que ha dado lugar a numerosas leyendas y mitos. Estas historias han pasado de generación en generación, alimentando la curiosidad de los visitantes y habitantes de la localidad.

Una de las leyendas más conocidas cuenta la historia de un tesoro escondido en los confines de la catedral. Según se dice, durante la época medieval, un noble caballero depositó un valioso tesoro dentro de los muros de la iglesia para protegerlo de los saqueadores y dejó un enigma codificado para que solo los dignos pudieran encontrarlo. Aunque muchos aventureros se han dedicado a buscar el legendario tesoro, hasta el día de hoy nadie ha logrado desentrañar el misterio.

Otra creencia popular afirma que la catedral de Huesca está habitada por espíritus y fantasmas. Dicen que en las noches más silenciosas se pueden escuchar susurros y lamentos provenientes de las oscuras esquinas de la iglesia. Algunos testigos aseguran haber visto sombras moviéndose y sentir una extraña presencia cuando visitan la catedral en la noche. Esta leyenda ha atraído a muchas personas con interés en lo sobrenatural y ha convertido a la catedral en un punto de referencia para los cazafantasmas aficionados.

Una de las historias más fascinantes es la relacionada con un supuesto pasadizo secreto que conecta la catedral con el Palacio Real de Huesca. Según la leyenda, este pasadizo fue utilizado por antiguos reyes y nobles para escapar en tiempos de guerra o para llevar a cabo reuniones clandestinas. Aunque no existen pruebas concluyentes que respalden esta afirmación, la idea de un pasadizo subterráneo ha capturado la imaginación de muchos, y algunos incluso han intentado buscar evidencias de su existencia.

Leyendas sobre la reconquista morisca

La inestabilidad fronteriza fue una constante en el valle del Ebro musulmán, de modo que los repartos sucesivos del reino hudí acabaron por debilitar la taifa sarakustí. Por otra parte, los musulmanes zaragozanos financiaron y enriquecieron a los territorios cristianos del norte, sobreviviendo más de lo que cabía esperar de sus fuerzas reales, merced al oro que entregaban a los reyes cristianos para comprarles la paz.

En la segunda mitad del siglo XI y primeros años del XII, el valle del Ebro fue considerado por todos los gobernantes cristianos como zona expansiva, de ahí que lucharan entre sí y buscaran alianzas de conveniencia con los musulmanes sarakustanos. Las presiones más fuertes eran las de Castilla y Aragón-Pamplona. Alfonso VI no tomó Zaragoza para Castilla en 1086 porque la llegada de los almorávides y su victoria en Sagrajas (1086) frenó su avance al tener que ir a cortarles el paso, cambiando así el curso de la Reconquista.

Al-Mustain II no pudo evitar la pérdida de importantes poblaciones en la frontera con el reino de Aragón, como Estada (1087), Monzón (1089), Naval (1095), Huesca (1096), Barbastro (1100), Tamarite (1104) y Ejea (1105-1106). A Al-Mustain II le sucedió su hijo Abd-al-Malik (1110), pero para entonces los zaragozanos estaban divididos en dos bandos ante la solución que adoptar, y uno de ellos llamó a los almorávides, que, tras tomar la ciudad, terminaban con la dinastía hudí y con el último reino de taifas.

La toma por los reyes aragoneses de Ejea, Ayerbe, Huesca, Barbastro y Tamarite suponía un jaque constante a Zaragoza y Lérida, independientemente de que el Gobierno musulmán estuviera en manos taifales o almorávides. El reino moro de Zaragoza, una vez perdida su capital en 1118, se deshizo como la espuma. Los valles del Jalón, Jiloca, Huerva, Martín, Guadalope y Matarraña, por el sur, y los bajos valles del Aragón, Gállego y Cinca (menos Fraga), por el norte, cayeron entre 1118 y 1127, y aunque los almorávides recuperaron una gran parte al vencer a Alfonso I en Fraga (1134), esta pérdida aragonesa será pasajera. De cualquier modo, Sarakusta permanecerá en manos aragonesas definitivamente, y Fraga y Lérida serán reconquistadas en 1149.

Las tierras musulmanas convertidas en aragonesas tan rápidamente se vieron sumidas en una tarea múltiple. Eso es, organizarse, repoblarse y asimilar a los musulmanes que quedaron en las ciudades reconquistadas, es decir, los mudéjares, que van a representar un fundamental papel en el futuro de Aragón.

Todos estos años de reconquista de Aragón, que recordemos, antes de la boda de Petronila con Ramón Berenguer IV, fundándose la Corona de Aragón, esta la formaba Huesca, Zaragoza, Teruel, gran parte de la actual provincia de Lérida, la mayor parte del valle del Ebro hasta el mar, con Tortosa como principal ciudad costera, y el norte de la actual provincia de Castellón, En este territorio se forjaron toda una serie de leyendas vinculadas con esta victoria a los musulmanes, que llevaban muchos años dominando estas tierras y en gran parte conquistadas gracias a la influencia divina.

La localización de Saz

En el término de Murero, en el lugar que actualmente ocupa el santuario de Nuestra Señora de los Mártires, a unos tres kilómetros de Atea, existía en tiempos anteriores a la dominación musulmana un pequeño y tranquilo núcleo rural llamado Saz, cuyos habitantes dedicaban sus afanes vitales al cultivo del campo y a la ganadería.

La imparable avalancha mora llegó hasta estas tierras y empleó en Saz tal dureza que absolutamente todos sus habitantes, sin excepción alguna, murieron abrasados entre las cenizas de sus casas, sus corralizas, sus graneros y su iglesia. Aun cuando se desconoce con certeza cómo pudo haber ocurrido tal catástrofe colectiva, se intuye que tuvo que ser por sorpresa y durante la noche, puesto que nadie, absolutamente nadie, pudo ni siquiera intentar defenderse ni ponerse a salvo. Todo quedó destruido, arrasado.

Durante algo más de cuatrocientos años, enorme paréntesis durante el cual dominaron los moros en estas tierras, las ruinas apenas insinuadas y calcinadas de Saz permanecieron prácticamente ignoradas, aunque ocupaban un pequeño rincón en la memoria colectiva de los mozárabes de la zona, de modo que, cuando toda la comarca fue reconquistada por las tropas de Alfonso I el Batallador, los cristianos de Atea, movidos por ese remoto y vago recuerdo, trataron de localizar los restos.

No quedaba ningún rastro de nada, pues el fuego, la erosión y el tiempo habían borrado todo vestigio de vida, pero, entre las paredes arrumbadas de lo que fuera la iglesia de Saz, removiendo aquí y allí, hallaron una imagen de la Virgen. La limpiaron y, con fervor inusitado, la llevaron a Atea para ponerla a buen recaudo.

Naturalmente, tampoco sabían bajo qué advocación había sido venerada, de modo que de común acuerdo decidieron llamarla en adelante Nuestra Señora de los Mártires, en homenaje a todos los habitantes del pequeño poblado que murieron como mártires indefensos por sus creencias.

La reconquista de Aínsa

Según la leyenda que explica el nacimiento del monasterio de San Juan de la Peña, García Jiménez fue elegido y nombrado allí como primer rey del reino de Sobrarbe. Una vez investido solemnemente de la autoridad real y apoyado por todos los suyos, decidió atacar a los moros que dominaban en la importante plaza de Aínsa, dando lugar a su primera gran acción bélica, de enorme resonancia en el menguado bando cristiano. Lo cierto es que, puesto al frente de no más de trescientos hombres armados y escogidos, cayó por sorpresa sobre la villa y, aprovechando las sombras de la noche, derrotó a los musulmanes tras encarnizada y sangrienta batalla.

Cuando amaneció el día siguiente, para reafirmar todavía más los ánimos enardecidos de sus victoriosos guerreros, en medio de la enorme plaza mayor de la villa, arengó a sus tropas, asegurándoles que la divina providencia estaba de su parte, de lo que era garantía la sorprendente visión que había tenido de una cruz iluminada situada sobre una encina del monte aledaño, señal inequívoca de la ayuda del cielo.

Con los ánimos renovados, ordenó a sus hombres que implorasen ayuda a Dios y a san Juan Bautista, y realizó con ellos nuevas incursiones victoriosas por los poblados vecinos del Ara y del Cinca, a la vez que se dispuso a fortificar la villa de Aínsa, a la que, por deseo personal y expreso, declaró capital del naciente reino de Sobrarbe.

A esta tradición se debe el que en el escudo de Sobrarbe exista una cruz roja sobre una encina y que sea este uno de los cuarteles del histórico escudo de Aragón. Esta cruz de Sobrarbe se ofrece hoy en forma de monumento a dos kilómetros de la villa de Aínsa.

La reconquista de Jaca

Tras la conquista musulmana, en el siglo VIII, Jaca estaba gobernada por Abel el Malek ben Omar, pariente del propio Muza. Vivía en el lujoso castillo de Apriz, acompañado por su hija, la hermosa Zaida, con quien llegara desde África hacía algunos años.

Una tarde del mes de abril, mientras la joven oraba a su dios, se escuchó un rumor lejano que poco a poco se iba acercando: era el walí que regresaba del último combate contra los cristianos. Venía él delante, orgulloso de su nuevo triunfo, seguido de los soldados, que traían un magnífico botín y muchos cautivos. Zaida, inundada por la alegría de saber que su padre estaba a salvo, corrió a esperarlo en la puerta del castillo.

Los soldados miraban complacidos a la bella muchacha, y las penas de los cautivos parecían atenuarse ante ella. Uno de los cristianos prisioneros no pudo contenerse y gritó: «¡Aragón por san Jorge y las hembras sandungueras!». Este atrevido prisionero no era otro que el conde Waldo, hijo de don Rodrigo, a quien el walí, en lugar de darle muerte, lo hizo prisionero con la esperanza de obtener un buen rescate por él.

Zaida había quedado prendada del caballero cristiano y de la lisonja que se atreviera a pronunciar. Por eso, salvando múltiples peligros, la joven se decidió a visitar al cautivo en las mazmorras. Allí, ambos se declararon su mutuo amor y, tras ocho días de visitas clandestinas, Zaida anunció a su padre que Waldo se convertiría al islam y se casaría con ella. Y así acaeció.

Pero poco duró la felicidad de la pareja, pues la misma noche de la boda entró en Jaca el ejército cristiano y tomó el castillo y la ciudad, acuchillando a todos los infieles, incluido Abel el Malek. Zaida fue hecha prisionera y destinada al servicio de la mujer del conde don Aznar.

Waldo, que había sobrevivido al ataque, reorganizó el ejército moro e intentó recobrar la ciudad, pero fue derrotado por los cristianos, quienes, junto con algunas otras, expusieron su cabeza ensartada en una lanza para escarmiento de los infieles. Zaida se desvaneció ante tan cruel espectáculo. Así castigaba Dios la apostasía de un cristiano.

El conde Bernardo de Ribagorza

En el valle del Noguera Ribagorzana, en una pequeña ermita, se dedicaba a Dios el fraile Vicmar. Una noche, en medio de una gran tormenta, llamaron a su puerta solitaria dos caballeros agotados, anciano uno, joven el otro. Los acogió al calor de su fuego, pero poco tardó el primero, exhausto y enfermo, en morir. Era Beltrán, fiel escudero del padre del más joven, Bernardo, hijo del conde Ramón. Ardía Bernardo en deseos de batirse con el moro, de modo que, tras enterrar a Beltrán, su guía, le preguntó al eremita dónde encaminarse para hacerlo. Este le dirigió hacia las tierras de Jaca, donde gobernaba Galindo, hijo de Aznar.

Llegó justo en el momento en el que Acmet, un auténtico gigantón moro, atacaba con sus huestes a los cristianos para tratar de recuperar Jaca. El conde Galindo y Acmet lucharon cuerpo a cuerpo, cayendo heridos ambos, aunque este último, demostrando su bravura, aún tuvo fuerzas para derribar y matar al vasco Zaldívar, que había acudido a socorrer al jacetano. Luego se retiró momentáneamente para reponerse y volver a atacar.

Bernardo creyó llegado el momento y no lo dudó: blandiendo su espada Preclara, que había ganado en combate al emir árabe Oto de Poitiers y luego heredado su abuelo y su padre, entró en batalla y desafió a Acmet, que menospreció su valor al verle tan joven. Pero, manejando el acero como un guerrero avezado, derribó y dio muerte al gigante moro, siendo aclamado en las calles de Jaca y obsequiado en el palacio de Galindo.

Quiso el conde jaqués entregar a Bernardo tierras y honores si le daba su espada, pero este se negó. No obstante, accedería a cambio de la mano de Toda (o Teuda), su hija, de quien se enamoró nada más verla. Explicó Bernardo que su padre era conde y que su madre fue hija de Carlomagno, aunque una intriga palaciega les obligó a huir, acabando él y su escudero Beltrán en la ermita de Vicmar, de donde acababa de llegar.

Hubo matrimonio. Galindo se ciñó la espada Preclara y el conde Bernardo, acompañado de Toda, su esposa, recorrió victorioso las tierras que riegan los dos ríos Noguera y el Isábena. Ribagorza comenzó a sacudirse el yugo musulmán, mientras los cristianos que luchaban con él, enardecidos por su valentía y caudillaje, cantaban y extendían por doquier las gestas de Bernardo, que fundó el monasterio de Santa María de Obarra.

El conde de Ribagorza en Calasanz

Cuando apenas había comenzado la décima centuria, es un hecho históricamente cierto que el conde Bernardo gobernó Ribagorza, juntamente con su mujer, la condesa doña Toda, que aportó como dote al matrimonio las quebradas tierras de Sobrarbe. Entre los años 908 y 929, con arduos esfuerzos dados los escasos recursos humanos y materiales con los que contaba, el conde Bernardo logró liberar el valle de Soperún y llevó a cabo una victoriosa y celebrada expedición contra los musulmanes del sur hacia 914. Tras estos datos ciertos, la leyenda construye y adorna el resto, dándole, incluso, forma de canción de gesta.

En efecto, el conde Bernardo, hijo del conde don Ramón, había vivido en tiempos del emperador Carlomagno, de quien era pariente directo, y, por orden de este, vino desde París y logró liberar las tierras de Obarra del poder musulmán, fundando allí el monasterio dedicado a santa María, importante núcleo sobre el que basó la repoblación de las tierras reconquistadas. A la vez que su hermano, el conocido obispo Atón, expulsaba a los moros de las tierras de Pallás, Bernardo lo hizo de las de Ribagorza, extendiendo la frontera de sus dominios por el sur hasta el pueblo de Calasanz.

El saber popular le achaca, asimismo, la conquista y dominio de la fortaleza de Jaca y todas las tierras de la canal de Berdún que la circundan, así como la ganancia, mediante las armas, del amplio y ondulado espacio contenido desde Aínsa hasta Berbegal, incluyendo el populoso, bien defendido e importante enclave musulmán de Barbastro.

Fue llamado *macabeo* por su trabajo en el ejercicio de la virtud y *marqués* porque conquistó y gobernó una marca, a la usanza del país franco del que era originario.

El sitio de Barbastro

Históricamente es bien conocido cómo la reconquista de Barbastro dio origen a la predicación de la primera cruzada, de modo que la ciudad del Vero fue conocida en toda Europa y, junto a los hechos históricos ciertos, pronto se construyó toda una leyenda acerca del sitio de Barbastro, que tomó forma de canción de gesta.

Según la leyenda, hallábase Aimerico de Narbona celebrando un torneo cuando le llegaron noticias de que el emir musulmán pretendía conquistar Francia, coronarse en el propio San Denís de París y apresar a Aimerico para cortarle la cabeza. Antes de lo esperado, los musulmanes avistaron Narbona, cogiendo prisionera a la propia condesa Hermenjart.

La victoria, tras reñida y sangrienta batalla, sonrió a los musulmanes, que hicieron muchos prisioneros, entre los que se encontraban el hijo del propio Aimerico, llamado Buvés de Comarcís, y dos hijos de este, Guirart y Guileín.

Ordenó el rey musulmán que llevaran a los prisioneros a la fortaleza de Barbastro, siendo encerrados junto a la terrible serpiente Belinais, a la que afortunadamente lograron matar con las armas que les proporcionó Clarión de Vaudune, musulmán dueño de la mitad de Barbastro, que era despreciado por el resto de sus correligionarios. Buvés de Comarcís, con la ayuda de Clarión, se hizo con la plaza y consiguió bautizar a los musulmanes que allí quedaban.

El moro Corsout de Tabarie logró escapar de Barbastro e ir a Narbona, donde anunció al emir la pérdida de la ciudad. Ello hizo que las tropas musulmanas abandonaran Narbona para trasladarse a Barbastro. Buvés de Comarcís y el emir acabaron enfrentándose, cayendo herido el jefe moro.

Ante el cariz que tomaban los acontecimientos, los musulmanes de Barbastro pidieron ayuda a los cordobeses, de modo que las naves de Córdoba, tras cuatro días de navegación, llegaron al puerto de Barbastro. La situación para Buvés de Comarcís y los suyos era desesperada. Gracias a la llegada de un ejército mandado por Aimerico de Narbona y por el propio rey Luis de Francia, los sitiados cristianos fueron liberados y el victorioso rey francés pudo dedicarse a reconquistar España, arrojando de ella a los musulmanes.

La esclava liberada en Barbastro

Las armas finalizaron su luctuoso quehacer y pareció recobrarse la calma. Tras la conquista cruenta de la ciudad por las tropas cristianas que capitaneaba el conde Armengol, Barbastro se convirtió en un auténtico centro de lujo, de placeres sin límite y de vida disipada. Los vencedores caballeros cristianos se habían adueñado de las casas, las ropas, los enseres y los tesoros de sus antiguos moradores musulmanes y, servidos por hermosas esclavas moras, se entregaban al ocio y al disfrute sin fin.

Cuenta la leyenda que, en una de estas casas, había vivido y vivía todavía una doncella, ahora hecha esclava por un guerrero cristiano, famosa en toda la comarca por su forma tan hermosa como triste de cantar, delatando sus ojos la amargura de una pena infinita.

Un día llegó a la casa del cristiano un mercader judío reclamando a la muchacha en nombre de un joven moro que estaba dispuesto a entregar por el rescate de ella hasta cuatrocientos caballos cargados con hatos repletos de perfumes, joyas y sedas.

El noble cristiano despreció todas aquellas riquezas que le eran ofrecidas, y aun mostró amontonadas en un patio las suyas propias al emisario judío, dándole a entender que no era dinero lo que necesitaba. Pero, ante la auténtica fortuna que se le ofrecía, valoró como no lo había hecho hasta entonces a la joven mora, que esperaba ansiosa la decisión.

El señor cristiano no pudo resistir la mirada cargada de tristeza de la joven y se apiadó de ella, tanto que la dejó libre sin querer percibir nada a cambio.

La muchacha mora fue conducida y custodiada hasta la cercana Fraga por guardianes guerreros del señor cristiano y, a orillas del Cinca, que entonces corría bravío, fue entregada a su amante moro. Y cuenta el poeta que, a su regreso, uno de aquellos guerreros lloraba.

Piedra del Moro

A lo largo del siglo XI, la reconquista cristiana del territorio aragonés, aunque de manera lenta y con altibajos, fue progresando hacia el sur, empujando poco a poco a los musulmanes hacia el Ebro, que constituía una auténtica barrera natural. No obstante, tanto en tierras del Sobrarbe como de la Ribagorza todavía quedaban algunos pequeños enclaves moros que se resistían de manera enconada, como era el caso, entre otros varios, del señor musulmán de la fortaleza de Momagastre.

No obstante, también este caudillo agareno, cada vez más aislado de sus correligionarios, se vio forzado como tantos otros a desalojar su fortificado y estratégico enclave, desde el que sus antecesores habían dominado durante más de trescientos cincuenta años la comarca circundante. Por lo tanto, no es de extrañar que lo hiciera no solo entristecido, sino también malhumorado, lo que lo llevó a apoderarse por ira y despecho, durante la huida, de la imagen de la Virgen que presidía el altar principal de la cercana ermita de Peralta de la Sal.

En su forzado camino hacia el exilio, aún no se había distanciado mucho de la ermita que acababa de expoliar cuando una enorme piedra desprendida de la montaña, no se sabe si empujada o no por los cristianos, lo derribó de su cabalgadura, quedando sepultado bajo su enorme mole, lo que le causó la muerte en el acto; otra piedra algo menor de tamaño hizo lo propio con su hermoso caballo. La imagen de la Virgen, sin embargo, de manera inexplicable quedó absolutamente intacta y fue devuelta a su propia ermita por los cristianos que, desde entonces, dieron en llamarla Virgen de la Mora.

Las dos piedras, la grande conocida todavía hoy como la piedra del Moro, pueden verse aún, y es costumbre viva que quienes pasan junto a ambas, en señal de desaprobación, lancen una piedra contra la mayor, aquella que acabó con la vida del último señor moro del castillo de Momagastre, que no se resignaba a tener que abandonar la tierra de sus ancestros.

El último asedio de Huesca

En el 12 de mayo comenzó el asedio de Huesca por Pedro I de Aragón. El gobernador musulmán oscense ha solicitado refuerzos a Al-Mostain de Zaragoza, que no solo aporta guerreros moros, sino que ha conseguido la ayuda del conde García Ordóñez de Nájera. El ejército que acude en ayuda de Al-Mostain es tan numeroso que, al decir de las crónicas, los primeros musulmanes llegaban a Zuera cuando los últimos todavía estaban en Altabás, arrabal zaragozano.

Por su parte, en el campo cristiano había recalado, llegado desde Gascuña, el desterrado Fortún, con trescientos peones y diez cargas de mazas, que luego serían decisivas en la batalla.

Los contendientes, por fin, estuvieron frente a frente. Las fuerzas estaban muy igualadas, contando cada ejército con unos veinte mil guerreros, según un cronista árabe. El desenlace de la inminente batalla era, pues, incierto.

Fue entonces cuando, según el mismo cronista moro, Pedro I envió un espía al campo enemigo para que indagase el número de guerreros esforzados y de fama con los que contaba el ejército musulmán y que fuesen reconocidos como tales por los cristianos por sus proezas. A la vez, debía averiguar cuántos caudillos aragoneses eran conocidos por los musulmanes y cuántos de ellos estaban en el campamento cristiano en aquel momento.

Cuando regresó el espía, comunicó al rey que el número de caballeros sarracenos famosos ascendía a siete. Así es que hizo contar los hombres cristianos de valor que estaban en su campamento en aquellos instantes, alcanzando el número de ocho. La noticia hizo feliz al rey Pedro I, a quien se le oyó exclamar: «¡Oh, qué día tan fausto!».

El propio cronista musulmán nos relata el sentido de aquellas palabras, pues era creencia cierta que las batallas se ganaban no por el número total de contendientes, que, por cierto, era semejante, sino por el número de guerreros sobresalientes con los que contaba cada ejército, de modo que aquel que aventajase al otro, aunque solamente fuera en uno, ganaría la contienda, como en este caso sucedió.

Los caspolinos y la batalla de Alcoraz

El escenario es el asedio de la plaza fuerte de Huesca. Cuando Pedro I, rey de Aragón, ayudado, entre otros, por caballeros del otro lado de los Pirineos y navarros, se enfrentó en la batalla final a la potente coalición musulmana que defendía la plaza de Huesca, el monarca aragonés contó también con una aportación no muy numerosa pero sí selecta y aguerrida de cristianos llegados de Caspe, que se hicieron notar de manera ostensible por su valor en la jornada memorable del 25 de noviembre.

Sabido es que esta batalla definitiva sobre la plaza oscense se libró en la planicie de Alcoraz, despoblado cercano a la ciudad, y todo el mundo conoce, asimismo, la decisiva intervención que en la confrontación bélica tuvo el caballero san Jorge, llegado aquel mismo día tras haber participado activamente en la batalla de Antioquía, en Oriente.

La realidad es que buena parte de las tropas agarenas, ante el pésimo cariz que iba tomando poco a poco la cruenta pelea, emprendió la huida precipitada y desordenada hacia Sarakusta, tratando de evitar la muerte, mientras la ciudad oscense se veía obligada a rendirse. El extenso campo de batalla de Alcoraz presentaba un aspecto desolador, pues quedó totalmente sembrado de hombres heridos, mutilados y cuerpos sin vida.

Entre estos últimos se pudieron contar los cadáveres de cuatro reyes moros, tres de los cuales fueron hallados precisamente en el terreno que habían defendido con arrojo y valentía sin igual los caballeros caspolinos.

Aquel hecho singular dio lugar a una doble decisión de enorme simbología: por una parte, a la incorporación de cuatro cabezas de moros en uno de los cuatro cuarteles que conforman el escudo de Aragón, y, por otra, por decisión del propio rey aragonés, Pedro I, de tres de dichas cabezas en el que sería escudo de la villa caspolina.

Pedro I contra el Cid

Después de haber cometido verdaderos estragos entre los moros levantinos en la comarca de Onda y Almenar y soportada una larga y fatigosa cabalgada de varias jornadas, llegó el Cid Campeador con sus hombres a las puertas de la musulmana ciudad de Zaragoza. Tal como era habitual, el guerrero castellano fue huésped en el palacio del rey moro de la Aljafería, donde recuperó fuerzas y recompuso su hueste.

Tras descansar unos días en la ciudad del Ebro, partió de nuevo con sus hombres en dirección a Huesca, primero, y más tarde hacia Monzón. Los vigías de Pedro I pusieron al monarca aragonés al corriente de las andanzas del Cid, de modo que, sabiendo que se acercaba, se aproximó con sus caballeros hasta Piedra Alta, donde decidió elegir un paraje adecuado y plantó sus tiendas de campaña para esperarlo.

Llegado el Cid a Monzón, determinó pasar allí unos días, uno de los cuales salió a recorrer la comarca acompañado por doce caballeros de su confianza «a holgarse por el campo, / armados de buena guisa», o sea, a divertirse un poco con un simple ejercicio. Enterados los aragoneses a través de su red de espías de los movimientos de esta partida, les salieron al paso desde su improvisado campamento con ciento cincuenta guerreros, entablando un lucha desigual contra el Cid y sus hombres, en una especie de improvisada justa o torneo, pues, de común acuerdo, decidieron luchar uno contra uno sucesivamente.

A pesar de ser muchos menos en número, el grupo del Cid venció a los caballeros aragoneses, apresando a siete de ellos con sus caballos y armas, mientras los demás huían temerosos del campo de batalla. Las horas que siguieron a la refriega fueron tensas, pero, tras suplicar los vencidos clemencia al Campeador para que los dejara en libertad, don Rodrigo, «como es muy honrado», dice el legendario romance, accedió a su petición.

El Cid en Calanda

Rodrigo Díaz de Vivar, uno de los mayores estrategas, guerreros y políticos de su tiempo, fue un viajero de constante caminar, apareciendo siempre mezclado en acciones bélicas de todo tipo o en foros políticos diversos, tanto en territorio bajo dominio cristiano como musulmán, convirtiéndose, sin ningún género de dudas, en un personaje decisivo en la configuración geopolítica peninsular del momento.

En ese constante ir y venir de un lado a otro, el Cid Campeador vivaqueó en varias ocasiones por las tierras altas y quebradas del Bajo Aragón y, sobre todo, por las del Maestrazgo, llegando incluso a fundar, según la legendaria tradición, una nueva población para que le sirviera de apoyo logístico en sus acciones guerreras.

Muchas son las evidencias del paso del Cid en varios pueblos de tan amplias comarcas, cual es el caso de Calanda, población en la que, en cierta ocasión, tuvo que refugiarse a todo galope dada la persecución de que era objeto, saltando con su caballo el arroyo que las lluvias torrenciales habían crecido, célebre y recordado salto del que todavía queda hoy una huella visible en la roca, la llamada Pota del Caballo. Las prisas de la acción no le permitieron entrar normalmente ni por el puente Cid ni por el arco del Cid, nombres que los calandinos les pusieron en honor de tan famoso personaje.

La huida de una reina taifal

Con la llegada de los musulmanes al valle del Ebro, la caída de Zaragoza, Sarakusta desde entonces, provocó la toma rápida de todas las poblaciones de su entorno, entre ellas Gallur. El cambio de administración supuso la islamización de la mayor parte de sus habitantes, aunque algunos continuaron fieles a su religión cristiana: eran los mozárabes.

Cuando en el siglo XI el califato cordobés se fraccionó en multitud de reinos taifales, pequeños feudos regidos por reyes propios, entre los que destacaron los de Sevilla, Badajoz,

Toledo o Zaragoza, Gallur formó parte de esta constelación y, desde su atalaya, dominó un pequeño territorio integrado por siete poblaciones. Era de los pocos, quizás el único, de los reinos de taifa gobernado por una mujer.

La vida de la mayor parte de estos pequeños feudos musulmanes fue efímera, bien por ser absorbidos por otros más poderosos, como el de Sarakusta, bien por sucumbir a manos de los ejércitos cristianos.

Lo cierto es que el reino de Gallur se derrumbó en la práctica sin oposición. Bastó tan solo para ello que los asaltantes cristianos superaran las barreras artificiales que defendían a la población por el sur y el este. Por el norte, el asalto era casi imposible, puesto que existía la doble defensa natural del río Ebro y de la cantera.

Ante aquel ataque, la reina, que iba acompañada por varios de sus súbditos, cargados con armas, enseres y tesoros, se dirigió a la entrada de un enorme pasadizo, de más de seiscientos metros de longitud, que iba a parar a la cantera y al río, en la parte norte, desde donde se podía huir. Era lo que se conoce como *caño de los moros*. Pero lo cierto es que nunca llegaron a la salida, pues un accidente los debió dejar atrapados en las entrañas de la tierra junto con tan extraordinario botín.

Durante siglos, al eco de esta noticia, han sido muchos los que han tratado de profundizar en el *caño de los moros*, pero nadie ha podido dar con el tesoro que la reina pretendía llevarse.

La traición del moro Glafar

A mediados del siglo XI, todo Al-Ándalus se había cuarteado en más de cien feudos musulmanes más o menos grandes, los llamados *reinos de taifas*, destacando entre todos ellos la taifa sarakustí, que tenía su corte en el bello palacio de la Aljafería, todavía en pie, y cuya construcción tuvo lugar a la vez que se levantaba la catedral jaquesa.

No obstante, los importantes reyes taifales zaragozanos edificaron y mantuvieron otras residencias, cual es el caso del entonces inexpugnable castillo de Rueda, elevado a la vera del río Jalón, fortaleza que fue corte de Ginfar Amad, hijo de rey de Sarakusta Abdel-Mech, hasta que tuvo que entregarlo a Alfonso I el Batallador, en 1118, como consecuencia de la caída de Zaragoza.

Pocos años antes, en 1084, el moro Glafar, que ya tenía problemas de supervivencia para mantener independiente su feudo, fingió que estaba dispuesto a hacer entrega del castillo a los cristianos a cambio del cumplimiento de determinadas condiciones, cuando, en realidad, lo que pretendía era ganar tiempo y apoderarse del mismo monarca aragonés.

Aunque no logró su propósito, puesto que fue descubierto con suficiente antelación, hizo que sus secuaces apresaran y asesinaran a los infantes pamploneses Sancho y Ramiro Garcés, hijos del rey, así como al conde Nuño Álvarez de Lara y al conde González Salvadórez, Cuatro Manos, entre otros caballeros. La venganza de la traición quedó pendiente por el momento.

La conquista de Ejea

Para atacar Zaragoza con ciertas garantías de éxito y aspirar a poder reconquistarla, el rey aragonés Alfonso I el Batallador debía tomar y asegurar antes otras poblaciones musulmanas situadas en la margen izquierda del Ebro, procurando evitar así cualquier socorro a retaguardia. Este era el caso de Ejea y sus feraces tierras aledañas, importante enclave sarraceno al que el Batallador puso sitio, contando con la colaboración de importantes contingentes militares navarros y del otro lado del Pirineo.

No era, ni mucho menos, tarea fácil la reconquista de Ejea, plaza bien amurallada por todo su perímetro y muy densamente poblada, por lo que el rey tuvo que idear una táctica que le llevara a un asedio eficaz, sin posibilidades de que los moros ejeanos pudieran recibir ayuda externa, de manera que situó contingentes armados a lo largo de todo su largo de la muralla y en todos los caminos que conducían a Ejea. Las tiendas de campaña formaban dos filas en torno a los muros y, mientras los componentes de una guardia vigilaban, los otros podían descansar.

Cualquier colaboración, por pequeña que fuese, era bien recibida pero insuficiente en este trance. De entre las varias ayudas y aportaciones recibidas, la que más satisfizo y animó a don Alfonso fue la de la Nuestra Señora de la Oliva. En efecto, en medio de las cavilaciones del monarca aragonés, cuando ya casi desesperaba del éxito de la operación que le tenía inmovilizado con una parte muy importante de su ejército, se le apareció la Virgen para anunciarle y garantizarle el éxito si persistía en el empeño.

El Batallador y sus hombres no salían de su asombro ante aquel prodigio, y el rey, animado por tan inesperada e increíble revelación de la Virgen, endureció todavía más tenazmente si cabe el cerco y acabó tomando Ejea, con lo cual tuvo mucho más expedito el camino que conducía a Sarakusta, la verdadera llave del Ebro.

Nuestra Señora del Portillo defiende Zaragoza

Recién tomada Zaragoza a los musulmanes, en diciembre de 1118, el rey Alfonso I el Batallador, su libertador, organizó su defensa, tomó medidas para garantizar la permanencia voluntaria y pacífica de los mudéjares y judíos en barrios separados y decidió ausentarse de la ciudad con su ejército para proseguir la lucha que le llevaría a reconquistar casi todo el valle del Ebro.

Ante la ausencia del rey, algunos de los moros vencidos quisieron aprovechar la circunstancia e intentar volver a tomar la ciudad para sí. Amparados en la oscuridad de la noche, trabajando con gran sigilo, comenzaron a abrir una brecha en el muro exterior de tierra que la rodeaba. Poco a poco iban llegando al lugar todos los moros varones pertrechados con las armas que habían ocultado el día de la rendición. Todo estaba preparado.

Cuando ya se aprestaban a coger por sorpresa a los cristianos, cuyos centinelas se habían confiado, en medio de la oscuridad se produjo un enorme resplandor y el cielo se iluminó completamente. Pudo verse entonces a la Virgen María como capitana de un auténtico ejército formado por ángeles y mártires y santos zaragozanos, que defendieron la brecha o portillo que los moros habían abierto en el muro de tierra.

Despertados los centinelas cristianos, corrieron la voz al otro lado de la muralla interior, construida en piedra, saliendo todos a defender la ciudad, lo que fue innecesario, puesto que el ejército celestial, dirigido por la Virgen, fue suficiente para someter a los asaltantes, que fueron reducidos de nuevo a la morería.

Cuando volvió la calma, al inspeccionar el lugar, el adalid cristiano descubrió, en un hueco del portillo abierto por los musulmanes, una pequeña imagen de la Virgen María. En acción de gracias por el favor recibido, construyeron con celeridad una ermita donde, desde entonces, es venerada como Nuestra Señora del Portillo.

Capitulación mora en Zaragoza

Alfonso I el Batallador se había adueñado de Zaragoza y se aprestó a organizar la vida de la ciudad, en la que todavía permanecía la mayor parte de los musulmanes vencidos. Dio facilidades para que se quedaran quienes quisieran pagando los mismos impuestos que antes abonaban a las autoridades moras. Además, conservarían sus propias autoridades, legislación y religión, aunque reglamentaba el procedimiento que seguir en las causas entre ambos pueblos. Estas y otras condiciones de amparo tan benevolentes constituían una clara política de captación de los vencidos para que no abandonaran sus casas, si bien los obligaría a concentrarse en un barrio aparte, el de la morería, para evitar cualquier tipo de problema.

No obstante, aún no habían entrado los cristianos en la ciudad cuando había comenzado el éxodo. Alfonso I, preocupado por la sangría humana que este hecho suponía, además de las medidas indicadas, quiso tener un rasgo humano que pudiera convencerlos para no huir.

Nada más tomar la ciudad, salió de ella y ordenó detenerse a la larga comitiva de moros, obligando a todos a que mostraran los bienes que cada uno llevaba consigo. Aparte de enseres útiles, aparecieron numerosos tesoros de todo tipo, pero el rey no cogió ni un solo anillo o copa de oro, siendo consciente de que aquella riqueza desaparecería con sus dueños.

No solo no utilizó la fuerza que le proporcionaba su victoria inapelable, sino que les dijo: «Si no hubiera pedido que me enseñaseis las riquezas que cada cual lleva consigo, hubierais podido decir: "El rey no sabía lo que teníamos; en otro caso, no nos hubiera dejado ir tan fácilmente". Ahora podéis ir a donde os plazca, en completa seguridad». Y les puso una escolta especial para garantizar su integridad hasta los confines de sus dominios, cobrándoles solo el *miqal* que cada persona estaba obligada a pagar antes de salir.

El cronista moro que narra estos hechos, en los que reconoce generosidad y caballerosidad por parte de Alfonso I, admite que muchos de los que pretendían abandonar Zaragoza, ante aquel gesto del rey cristiano, decidieron quedarse en las casas que sus familias habían poblado durante siglos, acogiéndose al estatuto de mudéjares.

La Virgen del Castillo y Bijuesca

El rey aragonés Alfonso I el Batallador, que poco antes acababa de tomar por la fuerza de las armas la importante ciudad de Zaragoza —tras recorrer victorioso con su hueste toda la comarca, junto con otras poblaciones como las de

Torrijo, Berdejo, Torrelapaja, Malanquilla o Carabantes—, se propuso conquistar y así lo hizo la plaza fuerte de Bijuesca, defendida por un casi inexpugnable castillo moro.

Apenas tuvo tiempo de saborear el éxito alcanzado, pues el Batallador, conocedor de la debilidad musulmana del momento, trató de explotarla de modo que abandonó la zona no sin antes encomendar la defensa de las tierras recién reconquistadas a reducidas guarniciones que se hicieron fuertes en los alcázares y castillos que acababa de tomar al enemigo.

Sin embargo, en el caso concreto de Bijuesca, viendo el escaso contingente del retén, los musulmanes sometidos intentaron volver a tomar la plaza que a punto estuvo de perderse. Fue tal el empuje de los moros sublevados que la desmoralización y el desánimo cundieron pronto entre los defensores cristianos, que a punto estuvieron de verse obligados a entregar la fortaleza.

Cuando la suerte parecía estar echada sin remedio, uno de los centinelas que estaban de vela descubrió, erguida sobre la muralla exterior del castillo y envuelta en un intenso halo de luz, una imagen de la Virgen. Aquella portentosa aparición infundió a los soldados sitiados los ánimos suficientes como para rechazar de manera contundente al enemigo, que no alcanzaba a entender la causa de aquella reacción tan inesperada y aguerrida.

Los moros, que cada vez estaban más aislados merced a las victorias de Alfonso I por toda la Extremadura soriana, no comprendían cómo una pretendida aparición, plasmada en una simple y pequeña talla de madera que los defensores denominaron *Virgen del Castillo,* había logrado infundirles tanta fuerza y arrojo. Pero lo cierto es que Bijuesca pasó de manera definitiva a ser aragonesa hasta hoy, pues los habitantes moros fueron definitivamente sometidos.

La reconquista de Daroca

Habiendo llegado el gobernador de Daroca, Abén-Gama, al esplendor de su poder, se dio cuenta de que solo le faltaba una cosa para alcanzar la dicha completa: casarse con la princesa más bella que existiera y construir para ella el más hermoso palacio conocido.

Un golpe de suerte hizo que Zuleika, el mercader, trajera en uno de sus viajes a Melilah, la princesa más hermosa de toda Arabia. El gobernador quedó cautivado por su belleza e, inmediatamente, mandó construir un palacio y se casó con ella. Pero Melilah, que no amaba al gobernador, cayó en una infinita tristeza. También Abén-Gama se sintió desdichado y se volcó en la lucha contra Alfonso I el Batallador. Y fue en una de sus múltiples batallas donde hizo prisionero al caballero cristiano Jaime Díez de Aux y lo condujo a Daroca. Al entrar por la puerta, los ojos del joven cristiano se cruzaron con los de la hermosa Melilah y ambos se enamoraron, y desde aquel día la princesa fue a visitarlo todas las noches en secreto a la mazmorra.

Cuál sería el horror de la bella enamorada al enterarse un día de que el gobernador pensaba colgar a don Jaime como escarmiento, a la mañana siguiente. Rápidamente se encaminó a las mazmorras y propuso a don Jaime un plan de fuga, no sin antes obtener la promesa de que volvería para liberarla de Abén-Gama y se casaría con ella. Así es que, llegada la noche, y aprovechando la confusión que había provocado el cerco de la ciudad por Alfonso el Batallador, Melilah liberó a don Jaime. Pero, cegada por el temor de que muriera su amado, la bella princesa mora no fue lo suficientemente discreta. Quiso, pues, la casualidad que Murid Omed, un moro enamorado en secreto de Melilah, descubriera el plan y, sintiéndose despechado, informó de la traición al gobernador. Abén-Gama, enfurecido por los celos, mandó que arrojaran a la princesa al pozo.

Pocos días después entraba don Jaime en Daroca entre las tropas del rey Alfonso I y corrió a buscar a su amada. Su desesperación fue infinita cuando se enteró de la muerte trágica de Melilah.

Se dice que, desde el día de su muerte, Melilah sale todas las noches del pozo vestida de blanco, con una luz en la mano, y vaga por las murallas del castillo en busca de su amado, a quien todavía espera para que la libre de su encanto.

La reconquista de Alcañiz

Los ejércitos de Alfonso I el Batallador, que ya se había apoderado de Zaragoza, con una fuerza incontenible fueron reconquistando una tras otra todas las poblaciones del Bajo Aragón, que estaban fuertemente arabizadas y pobladas por musulmanes, aunque pervivían en ellas pequeños grupos de mozárabes que veían llegar la hora de su liberación.

No obstante, en alguna de estas plazas bajoaragonesas el rey aragonés no tuvo ni siquiera la necesidad de usar las armas ni de derramar ni una sola gota de sangre, puesto que se pactaron capitulaciones. Ese fue el caso, por ejemplo, de Alcañiz cuando le tocó su hora.

Cuando don Alfonso llegó a tierras alcañizanas, la población musulmana, que naturalmente era mayoritaria en la ciudad, se concentraba en las quebradas y estrechas callejuelas del llamado Alcañiz Viejo, al amparo de una ciudadela muy bien defendida y casi inexpugnable. Deseoso el rey aragonés de reconquistar tan importante enclave, pero conocedor, asimismo, de la dificultad que entrañaba la empresa si sus defensores oponían resistencia, acampó con sus huestes y, en lugar de intentar el asalto, comenzó a construir de manera acelerada un castillo frente por frente de la población mora, con el fin de dejarla aislada de sus correligionarios del alcázar moro.

Los sarracenos, que veían crecer, allá en lo alto, de manera acelerada los muros de una nueva y magnífica fortaleza cristiana, se sintieron amenazados. Por eso, muerto entre tanto su alcaide, y antes de proceder al nombramiento de un sucesor, como era costumbre, decidieron, por el contrario, destruir o esconder sus tesoros y derribar sus propias casas, quedando todo absolutamente arrasado. Luego, formando interminables colas y cargados sus carros y acémilas con los enseres más imprescindibles, fueron saliendo todos por la puerta principal de los muros del Alcañiz Viejo, desapareciendo del lugar, aunque llevándose las llaves de las casas que acababan de destruir, anidando la esperanza de retornar un día no muy lejano que nunca llegó. Alfonso I el Batallador, que había logrado no derramar ni una sola gota de sangre, tomó posesión de Alcañiz en nombre de la cristiandad.

La cabra de oro

Es tradición secularmente transmitida que Tierga, emplazado a la vera del minúsculo río Isuela, que nace de las nieves del Moncayo, como tantos otros, fue fundado por los musulmanes durante su secular estancia en nuestra península. Sus casas, blancas y pequeñas, se apiñaban en las faldas del castillo a lo largo de calles tortuosas pensadas para romper el viento helador del invierno. En aquella enorme fortaleza, solitario y apartado del resto de la población, tenía su residencia el señor del lugar, generalmente dependiente del gobernador o, como en estos momentos, del rey de la taifa sarakustí.

Amparada en su privilegiada ubicación, su fortaleza era prácticamente inexpugnable para las armas ofensivas de aquellos tiempos, por lo que resistió numerosos embates de los ejércitos cristianos aragoneses, hasta que Alfonso I el Batallador, el reconquistador de Sarakusta, tras asediar y tomar por las armas las cercanas y más importantes poblaciones musulmanas de Tarazona y Calatayud, ordenó poner cerco al castillo de Tierga, sin posibilidades reales de que pudiera recibir socorro alguno desde el exterior dada la situación.

La suerte de Tierga estaba echada y sus defensores, conscientes de ello, decidieron adoptar algunas precauciones. De modo que, a la vista del sitio que padecían y antes de entregar las llaves de la fortaleza al propio Batallador, los moros tierganos decidieron esconder su más preciado tesoro (una cabra fundida en oro) en un pasadizo subterráneo que, al parecer, comunicaba el interior del castillo con un lugar próximo al río Isuela. Luego taponaron cuidadosamente las dos entradas para que la dorada cabra no pudiera ser hallada por los cristianos, con la oculta y remota esperanza de poder recuperarla si la suerte de las armas les era favorable en algún momento.

Tierga, en efecto, no pudo resistir el prolongado asedio de las huestes de Alfonso I el Batallador y cayó por fin en manos cristianas. Como ocurriera en tantos otros lugares, una buena parte de los musulmanes vencidos se quedó y continuó viviendo en las viejas casas en las que habían nacido y cultivando las huertas de siempre. Como jamás retornó a poder musulmán, su secreto continúa sin ser desvelado, aunque los cristianos, generación tras generación, han buscado el túnel que les conduzca a la cabra de oro.

Alfonso I castigado por Dios

Alfonso I el Batallador, tras recorrer de forma victoriosa casi todo el actual Aragón central, se dispuso a asediar Fraga, importante población musulmana enclavada a orillas del río Cinca. Ante los preparativos llevados a cabo, Abén Ganya, de la tribu de los moabitas, gran príncipe de Valencia y Murcia, organizó un gran ejército y acudió a tierras fragatinas para socorrer a sus correligionarios. Pero, a pesar de su numerosa y aguerrida hueste, fue vencido dos veces consecutivas por el Batallador, dejando a los cristianos un enorme botín para repartirse como era costumbre. La doble victoria de Alfonso I se debió, sin duda alguna, a que llevaba consigo una bella arca de oro, adornada con múltiples piedras preciosas.

Dentro de ella guardaba varias reliquias, entre las que destacaba un leño de la cruz en la que murió Jesús. El rey aragonés había conseguido el arca en el transcurso de una de sus numerosas guerras, en casa de los mártires Primitivo y Facundo, allá por tierras del río Cea, en León.

Además de esta caja-relicario, que era la más preciada por él, poseía otras de marfil, oro, plata y piedras preciosas, en las que guardaba reliquias múltiples y variadas de la Virgen María, del leño del Señor, de apóstoles, mártires y confesores, de vírgenes, de patriarcas y profetas. Todas esas arquetas eran custodiadas por soldados y sacerdotes en la capilla ambulante que el rey llevaba consigo siempre que entraba en campaña.

Tras la doble victoria de los aragoneses sobre Abén Ganya, los moros de Fraga quisieron pactar y entregarse, pero el Batallador no quiso aceptar la rendición que se le ofrecía si no era con un baño de sangre, porque Dios había endurecido su corazón, en castigo, sin duda alguna, por los males que hizo a los cristianos de León y Castilla, tierras que recorrió en varias ocasiones con sus huestes.

Al fin, Abén Ganya, que recibió refuerzos extraordinarios de Al-Ándalus, venció a Alfonso I, apoderándose de las arcas.

La fundación de Teruel

Octubre del año 1171. Los cristianos, acaudillados por Alfonso II, llegaron a Cella y prosiguieron su marcha hasta acampar en las cercanías de lo que hoy se llama Villa Vieja, en Teruel. Era tarde y el monarca decidió esperar al nuevo día. Mas cuando se hallaban descansando de la dura jornada, llegó al campamento un mensajero. Según sus noticias, se requería con urgencia al rey en otros lugares del reino, de modo que este ordenó replegarse a sus tropas para que esperaran su regreso, negando a varios de los señores la posibilidad de continuar ellos solos la expedición.

Sin embargo, acabó atendiendo la propuesta de dos caballeros, Blasco Garcés de Marcilla y Sancho Sánchez Muñoz, quienes proponían la fundación de una villa a la que el rey concedería el fuero que estimara conveniente, de manera que su autoridad sobre ella no quedara menguada. Accedió Alfonso II y avió monturas y pertrechos para regresar reino adentro.

Entre los señores y adalides que iban a acometer lo convenido con el rey surgieron las dudas acerca de dónde ubicar la villa nueva. Como no lograban ponerse de acuerdo, al final decidieron que el emplazamiento se ubicaría allí donde alguna señal de la providencia les marcara.

Hallándose en estas disquisiciones, supieron de la emboscada que les preparaban las tropas moras que merodeaban por los contornos y decidieron hacerles frente. Los musulmanes habían reunido una gran cantidad de toros a los que les colocaron en las astas y en el testuz materias inflamables y los lanzaron contra el ejército cristiano, al que creían descuidado. Pero no fue así, y lanceros, arqueros, ballesteros e infantes se parapetaron en trincheras. Más lejos esperaba para actuar la caballería.

Los toros fueron dispersados y los moros acosados y perseguidos hasta vencerlos, de manera que las muelas, cerros y llanos de la margen izquierda del río quedaron libres de enemigos. Fue entonces, al amanecer, cuando, sorprendidos, los cristianos vieron en lo alto de la Muela un magnífico toro superviviente de la manada. Entre su cornamenta, lucía una lucecilla, restos, sin duda, de la materia inflamada que encendieron los moros, pero que desde lejos parecía una estrella. Era la señal que esperaban. Aquel sería el lugar del asentamiento de la nueva villa, la de Teruel.

La reconquista de Villel

Desde hacía diez años, la reconquista de Teruel por las tropas cristianas era ya un hecho, como lo era la amenaza que tal enclave suponía para las poblaciones todavía musulmanas aguas abajo del Guadalaviar. Entre estos enclaves moros amenazados se encontraba Villel, cuyo alcaide, Setí Mahomat, se esforzaba en hostigar los alrededores de Teruel intentando debilitar las fuerzas enemigas. No obstante, todo era en vano, pues a aquellas alturas el desequilibrio de fuerzas era ya un hecho incontestable.

De pronto, los acontecimientos se precipitaron con rapidez. El valiente Setí Mahomat tenía una esclava cristiana, a la que había hecho prisionera en una de sus correrías y de cuya belleza se había enamorado. Sin saberlo Setí, también había hecho prisionero a un hermano de la muchacha o, mejor dicho, se había dejado capturar para tramar la caída de Villel.

El joven, una vez dentro de la población, se puso en contacto con su hermana y tramaron el futuro plan que seguir. Además, la joven consiguió de Setí Mahomat la liberación de su hermano, que regresó a Teruel con la misión cumplida.

Era noviembre de 1181 y los moros de Villel se hallaban en el cerro de la Horca celebrando la boda de un capitán. Al mediodía, en el castillo, la esclava cristiana, aprovechando la soledad en que se encontraban, confiado en su regazo Setí Mahomat, le clavó una larga aguja de salmar que llevaba oculta entre las trenzas, causándole la muerte.

Consumado el crimen, la esclava se hizo visible en una de las almenas del castillo y agitando un pañuelo, tal como había convenido con su hermano, avisó a los cristianos, que estaban apostados en las cuevas y cerros inmediatos. Dirigidos por Martín Pérez, señor de Escondilla, las huestes cristianas tomaron el castillo y la población, pasando a cuchillo a cuantos se resistieron. Las mujeres moras, antes que caer como esclavas de los cristianos, se cubrieron la cabeza con el velo y se lanzaron a las aguas del río, librándose así de la deshonra. Martín Pérez fue nombrado señor de Villel por el rey, que se reservaba el castillo, el horno y el molino.

Alonso de Rubielos y Fátima de Mora

Tras la reconquista de Teruel, en el último tercio del siglo XII, fueron cayendo en manos del ejército aragonés algunas plazas del sur de la actual provincia de Teruel, cual era el caso de Rubielos, custodiada, según narra la leyenda, por el caballero cristiano don Alonso de Rubielos, capitán que había intentado sin éxito la toma de la cercana población de Mora, todavía en manos musulmanas, y a cuyo frente estaba la joven y bella princesa mora Fátima.

En periodos de tregua, en ambos bandos era costumbre de la época organizar torneos y justas, en los que rivalizaban los mejores caballeros del momento, tanto en el manejo de las armas como en el dominio de los corceles.

A punto de florecer la primavera, se convocó uno de estos torneos en la población musulmana de Mora, de manera que fueron acudiendo de todo el mundo islámico jinetes sarracenos acompañados por numerosas escoltas y fastuosas comitivas. Al llegar el día señalado, comenzó el torneo, que fue muy competido. Alcanzó la victoria un enigmático caballero, que había llegado solo y ocultaba su rostro bajo una impenetrable celada. Uno tras otro fue doblegando a todos sus rivales, mereciendo, por lo tanto, el trofeo convenido.

Cuando se descubrió la identidad del enigmático caballero vencedor, resultó ser don Alonso, señor de Rubielos, enamorado en secreto de la princesa mora. En la palestra y las gradas cundió el desconcierto. La intrepidez y el modo de actuar del jinete cristiano, tan solitario entre todos los musulmanes, motivó que Fátima, señora de Mora, se enamorara también rápidamente de él. Desde este momento, se multiplicaron los inconvenientes y problemas.

No obstante, la distinta religión y costumbres de los enamorados no fueron obstáculo para que, poco después, Fátima y Alonso contrajeran matrimonio, no sin antes haber aceptado este las condiciones impuestas por los moros notables de Mora, celosos de su independencia, quienes, antes de aceptarlo como a su señor, exigieron a don Alonso que nombrase a Fátima como señora de Rubielos, de forma que ambas poblaciones y dominios, tanto Mora como Rubielos, dependiesen de ambos por igual. A partir de ese momento, comenzaron a denominarse Mora de Rubielos y Rubielos de Mora.

La reconquista de Morés

Jaime I el Conquistador, rey de Aragón, según la tradición, pues no puede ser de otra manera, decidió sitiar varias localidades musulmanas de las que festonean la ribera del río Jalón. Todas ellas se resistieron a las armas cristianas, aunque finalmente fueron cayendo una tras otra.

En el caso de Morés, el rey aragonés, que había sido capaz de conquistar la populosa ciudad de Valencia, se encontró con una tenaz resistencia, impropia de población tan pequeña y desvalida. El alcaide sarraceno había organizado de tal manera su defensa que el sitio al que le sometían las tropas cristianas se prolongó durante varios meses.

Ante tales dificultades, Jaime I puso en práctica una estratagema que le había dado excelentes resultados en ocasiones similares: desmoralizar a los sitiados, a los que creía al límite de sus fuerzas. Dominando el río como dominaba, pensó que los habitantes musulmanes de Morés apenas tendrían agua para beber, por lo que envió al alcaide unas ánforas llenas de agua, creyendo que no la podrían tomar del Jalón, y que la fuente, dado el rigor del caluroso verano que padecían, estaba seca, tal como le habían indicado sus espías.

Aún no habían transcurrido dos horas cuando el alcaide moro envió al campamento cristiano una comitiva, encabezada por una bandera blanca, para agradecerle el presente y entregarle, por su parte, varias cestas chorreando agua por entre sus mimbres, repletas de peces recién pescados.

Regresaron a Morés los embajadores. Su orgullo y honor seguían intactos, aunque no tanto sus despensas, tal como sospechaba el rey cristiano. Este siguió esperando, acampado con sus tropas a la vera del río, no dejando entrar ni salir a nadie de la población. La huerta y los caminos por donde podían llegar los socorros necesarios para la subsistencia eran suyos. Al final, se impuso la capitulación con honor, resaltando Jaime I, en el momento de la entrega de las llaves, la entereza y el ingenio del alcaide y sus súbditos. No obstante, nunca llegó a saber cómo habían burlado los habitantes de Morés la vigilancia que les permitió beber agua y comer peces durante el largo asedio.

El legado de Martina Pérez

Doña Martina Pérez de Lozano había fundado en Binaced, cuando corría el año 1336, la cofradía de San Marcos, dedicada al socorro de enfermos y necesitados, en un auténtico clima de hermandad, religiosidad y ayuda mutua digno de encomio. Habitaba doña Martina, rodeada de sus sirvientes, en el castillo de Carboneras (hoy de la Mora) y era señora de Mombrún, Fuenclara, Las Facenas y Casasnovas, cuyas tierras, de gran riqueza agrícola, administraba y explotaba económicamente.

La dama había alcanzado ya una edad bastante avanzada para la época y, no teniendo descendencia directa a quien legar su importante patrimonio, decidió ofrecer este al Concejo de Binaced, con la única condición de que, por el tiempo que le quedara de vida, la comunidad se encargara de su alimentación, dándole para comer, ese era su deseo, tuétano o médula de buey. Mientras ella se dedicaría al socorro de necesitados y enfermos, piadosa inclinación personal que le había llevado a crear la precitada cofradía de San Marcos, de efectos tan beneficiosos para la villa.

Las autoridades municipales de Binaced, ante la propuesta concreta de la dama, reunieron al concejo, estudiando y sopesando todos los pros y los contras de la oferta recibida. Aquello llevó un tiempo, pero al final, tras largas y acaloradas deliberaciones, la contestación dada a la señora fue totalmente negativa, estimando que los alimentos exigidos podían resultar excesivamente gravosos para las arcas del municipio.

Algo desalentada por el contratiempo, doña Martina, que no deseaba enajenar en todo ni en parte el patrimonio que heredara de sus mayores, hizo idéntica propuesta a los caballeros sanjuanistas, tan arraigados en estas tierras, que sí aceptaron gustosos las mismas condiciones que los habitantes de Binaced, por medio de su consistorio, habían rechazado.

Se firmaron las escrituras del mutuo compromiso, de modo que al morir doña Martina Pérez de Lozano sus posesiones pasaron íntegras a la Orden del Hospital, perdiendo la villa de Binaced la posibilidad de haber engrosado su término y patrimonio.

Leyendas sobre los judíos

Iniciado el siglo XII, el rey Alfonso I el Batallador conquista Tudela y Zaragoza. Se sabe que la situación de los judíos no se alteró con la llegada de los cristianos; al contrario, mejoró. Los condes de Barcelona también contaban con personajes judíos muy próximos. Ramón Berenguer IV, que unificó el reino de Aragón y el condado de Barcelona, confiaba plenamente en sus ayudantes hebreos, no solo para los asuntos de Estado, sino también para los suyos propios en lo tocante a compraventas, transacciones comerciales o bienes inmuebles.

Los cuatro primeros años después de la Reconquista estarían libres de impuestos, aunque en realidad esta exención duró mucho más. Es más, los pleitos entre hebreos y cristianos solo se tratarían según los privilegios de los judíos de Barcelona. Durante la Reconquista puede decirse que, en líneas generales, las comunidades judías de la España cristiana prosperaron enormemente. Los judíos se sentían útiles y protegidos por las autoridades. Estas se veían obligadas por el papa u otras instituciones eclesiásticas a emitir, de vez en cuando, edictos y leyes antijudías, que no se llevaban a la práctica.

Las juderías más importantes de Aragón estaban en Zaragoza, que llegó a tener más de mil quinientos habitantes. Allí había dos juderías: la vieja, entre la calle Mayor, la de San Gil y el Coso; y la nueva o Callizos, en la zona de San Miguel. Luego estaba la judería de Calatayud, que llegó a los mil habitantes; la judería de Huesca, con tres sinagogas y la de Jaca con dos sinagogas en el barrio de Castellar; la judería de Tarazona con dos sinagogas. También encontramos juderías en Teruel, Caspe, Alcañiz, Híjar, Almunia de Doña Godina, Épila, Almonacid de la Sierra, Biel, Uncastillo, Sos del Rey Católico, Luesia, El Frago, Tauste o Aguarón.

La expulsión de los judíos de 1492 supuso la salida obligatoria de más de cincuenta mil personas en toda España; de ellas se calcula que unas nueve mil estaban en Zaragoza, y otras mil repartidas por el reino de Aragón. Apenas había ya judíos en Barcelona, Valencia o Palma, porque la revuelta antijudía de 1391 había arrasado con las aljamas de esas ciudades y los que no murieron huyeron a Aragón.

Se venga un judío noble

Una joven muchacha, perteneciente a una influyente y noble familia de judíos aragoneses cuyo padre se dedicaba al comercio, hacía algunos días que se sentía bastante enferma, aquejándola un extraño y desconocido mal. Y, aunque externamente no mostraba signo alguno de dolencia, la realidad era que la muchacha se sentía absolutamente incapaz de salir de su habitación, puesto que no quería ver a nadie.

Los mejores y más afamados físicos judíos, que siempre habían sido reputados como los mejores del país y eran consultados por las más importantes familias del reino, incluida la del rey, no acertaban a atajar de manera alguna la enfermedad, alcanzando como mucho a diagnosticarla como «mal de amores».

Totalmente desesperado por la angustia de ver en aquel estado a su hija, y como último recurso a su alcance, acudió el padre de la muchacha, a pesar de las diferencias religiosas que los separaban, a un fraile alquimista que gozaba de notable fama, solicitándole que le preparara un brebaje con el que intentar la curación. El fraile, que no estaba muy seguro de poder acertar con la fórmula precisa, incluso con miedo a que fuera contraproducente su aplicación, se negó a acceder a las pretensiones del noble judío, dándole las explicaciones pertinentes.El padre no aceptó las palabras del fraile alquimistaAirado el judío y, sin duda, enloquecido por la desesperación de verse sin amparo, no asimiló la razonada negativa del fraile alquimista y urdió en su mente obnubilada una tremenda venganza. Contrató a una banda de facinerosos y, aprovechando la oscuridad de la noche, cuando la comunidad se hallaba rezando maitines el día de san Juan Bautista, fiesta del monasterio, todos los frailes fueron acuchillados hasta morir. Una enorme mancha negruzca, visible todavía hoy, delata en el muro interno de la estancia donde rezaban los frailes la sangre inocente derramada en aquella noche aciaga.

La conversión de los judíos de Daroca

Discurría un día del mes de junio de 1444. La fama de los corporales era ya tal que el papa había concedido un jubileo, que fue pregonado a los cuatro vientos, tanto que a Daroca llegaron gentes de todo el mundo. Había cristianos, moros y judíos, gentes sencillas y guerreros, reyes, prelados, caballeros... Las calles eran un auténtico hervidero, un constante ir y venir.

Aquel día llegó también un enigmático peregrino que logró hospedaje en la casa de una familia de Daroca, la del barón Francisco de Ezpeleta. En sus estancias, reinaba la alegría, pero la dueña de la casa, al ver al joven romero, que estaba totalmente callado, quedó entristecida dado el parecido que el muchacho tenía con su hijo desaparecido.

Notaron sus huéspedes el cambio de humor de la dueña de la casa e inquirieron el porqué. Contó la dueña cómo su hijo, enamorado de la hija de un potentado judío llamado Manasés y no pudiendo soportar el confinamiento y la muerte de esta por su padre, mató al joven hebreo que deseaba casarse con ella, por lo que tuvo que huir. Ahora, el joven romero que se hospedaba en su casa, que permanecía en silencio, le recordaba a su hijo Alvarado. Todos volvieron los ojos hacia él, pero el peregrino siguió callado.

Francisco de Ezpeleta, para romper la tensión creada, invitó a todos a salir a la calle y escuchar la palabra del fraile Vicente Ferrer, en una de sus múltiples intervenciones para tratar de atraer a los judíos al cristianismo.

En la plaza, la voz majestuosa y los argumentos del dominico valenciano lograron que ciento diez judíos solicitaran la conversión, destacando entre ellos Manasés. Cuando regresaron todos a casa, todo lo visto y oído fue objeto de nueva y animada conversación. Más que nunca la anciana y el barón estaban pendientes del peregrino, cada vez más triste, tanto que no pasó desapercibido para todos los demás. Le invitaron a hablar, y el joven, entre lloroso y emocionado, confesó ser un gran pecador. Poco a poco fue contando la historia de la bella hebrea muerta por su padre, el asesinato de su rival y su huida y peregrinar como romero. Alvarado se abrazó a su madre y todos celebraron el reencuentro.

El amor de Juan, el herrero, con una bella judía

La construcción del monasterio de Veruela congregó, como era habitual en casos similares, a una importante multitud de canteros, ebanistas, caleros, vidrieros y conocedores de los más diversos oficios llegados de todos los confines, por lo que no es extraño que fuera a parar allí también el herrero Juan, un extranjero venido al pie del Moncayo de no se sabe qué latitudes, un hombre solitario y huidizo de todos los demás y que, al poco tiempo de llegar, acabó por enamorarse de una joven y bella muchacha judía que vivía con sus padres en el vecino pueblo de Trasmoz.

Aunque jamás llegó a cruzar ni una sola palabra con la muchacha de sus sueños, y menos para declararle el amor que sentía por ella, el hecho de que Juan merodeara constantemente en sus ratos de asueto y por las noches en torno a su casa acabó por alertar al padre, que, sin más dilación, utilizó toda su influencia para conseguir que el capataz responsable de las obras del monasterio lo despidiera sin darle ningún tipo de explicaciones.

Coincidió el despido de Juan de la obra con la propagación del rumor de que la joven hebrea iba a casarse con un muchacho de origen francés, así es que el herrero Juan, movido sin duda alguna por los celos, logró alcanzar aquella misma noche la alcoba de su amada con intención de quitarle la vida para tratar de evitar así que fuera de otro hombre, pero afortunadamente la muchacha ya había abandonado la casa y andaba de camino.

La decepción de Juan fue tal que decidió quitarse la vida allí mismo clavándose en el corazón su propio puñal. Y si el hallazgo de su cuerpo sin vida ya constituyó una auténtica sorpresa, pues nadie podía esperar algo así de un hombre tan retraído y pacífico, mayor asombro causó todavía el hecho de que de su cuerpo sin vida no saliera ni una sola gota de sangre.

El cadáver de Juan, el herrero de Veruela, un hombre solitario y huidizo, que murió por amar a una muchacha judía, fue enterrado fuera del terreno sagrado del monasterio, al pie de uno de los torreones del recinto murado que se estaba levantando entonces. Y su alma en pena gime lastimeramente todavía con cada tormenta que rasga el cielo de Veruela en las noches sin luna.

La conversión del rabino

Cuentan que, en cierta ocasión, cuando recorría san Vicente Ferrer los caminos de Aragón, predicando el Evangelio, llegó a Zaragoza. Allí una multitud llegada de todas partes se reunió a su alrededor para escucharlo. Aquellos viajes del santo tenían una intención: convertir a los judíos. Esta idea se la habían hecho saber los reyes de la corona de Aragón, que deseaban cristianizar su reino.

Ante aquella multitud de personas, un rabino quiso saber qué decía aquel hombre que tanta gente congregaba. Para no ser descubierto se escondió en casa de unos amigos. Esta estaba situada detrás del lugar donde san Vicente Ferrer reunió a todos para predicarles. Nadie sabía que el rabino estaba allí y menos los presentes, pues fue muy cuidadoso en el momento de entrar en la casa de sus amigos.

Parece ser que la plática del santo no debió interesarle mucho, pues al cabo de un rato se quedó dormido. San Vicente Ferrer, por un hecho que podemos calificar de milagroso, supo que detrás de la pared estaba el rabino dormido. Olvidándose de los que tenía delante, alzando la voz, dijo: «¡Oh, tú, judío que a mis espaldas duermes, despierta y oye estos testimonios de la Sagrada Escritura, que convencen haber ya venido el Mesías, Dios y Hombre verdadero!».

El rabino se despertó de un sobresalto. San Vicente Ferrer bajó el tono de su voz. Ya no podía oír lo que decía. Aquello le hizo meditar durante varios días. No comprendía que ese hombre lo hubiera descubierto y menos saber lo que estaba haciendo. Sus amigos no lo traicionaron. Ese hecho era sobrenatural y, por lo tanto, obra de Dios. Por eso pocos días después, junto con otros judíos, se convirtió al cristianismo.

Leyendas sobre nobles y reyes

Sancho Abarca salvado de morir

Cuando murió el rey García Íñiguez, la reina doña Urraca, su mujer, se hallaba esperando un hijo. Un día en que esta transitaba por el valle de Aibar acompañada de un corto séquito, unos moros asaltaron e hirieron a la dama hasta hallar la muerte junto a los demás caballeros que la acompañaban, de modo que no quedó vivo ninguno.

Al cabo de un rato de haber sucedido tan luctuoso hecho, pasó por aquel paraje un noble caballero aragonés a quien, a través de la herida mortal que la reina presentaba, le pareció ver la mano de un niño que se agitaba. Trabajosamente lo sacó del vientre de la reina muerta y lo llevó consigo para criarlo, poniéndole por nombre el de Sancho García.

Pasó lentamente el tiempo y al cabo de algunos años, con ocasión de hallarse las gentes del reino reunidas para tratar de hallar y nombrar un nuevo rey, aquel bondadoso noble vistió al niño con ropas de pastor y abarcas y se encaminó con él hacia el Palacio Real de Pamplona, donde se habían congregado. Una vez allí, explicó a todos los presentes los tristes avatares y circunstancias que habían rodeado su nacimiento, así como el origen real de aquel niño que lo acompañaba.

Tras escuchar en silencio y con asombro las explicaciones dadas por el noble aragonés, todos los allí congregados comenzaron a vitorear y a aclamar al niño, todavía de corta edad, como a su nuevo rey Sancho II de Navarra y, quitándole la ropa vulgar con la que iba vestido, lo invistieron con los hábitos distintivos de la realeza.

Como hecho ciertamente curioso y en recuerdo de haberlo hallado calzado con abarcas, decidieron llamarlo desde entonces Sancho Abarca, sobrenombre por el que se lo conoce en la historia.

A Pedro I lo curó san Miguel

A punto de finalizar el siglo XI, entre los muchos prodigios que se atribuyen a san Miguel in Excelsis destaca la extraordinaria curación del rey Pedro I de Aragón de una molesta y grave enfermedad que, desde hacía bastante tiempo, sufría en sus órganos genitales.

Ante la persistencia de la enfermedad, de sobras conocida en la corte, y con la prudencia que el caso requería, el rey había llamado a palacio y solicitado consejo a los más afamados médicos judíos y cristianos de sus tierras, quienes no vieron manera alguna de atajar el mal del monarca. Decidió, pues, Pedro I acudir en peregrinación a Roma, donde tampoco encontró remedio para su dolencia, de modo que, tras descansar de la fatiga, prosiguió viaje a Salerno, sede entonces del más afamado estudio de medicina de la Europa del momento. Se hizo visitar y consultó allí a los prestigiosos médicos de su claustro, pero todo fue en vano, de modo que decidió regresar a Aragón sin haber recibido ningún diagnóstico certero y mucho menos remedio.

Una vez en palacio, como desesperado y último intento, atraído por la fama cobrada por san Miguel in Excelsis, decidió viajar a sus dominios pamploneses con la intención de acudir devota y humildemente en peregrinación al santuario navarro. Al llegar al pie del agreste monte Aralar, en cuya cima se asienta el santuario, descendió del carruaje que lo había conducido hasta allí y, llenando de arena unas alforjas preparadas al efecto, ascendió sin ayuda de nadie cargado con ellas por el tortuoso camino que conduce hasta la propia ermita.

Cuando el rey coronó la cima, una vez arriba, aunque exhausto por el esfuerzo realizado, estuvo el rey orando a san Miguel hasta que lo venció el sueño. Al despertar al día siguiente y llevar sus manos a las partes enfermas, advirtió, entre emocionado e incrédulo, que estaba totalmente curado. Agradecido al santo por el favor recibido, ordenó enseguida al abad que tañesen todas las campanas en señal de júbilo por el venturoso milagro.

Dios mató a Alfonso I

Alfonso I el Batallador, rey de los aragoneses, había logrado reconquistar prácticamente todas las tierras que vierten sus aguas al río Ebro, e incluso se hubiera podido adelantar en varios siglos la reconquista peninsular si el matrimonio con la reina Urraca de Castilla no hubiera terminado primero en separación y luego en divorcio, pero el caso es que le llegó su hora en Fraga, cuando se aprestaba a tomar una de las pocas llaves que aún le quedaban por adquirir en su camino hacia Lérida y el mar de Tortosa, salida al Mediterráneo tan anhelada por el rey.

Con cada victoria lograda, su fama en toda la Europa cristiana había ido en aumento y su prestigio era considerable; el mundo musulmán lo tenía como a su principal enemigo y mayor escollo para perpetuarse en la península. Para los primeros, su muerte tras la derrota de Fraga fue una pérdida irreparable; para los otros, una bendición de Alá.

El caso es que, a la hora de buscar el porqué del desastre fragatino, la realidad y la fantasía se hermanaron. Entre no pocos, sobre todo entre sus muchos opositores castellanos, la causa de la derrota y del subsiguiente desastre había sido un verdadero castigo de Dios.

Eran generalmente admitidas su magnanimidad y su belicosidad, pero, a decir verdad, en las cosas tocantes a Dios y a la honra de la religión cristiana, estimaban muchos que había sido negligente, fama que, sin duda, le venía porque muchas veces, cuando estaban en plena campaña guerrera, había consentido que los caballos fueran guarecidos en las iglesias y templos, ocupando él mismo, en ocasiones, lugares sagrados para acampar. Esta fue para muchos, sin duda alguna, la causa del juicio sumario de Dios hacia Alfonso I, de modo que cayó fulminado ante Fraga, donde, según algunos, no apareció ni vivo ni muerto, aunque otros dicen que lo hallaron tendido en el suelo y que lo enterraron ellos mismos en el monasterio de Montearagón.

La homosexualidad de Alfonso I

Alfonso I el Batallador, a pesar de los escasos medios propagandísticos y de comunicación de la época en que le correspondió vivir, fue uno de los personajes más conocidos del siglo XII no solo en la península, tanto entre los cristianos como entre los moros, sino en toda la Europa cristiana y en el mundo islámico. Se podría decir que fue un hombre de talla universal, como queda constancia en múltiples documentos.

Eso significa que, como toda persona pública que destaca sobre los demás, tuvo defensores acérrimos y también detractores irreconciliables. Ensalzadores y denigradores a veces hasta rozar lo irracional en ambos casos. Pues bien, aparte de sus muchos defensores, los enemigos declarados que lo calumniaron jamás lograron hallar mácula que achacarle en su vida personal e íntima y, dentro de ella, en el aspecto sexual.

No dejó el rey Alfonso I, el reconquistador de Zaragoza, ningún hijo bastardo ni tampoco legítimo, pero eso no constituye ninguna prueba de nada. Se casó con doña Urraca de Castilla y esta, a pesar de todos los problemas conyugales que los condujeron al divorcio, jamás le acusó de impotencia ni de perversión alguna. ¿Por qué, entonces, cupo alguna sombra hacia la conducta sexual del Batallador?

La sombra de duda, que no la evidencia demostrada, solo podía venir del lado de sus enemigos irreconciliables, los moros. Y, en efecto, un escritor árabe, un tal Ben al-Afhir, hablando de Alfonso I —al que cita como Ben-Radmir, es decir, el hijo de Ramiro—, lo describía como el más fuerte de los reyes de los francos en valor y el más solícito de ellos en hacer guerra a los muslimes y en sufrir. En sus expediciones dormía sin cama.Le dijeron: «¿Por qué no tienes ocultamente por concubina alguna de las hijas de los magnates musulmanes de los que tienes cautivos?». A lo que respondió: «Al guerrero le conviene más amar a los hombres que a las mujeres. Allah concedió descanso de él y libró a los muslimes de su maldad».

Una frase, de doble sentido sin duda, fue más que suficiente para crear una opinión latente, aunque acallada por la enorme talla del guerrero y del estratega.

La treta que trajo al mundo a Jaime I

Pedro II se había enamorado de una dama a la que el monarca hizo saber sus sentimientos, circunstancia que fue conocida por la reina María, quien solicitó al mayordomo real que la ayudara a suplantar a la dama durante una noche, a fin de que pudiera tener descendencia de su propio marido.

El mayordomo intermediario dijo al rey que la dama accedía a sus deseos amorosos siempre y cuando no hubiera luz en la cámara. El monarca, sin sospecharlo, pasó toda la noche con su propia esposa, aunque, antes del amanecer, la reina se descubrió y el rey, disimulando su contrariedad, siguió con ella hasta bien entrada la mañana.

Otra versión explica…

La iniciativa de la estratagema no partió de la reina, sino de los barones de Montpellier, que deseaban un heredero para el señorío. Ellos fueron los que convencieron al privado del rey y los que propusieron la suplantación; son ellos los que van a ver a la reina y le exponen el proyecto; los que ordenan plegarias por el éxito del engaño. Son ellos —junto con abades y priores, con el representante del obispo y religiosos, con doce damas y doncellas, todos con cirios en la mano— los que acompañaron por la noche a la reina a palacio, hasta la antecámara real.

La reina entró en la cámara y todos quedaron en oración. Al despuntar el alba, entraron en la estancia. El rey, asustado, saltó del lecho y tomó su espada. Todos se arrodillaron y le rogaron que mirara a quien tenía a su lado. La reina se incorporó y el rey la reconoció.

Tras explicarle humildemente la trama urdida, el monarca, resignado, acabó diciéndoles que, ya que así había sucedido, «rogaran a Dios que se cumpliera su deseo».

La espada de Villardell

Durante toda la Edad Media, fue muy corriente y ciertamente popular la creencia en la existencia de mágicas espadas o dotadas de maravillosos poderes, forjadas las unas bajo una determinada combinación y conjunción de planetas o constelaciones, mientras que las otras debían sus virtudes especiales a algún hecho de carácter más o menos portentoso acaecido en torno a ellas o a quienes las blandían en sus manos.

No es de extrañar, por lo tanto, el extraordinario relato de lo acaecido un buen día a un tal Villardell, quien se encontró al salir de su casa con un anciano mendigo que, como tantos otros, le pidió limosna, hecho absolutamente normal. Compadecido Villardell de aquel pordiosero, depositó su espada en el quicio de la puerta y subió a las habitaciones superiores de la casa a buscar algo de comida con que socorrer al indigente.

Cuando bajó, apenas transcurridos unos instantes, en lugar de su arma vulgar encontró otra de gran hermosura, circunstancia que lo dejó entre incrédulo y maravillado. No obstante, la tomó entre sus manos y fue a probarla en el tronco de árbol cercano que, al primer golpe, quedó partido por el medio como si fuera una frágil rama.

Rápidamente pensó que se trataba de una señal especial o de un don de Dios para librar a la comarca del terrible dragón que desde hacía algún tiempo la asolaba. Así es que, ciertamente envalentonado por todo lo sucedido, corrió a su encuentro y logró darle muerte de un seco y certero mandoble, pero como algunas gotas de sangre de la fiera le salpicaran en la mano y el valiente Villardell, sin que nadie pudiera hacer nada por él, murió en el acto.

Naturalmente, una espada como la de Villardell, que con sus mágicos poderes garantizaba el éxito a quien la manejara, solo podía estar en manos de un rey, y a ella aludiría Jaime I el Conquistador, en 1274. Y sabido es, asimismo, cómo fue a parar posteriormente a Pedro III, quien, a su vez, se la dejó en herencia a su hijo, Alfonso III el Liberal.

Pedro III se enfrenta a un dragón

En una de las múltiples estancias de Pedro III, rey de Aragón, en tierras catalanas, quiso cumplir por fin un día su deseo de ascender a la cumbre del pirenaico monte Canigó, que siempre, y más por aquellos tiempos, ha tenido fama de misterioso. Preparó las cosas y se hizo acompañar por dos de sus caballeros, conocedores del terreno.Hasta media montaña la ascensión fue tranquila, pero, cuando habían comenzado la segunda parte de aquella, los sorprendió una tormenta de proporciones desacostumbradas. Los truenos, ensordecedores, se enlazaban unos con otros; múltiples relámpagos deslumbraban sus ojos; varios rayos llegaron a derribar algunos árboles; la tromba de agua apenas si los dejaba respirar; el viento se volvía huracanado por momentos.

El cansancio y el miedo hicieron presos a los dos acompañantes de don Pedro III, lo que no pasó desapercibido a este. Así que los instó a que se quedaran en la oquedad que en aquel momento les servía de cobijo, pidiéndoles que le esperaran allí hasta el día siguiente, pues él iba a continuar la ascensión. Si no regresaba, debían volver al valle.

Continuó en solitario el rey, dando muestras de un valor sin igual, hasta llegar con gran esfuerzo a la parte alta del monte, donde encontró un pequeño pero bello lago. La tormenta había amainado. Se detuvo en la orilla del espejo y lanzó una piedrecilla al agua. Hacer esto y salir del fondo volando con estrépito un enorme dragón fue todo uno. Con su impresionante cuerpo, nubló el cielo, yendo amenazador de un lado para otro.

El aliento del monstruo llegaba a la cara del rey, pero este, fijando sus ojos en los de la fiera y con la espada corta en su mano diestra, le hizo frente. El animal, amansado, se zambulló de nuevo en el fondo. El rey había demostrado su gran valor.

Cumplido su deseo de subir a la cima del Canigó, Pedro III inició el camino de vuelta con la satisfacción íntima de sentirse fuerte.

La Virgen del Pilar salva a Fernando II

Al rey Fernando II el Católico se le reconoce una fervorosa y profunda devoción por la Virgen, destacando su predilección por la del Pilar, de la que creía y decía haber recibido favores especiales en multitud de ocasiones, aun hallándose fuera de Aragón.

Es bien sabido y notorio que Fernando II no frecuentó excesivamente el territorio aragonés y que, cuando lo hizo, la mayor parte de las veces era de paso entre Castilla y Cataluña. No obstante, la ciudad de Zaragoza ocupó la mayor parte de sus visitas a Aragón, atraído especialmente por la presencia allí de la Virgen del Pilar, a la que veneraba desde niño.

Entre los numerosos favores que debía a la Virgen del Pilar, y que solía recordar de cuando en cuando a sus más íntimos colaboradores, uno tuvo lugar cuando se encontraba en cierta ocasión en la ciudad de Barcelona.

Era diciembre de 1492 y quiso asistir como rey al tradicional tribunal abierto, en el que se impartía justicia. Cuando finalizó la mañana, al pasar por la plaza del Palacio, un hombre de apariencia normal, pero depravado moralmente, pretendió atentar contra su vida en plena calle. Sin duda alguna, su existencia hubiera quedado segada por el puñal asesino a no ser por el collar de oro que llevaba prendido del cuello, que detuvo el golpe, de modo que todo quedó en un susto. Fernando II reconoció inmediatamente la intercesión de la Virgen del Pilar, su valedora en tantas otras ocasiones de peligro.

Convencido como estaba de ello, se despojó del collar, al que tenía en gran estima, y, colocándolo en una hermosa arqueta de madera, lo hizo llevar a Zaragoza para que fuera depositado a los pies de la Virgen del Pilar, entrando a formar parte de los numerosos exvotos de esta.

La muerte por amor del trovador

Cuenta la leyenda la triste historia de un joven y buen trovador que recorría las tierras del reino de Aragón tañendo el laúd y la viola e interpretando las canciones que él mismo componía. Al terminar cada actuación, era normal que todos los asistentes intentaran gratificar su trabajo con dinero, joyas e incluso animales, mas el trovador rechazaba siempre los bienes materiales que gustosos le ofrecían, pues prefería la amistad y el simple reconocimiento de su arte. Cuando entendía haber logrado ese reconocimiento, era el momento de ir en busca de nuevos horizontes.

Un buen día que iba de camino de un pueblo a otro por el Somontano, entre olivares y almendros, halló a un montero responsable de una jauría que cazaba venados. Estaba este haciendo un alto en la cacería para dar respiro a los perros cansados y ambos entablaron amistosa y animada conversación al amor reconfortante de un trago de vino.

El trovador, agradecido por la conversación, preguntó al cazador a qué casa o familia servía. Le respondió el montero que al señor conde de Entenza, llamado don Fernando, un buen amo. Aquella contestación gustó al trovador, que manifestó estar dispuesto a cantar para señor tan querido, así es que le pidió al montero que avisara al conde de que lo encontraría en Barbastro si quería que le amenizara alguna velada en familia.

Poco tiempo pasó cuando, siguiendo los acordes del laúd, el montero, que había cumplido el encargo, dio con el trovador, que estaba componiendo una nueva balada a la orilla del Vero. Su amo lo esperaba, le dijo.

Reunido se halla ya el grupo de la familia condal, sentados todos junto a pendones y banderas y rodeados de damas y garzones, para escuchar al trovador; entre todos destaca, sin duda, la bella condesita Maribel. Tras sus cantares, el trovador vagabundo deja su viola y extiende su mano a todos para recibir su reconocimiento. Doblas de plata le entrega la condesa, pero él las rechaza y, mirando a la condesita, de su belleza queda prendado.

Entonces Maribel se levanta y, recogiendo su velo, ofrece al joven trovador un beso en la frente. Nunca obtuvo el trovador mejor premio. Y dicen las crónicas del vulgo que a las pocas horas el trovador moría de amor.

La enamorada de Montalbán

Una muchacha y un joven de Montalbán, pertenecientes a sendas familias enemistadas entre sí desde hacía tiempo, estaban enamorados. Dadas las adversas circunstancias, las estratagemas a las que tenían que recurrir para poder verse a solas eran variadas y constantes, pero también lo eran los duros castigos recibidos y soportados cada vez que eran descubiertos por alguno de los miembros de sus respectivas familias.

Llegó un momento en el que el odio que se profesaban los padres de ambos era tal que no dudaron unos en encerrar día y noche a la doncella en una lóbrega torre del castillo de

Montalbán, y los otros, en confinar al muchacho en casa de unos parientes que vivían en una alejada población.

A pesar de todo, el muchacho logró burlar la vigilancia a la que lo tenían sometido y, escapando de casa de sus parientes, se instaló en una cabaña de madera y cañas que él mismo construyó en Peñacil (o Peña del Cid). Desde allí, la distancia hasta el castillo todavía era enorme, pero al menos ello le permitía seguir viendo de lejos a su amada, que permanentemente se asomaba a la ventana de la estancia que le servía de prisión.

Como a esa distancia era totalmente imposible poder hablarse, lograron con paciencia establecer un código común y exclusivo de señales, lo que les permitía entablar largas conversaciones por señas. Así pasaron los días, que eran eternos y dolorosos, hasta que la separación y los obstáculos agudizaron tanto el ingenio de ambos que incluso llegaron a idear una treta ingeniosa que rápidamente se dispusieron a poner en práctica.

La muchacha fingió enloquecer en grado sumo, sabiendo que la sociedad en la que vivían no admitía y despreciaba la locura. En efecto, su familia, para librarse de tal afrenta, decidió darle la libertad expulsándola de la casa paterna, lo cual facilitó, tal como habían previsto, el reencuentro de los dos enamorados, que se instalaron felices a vivir en la cabaña de madera y cañas de la Peña del Cid, aquella que les había permitido seguir manteniendo encendido el amor que se profesaban.

Los amantes de Tarazona

Pedro III iba con frecuencia a Tarazona, ciudad especialmente querida por su esposa, la siciliana Constanza, que solía venir acompañada por un séquito de fieles personas, como Bella, su nodriza, y su joven paje siciliano, Manfredo.

En cierta ocasión, en el alcázar se dio una recepción en honor de los embajadores que habían ido a apalabrar la boda de la infanta Isabel (luego santa Isabel) con el monarca luso Dionisio I el Labrador, contándose entre los asistentes Clara, hija de un caballero turiasonense por la que la reina sentía predilección. Entre Clara y Manfredo surgió lo que parecía un apasionado amor, y todos los días se encontraban en la olmeda de la fuente del Beso. Pronto se intuyó en palacio que las relaciones habían ido más allá de lo que los preceptos religiosos permitían, de modo que Manfredo se vio obligado a dar palabra de casamiento a Clara, con gran alegría de doña Constanza, la reina. Sin embargo, las relaciones entre Clara y Manfredo se fueron enfriando hasta que, en cierta ocasión, cuando llegó él desde Barcelona no fue a verla y la joven provocó un encuentro con Manfredo, que se resistió a efectuar la boda.

Confesó Clara lo sucedido a la reina, quien le afeó el haberse entregado a Manfredo antes del matrimonio, pero, no obstante, accedió a hablar con el joven para tratar de solucionar la desavenencia. Todo fue en vano. El paje real le dijo a doña Constanza que, como ella bien sabía por su origen, ningún caballero siciliano llevaría al altar a una de sus mancebas. Al saberlo, Clara tomó una decisión.

Un atardecer, como solían hacer, citó a Manfredo en la fuente del Beso, quien acudió pensando en una despedida amistosa. Clara, no obstante, volvió a recordarle la promesa. Este, ante la nueva negativa, en un descuido del joven, le hundió la daga que llevaba escondida. Se tornó roja el agua de la fuente y del Queiles, mientras el cuerpo de Manfredo quedaba inerte.

La joven huyó de Aragón temerosa de la justicia del rey e ingresó en un convento de clarisas, de donde la quiso rescatar santa Isabel, ya reina de Portugal, cuando se enteró de tan triste historia. Pero Clara, aunque agradecida, declinó la oferta, contestándole que «no quiero servir en corte alguna, porque estoy vieja para dama y muy moza para dueña».

El juramento que nunca se cumplió

El señor del castillo que en tiempos hubo en Sos, próximo a la fuente de la Bóveda, se quedó viudo y con una hija, niña todavía. El principal entretenimiento de esta consistía en mezclarse con las ovejas del rebaño que acudía a la fuente cada día y jugar con el hijo del pastor, un muchacho algo mayor que ella. Los chicos crecieron juntos a la par que el amor que fueron sintiendo mutuamente, aunque la diferencia de clase social era un obstáculo casi insalvable.

Soñó la muchacha una noche que el zagal vendía su rebaño, compraba armas y caballo y partía a luchar contra los moros, logrando ganar fama, honores y dinero, de modo que, distinguido por el rey como caballero, volvía a Sos para casarse con ella. Como ambos sabían las dificultades que tendrían para casarse, la joven contó al pastor el sueño y este decidió convertir en realidad el sueño y marchó en busca de aventuras, no sin antes arrancar de la muchacha el juramento de que le esperaría hasta que regresara convertido en todo un caballero. Si era perjura, dijo ella, su alma debería vagar siempre en torno a la fuente.

Partió el pastor y durante muchos años la muchacha, con la mente puesta en su pastor, rechazó a cuantos pretendientes solicitaron su mano. No obstante, acabó por ceder ante las pretensiones del joven señor de un castillo cercano, llegando, incluso, a acordar el día del enlace. Pero el día anterior a la boda, jornada de preparativos, llegó al castillo un grupo de guerreros; al frente, su jefe, que cubría su cabeza con un hermoso casco y solicitaba hospitalidad al castellano sosiense, que gustoso se la concedió, además del permiso para seguir guardando su anonimato, fruto de un juramento, favor que también obtuvo. Nadie sabía, pues, quién era.

Al día siguiente, todo estaba preparado. La novia camina hacia el altar. La ceremonia llega al momento de la bendición. Es entonces cuando el misterioso guerrero se adelanta hacia el altar y, descubriéndose, le dice a la novia: «Que el Señor castigue tu perjurio y te aplique el castigo que tú misma elegiste». Eran las palabras del antiguo pastor, hoy capitán famoso.

Compungida por lo sucedido, la joven desapareció y desde aquel día su imagen vaga en torno a la fuente, la fuente del Juramento, símbolo para quienes se juran fidelidad.

Leyendas sobre justicia, enfermedades y el papa Luna

Dudas sobre la justicia real

El monasterio de Alaón está enclavado en un paraje de gran belleza natural, pero, por lo difícil del terreno, no siempre ha sido fácil acceder a él, y menos en la época a la que se refieren los hechos que conforman esta leyenda. En cierta ocasión, viajó el rey aragonés a Alaón, atravesando con dificultad no solo el paso de Escalas, sino todos los caminos que llevaban al cenobio. Descansó en él el monarca y, antes de marchar, entregó al abad, fray Benito Larrás, cierta cantidad de dinero para adecentar las vías de acceso.

El abad, ante la epidemia que en aquellos momentos azotaba la comarca, prefirió destinar el dinero en socorrer a los enfermos en lugar de reparar los caminos, necesidad que a su juicio podía esperar. El desacato llegó a los oídos del rey, que, ante la denuncia que se le formulaba, no tuvo más remedio que actuar, aunque ello implicaba ajusticiar al abad.

En efecto, el fraile fue condenado a morir ahorcado. Acató fray Benito la condena, pero solicitó un último deseo al que el rey accedió: cuando se cumplieran treinta años de su muerte, debían desenterrar su cuerpo, pincharle el brazo izquierdo y volverlo a enterrar, pero entonces en el monasterio, en un lugar que diesen los rayos del sol y sobre el que todos cuantos fuesen a Sopeira tuvieran que pasar por encima. Con gran pena por parte de los vecinos, la justicia real se cumplió y se le dio sepultura en un lugar apartado.

Lo cierto es que el tiempo pasó y nadie se acordaba de lo sucedido. Pero cuando se cumplieron los treinta años del ajusticiamiento, un monje observó cómo de la tumba del antiguo abad salía una mano que cogía un pergamino. Ante lo insólito del caso, se le comunicó al rey, que recordó su promesa, ordenando desenterrar el cuerpo de fray Benito, que no solo apareció tan natural como el día en que fuera ajusticiado, sino que al pincharle el brazo brotó sangre caliente de él. Emocionado por el hecho, ordenó también que se le llevara al monasterio, se le depositara en la cripta y se abriera una mirilla orientada al camino que fue objeto de su trágico fin. Además, los caminantes podían pasar casi por encima de su tumba, tal cual había sido su deseo.

Desde entonces, todos cuantos pasaban por allí, conocedores del motivo humanitario por el que murió fray Benito Larrás, cogían una piedrecilla y tras besarla la arrojaban a la cripta, como si del rezo de una oración se tratara.

Los falsificadores de Trasmoz

En la Edad Media, las monedas metálicas eran acuñadas en talleres especializados llamados *cecas,* que eran controlados por quienes tenían el derecho de emitir moneda; en el caso del reino de Aragón, eran los reyes. Falsificar monedas era delito severamente castigado.

Trasmoz es conocido por haber sido un importante centro de falsificación de moneda aragonesa, hechos ambos que parecen estar concatenados. En tiempos de Jaime I el Conquistador, en el 1267, hubo en Trasmoz una ceca fraudulenta, regentada por un sacristán de Tarazona llamado Blasco Pérez, que vivía en el castillo, el cual pretendió engrosar sus bolsillos a base de acuñar monedas aragonesas de curso corriente sin el debido permiso real, dado que la imitación era de fácil realización.

Para realizar tan delictiva como pingüe actividad era preciso conseguir el metal y acarrearlo, fundirlo y troquelarlo. Por fin, procedía almacenar el dinero contante y sonante y distribuirlo, todo lo cual no era fácil sin que se levantaran las naturales sospechas. Como el desaprensivo falsificador no era tonto, ideó también la manera de alejar a posibles curiosos, de modo que improvisó e incluso debió escenificar fantasmagóricos y tremebundos aquelarres, inventando toda suerte de brujas y de seres fantásticos.

Como había previsto el falso monedero, pronto corrió y se extendió la noticia de tan truculentas reuniones, lo que alejó, en efecto, a los curiosos. No obstante, como no era el único defraudador establecido, la policía de Jaime I acabó descubriendo y castigando al desaprensivo. Pero para entonces el castillo de Trasmoz se había convertido, en la mente del pueblo, en uno de los centros más importantes de la brujería aragonesa, fama que le ha acompañado durante siglos.

Los fueros y leyes deben ser respetados

En el mes de junio del 1318, transcurría el mes de junio de 1318. Jaime, hijo de Jaime II de Aragón, se hallaba temporalmente en Teruel, por cierto con gran disgusto por parte de los turolenses, que no veían bien los excesos y el tipo de vida del infante, aunque se sentían obligados a soportarlo. Tampoco eran bien aceptados, por sus tropelías y desmanes, algunos de sus acompañantes, sobre todo uno de sus pajes.

Jaime de Aragón (1296-1334), era el primogénito, fruto del matrimonio de su padre con Blanca de Anjou. Los historiadores hablan de sus supuestas debilidades mentales, así como sus cambios de humor, su depravación, su homosexualidad y su extrema religiosidad. Renunció a la corona, tomando los hábitos y entrando a profesar en el convento de San Francisco de Tarragona en el 1319. Luego tomó los hábitos de la Orden de San Juan de Jerusalén y, en el 1320 los de la Orden de Montesa. Poco antes de tomar los hábitos, dejó plantada en el altar a Leonor de Castilla, que, años después, se casaría con su hermano Alfonso IV de Aragón.

La tensa calma acabó por romperse el día en el que el paje, amparado en su prepotencia, se apoderó por la fuerza de una joven turolense, que acudió a denunciarlo ante el juez de Teruel Jaime Pérez el Menor, cuando se hallaba administrando justicia ante la puerta de la iglesia de Santa María.

Ante la denuncia de la joven, el juez se vio en el dilema de contemporizar, dadas las circunstancias, o de aplicar estrictamente la justicia, como le marcaba su conciencia y condición. Su honradez, aun sabiendo a qué se exponía, le llevó a aplicar la justicia, de modo que se presentó en el palacio real, solicitando ser recibido por el infante Jaime.

Habló con el mayordomo Gonzalo García, quien desaprobaba el proceder del infante, y le condujo ante él para solicitarle la entrega del presunto culpable para ser juzgado. El infante, alegando carencia de autoridad en el palacio del rey por parte del juez, se negó. Insistió Jaime Pérez el Menor y de nuevo recibió la negativa con el pretexto de que la casa real quedaba fuera de las disposiciones y jurisdicción locales. La situación era tensa. El juez turolense, firme en su derecho, manifestó al infante que se llevaría por la fuerza al paje si no le era entregado.

Intervino el mayordomo haciendo ver la necesidad de acceder a la petición razonada del juez, puesto que los fueros y leyes tenían que ser respetados por todos, criterio que se impuso al fin, de modo que el paje fue entregado y juzgado conforme a fuero, siendo declarado culpable y ahorcado en la plaza del Mercado.

La justicia implantada por Benedicto XIII

A finales de septiembre del año 1394, después de fallecer el primer antipapa del Cisma de Occidente Clemente VII, los cardenales reunidos en la ciudad de Aviñón eligieron sucesor de san Pedro al aragonés Pedro Martínez de Luna, un miembro destacado de la familia Luna, que se hizo llamar Benedicto XIII.

De todos son conocidos los problemas que este nombramiento acarreó en toda la Europa occidental, lo que motivó que, ante la oposición enérgica y violenta del rey de Francia, que apoyaba a otro candidato, el recién nombrado papa comenzara una dolorosa peregrinación que le condujo a Génova con su confesor Vicente Ferrer, a Saona, a Perpiñán y a Zaragoza, donde llegó en el 1411, siendo recibido con el mayor regocijo y enormes muestras de cariño.

Coincidió su presencia en Zaragoza con la conmemoración de la Navidad, asistió el papa Benedicto XIII a los maitines, que se celebraron de manera solemne en una basílica llena de fieles. Llegado el momento preciso, dirigiéndose al justicia de Aragón, cuya cabeza visible era Juan Ximénez Cerdán, le invitó a que cantara la lección quinta, la llamada imperial, rogándole que lo hiciera manteniendo su espada desnuda, con la mano derecha, y levantadas ambas hacia el techo.

Mientras, Ximénez Cerdá, sorprendido por lo que estaba sucediendo ante tan gran concurrencia, cantaba y mantenía la espada tal como le dijera el papa. Este, dirigiéndose a los fieles allí congregados, les comendó que le había mandado hacer eso a Ximénez Cerdá por ser este magistrado fénix del mundo, a quien era debido el mayor honor y respeto. Desde aquel señalado día, por deseo del papa Benedicto XIII, el brazo armado con la espada desnuda y levantados ambos hacia el cielo serían los símbolos representativos del justicia de Aragón.

Un forastero con lepra en Fayón

Hacía un frío helador, cortante, y era de noche. Nadie salía de su casa y las calles de Fayón estaban totalmente desiertas.

No obstante, quienes vivían en los aledaños de una de las entradas al pueblo pudieron oír acercarse, andando muy lentamente, una vieja y achacosa cabalgadura sobre la que destacaba la silueta encorvada de un jinete.

La mula camina cansinamente y, de cuando en cuando, se paraba. Estaba al límite de sus fuerzas. Al pasar por la calle del Arrabal, el animal resbala, se golpea la cabeza contra una roca y muere en el acto. Entre el ruido de la caída y los gritos del jinete, los vecinos cercanos se despertaron y salieron a la calle.

Una de las familias, la del tío Quelo, movida por la caridad, recoge al lacerado viajero y lo lleva a su domicilio. Lo conducen a la cama de la alcoba del fondo y, entre los lamentos del herido, le quitan la capa que cubre su cuerpo. Cuando queda en mangas de camisa, descubren con auténtico horror que el forastero tiene lepra.

La familia entera discute qué hacer. Sus componentes pugnan entre entregarlo a las autoridades o callar. Si no lo entregan, temen ser causantes de la propagación de la enfermedad en el pueblo; si lo entregan, el enfermo morirá casi seguro.

Deciden al fin callar y, confiados en la fe que le profesan, se encomiendan a san Sebastián, patrono del pueblo. Le prometen que, si no se contagian, todos los años para su festividad amasarán tortas y, tras bendecirlas, serán repartidas entre sus convecinos.

El milagro se hizo, pues, pasado un cierto tiempo, el jinete no solo se repuso de las heridas que la caída le había producido, sino que la terrible lepra desapareció de su cuerpo. La familia del tío Quelo cumplió su promesa.

El indigente y la peste en Bujaraloz

Se estaban viviendo momentos de angustia en la mayor parte de Aragón, pues, como un auténtico reguero de pólvora, la peste bubónica, que había partido de los puertos del Mediterráneo, se fue extendiendo por todo el reino. Poblaciones enteras quedaron incomunicadas y muchas comunidades fueron diezmadas por la muerte. El rey Pedro IV el Ceremonioso se lamentaba, ante los brazos de las Cortes, de que la mitad de los habitantes de su reino había muerto como consecuencia de la peste.

Como es lógico, las medidas de seguridad solían ser estrictas en todas las poblaciones, cerrándose las puertas de los muros durante la noche, de modo que nadie pudiera entrar. Por el día, el control era también severo, aunque a veces, sobre todo en los días en los que se celebraba feria o mercado, siempre cabía la posibilidad de que alguna persona contagiada por la peste pudiera introducirse sin ser advertido.

Precisamente, uno de esos días de mercado, a media mañana, un hombre pobre recorría pordioseando la calle Baja de Bujaraloz repleta de gente que iba y venía haciendo sus compras. Por el hecho de haber pasado el control de la puerta no levantó sospechas. Llamó a la casa de unas señoras. La criada se apiadó del hombre y lo socorrió. Aquel acto de caridad fue el comienzo del fin, pues la peste entró en la casa.

Sin poderlo remediar, la peste se extendió con cierta rapidez por toda la calle Baja, de modo que el juez de Bujaraloz se vio forzado a aislarla por sus dos extremos levantando sendos muros de piedra. Toda la calle quedó incomunicada y sus habitantes tuvieron que socorrerse a sí mismos, pues nadie podía entrar ni salir de allí.

Ante el temor provocado por la epidemia, los vecinos de la calle sometida a cuarentena se encomendaron con fervor a Nuestra Señora de las Nieves, a la que le prometieron dedicarle todos los años una fiesta si los libraba del mal. El milagro se hizo, pues, excepto algunos casos aislados, los habitantes de la calle Baja y de Bujaraloz se curaron de aquella enfermedad.

La plaga de langostas en Arándiga

Inundaciones, largos periodos de sequía y plagas de langosta, aparte de brotes mortales de peste, se sucedieron durante todo el siglo XIV, provocando el hambre y la desolación en toda Europa occidental. La población disminuyó de manera ostensible, y la península ibérica no fue una excepción. Un verdadero sentimiento de pesimismo se adueñó de todo el mundo. Dentro de este desolador y dantesco escenario general, conocemos situaciones dramáticas concretas, como la que ocurriera en la comarca de Arándiga, lugar donde confluyen los ríos Aranda e Isuela.

En cierta ocasión, cuando la cosecha despuntaba firme en los campos de secano y en la huerta, se declaró una terrible plaga de langosta, tan grande que, al llegar volando, se oscureció el cielo por completo y, una vez en tierra, apenas si se veía esta. Lo cierto es que, de no ocurrir un auténtico milagro, en pocos instantes todo quedaría agostado, sin vida, otro año más. La consecuencia sería otra vez la misma, el hambre…

Intentaron los vecinos espantar a los insectos haciendo todo el ruido posible con cacerolas, campanas, sartenes y cuantos instrumentos podían servir para ahuyentarlos, pero todo fue en vano. El pueblo entero, viendo perdido por momentos todo lo que era su sostén y modo de vida, imploró esperanzado a Nuestra Señora de la Huerta, paseando su imagen, tallada en madera y policromada, en solemne procesión por toda la huerta y la tierra aledaña del secano. Las plegarias eran mitad llanto y mitad esperanza.

No obstante, no confiaban demasiado las gentes de Arándiga en que su invocación diera resultado, pues en otras ocasiones semejantes no había servido de mucho, pero lo cierto es que en aquel lance, a los pocos minutos, como por arte de encantamiento, murieron prácticamente todos los insectos, cuyos miles de cuerpos inertes sirvieron luego de abono a unas tierras que a punto estuvieron de ser esquilmadas una vez más.

La peste en el Bajo Aragón

La población del Bajo Aragón padeció los azotes de sucesivas epidemias de peste, terrible enfermedad que se había extendido desde los puertos mediterráneos a partir de mediados del siglo XIV, siglo en el que en Peñarroya de Tastavíns llegaron a fallecer los dos notarios, de modo que el juez local tuvo que autorizar a un simple vecino para que hiciera sus funciones. En varios pueblos hubo que habilitar nuevos cementerios, pues los existentes se vieron desbordados por la mortandad. La situación era dantesca y prácticamente no hubo localidad que no se viera más o menos afectada.

A lo largo de todo el siglo XV, los brotes pestíferos se sucedieron de manera sistemática en toda la comarca, diezmando todavía más la escasa población superviviente. Tal fue el grado de virulencia de una de aquellas terribles mortandades que, en la cercana aldea de Vallibona, las posibilidades de engendrar nuevas vidas eran ya casi nulas, pues murieron apestadas, además de las personas mayores y los niños, casi todas las mujeres jóvenes capaces de procrear y apenas quedaban varones adultos.

Había que tomar alguna decisión antes que abandonar los campos de su subsistencia y las casas donde habían nacido para buscar nuevos e inciertos horizontes de vida. Fue entonces cuando siete jóvenes muchachos supervivientes de Vallibona caminaron los treinta kilómetros que los separaban de Peñarroya, pueblo menos castigado en aquel embate, y, tras exponer sus angustias y sus pretensiones, lograron que siete mujeres en edad de engendrar nuevas vidas accedieran a casarse con ellos y fijar su residencia en el pueblo. Desde entonces, los vecinos de Vallibona, en agradecimiento por la ayuda humanitaria prestada, cada siete años acuden a pie a Peñarroya para festejar juntos, en torno al santuario de Nuestra Señora de la Fuente, un hermanamiento que tiene antecedentes históricos bien lejanos.

La desaparición de Daymús

En el monte de San Valero, Miralsot y Velilla de Cinca, en la orilla derecha de este río, encontrábamos el pueblo de Daymús. Sus laboriosos habitantes, dedicados fundamentalmente a la agricultura y amantes de las tradiciones religiosas, acostumbraban a asistir a las romerías de la comarca, entre ellas a la de santa Quiteria. En efecto, llegado mayo, como todos los años organizaron la comitiva hacia El Pilaret, situado junto a la vía que discurre entre Fraga y Zaidín, para lo que tenían que atravesar el Cinca valiéndose de una barca. La afluencia de vecinos era mayor que nunca, tanto que en Daymús solo quedaron unos pocos ancianos y algunos niños.

Los romeros subieron a la barca. Por aprovechar el viaje y ahorrarse una travesía, embarcaron más vecinos de los que la prudencia aconsejaba. En efecto, cuando la embarcación había alcanzado la parte central del Cinca, los remeros perdieron su control hasta terminar naufragando. La violencia y lo crecido de las aguas, pues era época de deshielo, volcaron la barca, quedando atrapados bajo su casco la mayor parte de los pasajeros. De quienes pudieron salir de la trampa y buscaron la orilla pocos la pudieron alcanzar. Todos murieron ahogados. El pueblo de Daymús quedó diezmado tras tan terrible tragedia.

Sin embargo, todavía no habían finalizado ahí las tribulaciones de Daymús y sus gentes, pues poco después se declaró la peste. Los escasos supervivientes de la tragedia del Cinca temieron incluso la desaparición del pueblo. Desesperados invocaron a san Valero, gracias a cuya milagrosa intercesión lograron salvarse.

No obstante, ante la psicosis colectiva que los acontecimientos habían provocado, tomaron una decisión histórica. Por una parte, edificaron junto a Daymús una ermita en honor de san Valero, su salvador, y, por otra, dejaron sus casas buscando un nuevo acomodo. Levantaron de raíz un nuevo poblado, Velilla de Cinca, e hicieron promesa de acudir todos los años a la ermita de san Valero para agradecerle el amparo y la protección prestada, costumbre que siguen cumpliendo sus descendientes.

La peste en Niablas

En la época en la cual los musulmanes aún ocupaban Aragón, malvivía una pequeña comunidad montañesa en una aldea llamada Niablas, ocupados todos sus componentes en arrancar con gran trabajo su sustento diario entre el monte, los pequeños huertos casi robados al arroyuelo, la caza y algún que otro animal doméstico que se alimentara de la propia naturaleza, puesto que ellos apenas tenían para alimentarse a sí mismos.

A pesar de lo apartado y recóndito de este lugar, uno de los muchos brotes pestíferos que asolaron Aragón se llevó consigo a todos los habitantes que vivían en él, que no eran muchos, excepto a dos resistentes ancianas, que se vieron incapaces de poder rehacer sus vidas y vivirlas solas, así es que decidieron abandonarlo todo y marchar a buscar amparo allí donde quisieran proporcionárselo.

Vagaron durante mucho tiempo de pueblo en pueblo buscando ayuda y asilo. Pasaron por Ainielle y Otal, Basarán, Escartín, Bergua, Sasa, Cillas y Cortillas. Su cansancio y su hambre fueron en vano, puesto que nadie les daba cobijo por miedo a ser contagiados. En algunos casos, como ocurriera en Ainielle, ni siquiera les permitieron pasar de la primera borda cercana al pueblo, tras parlamentar en una de las eras.

Ante tan generalizada e insolidaria acogida, decidieron dejar las tierras del Sobrepuerto para tratar de buscar nuevos horizontes donde no pudieran ser reconocidas ni saber su origen, de modo que se encaminaron hacia el valle del río Ara hasta que, por fin, fueron acogidas en el pueblo de Oto. Las mujeres mostraron su agradecimiento dejando sus tierras a las gentes que los habían acogido, lo cual explica que la pardina de Niablas, mínimo resto de lo que fuera un pueblo entero, haya pertenecido a Oto hasta la actualidad.

Veillantif, el caballo de Roldán

Cuenta la historia que Roldán, Rolando u Orlando, comandante de los francos al servicio de la marca bretona y responsable de defender la frontera de Franca contra los bretones, abrió con su espada Durandel una brecha entre Ordesa y Gavarnié, cuando, no queriendo que aquella cayera en manos del enemigo, la lanzó en dirección a Francia y abrió el tajo de Roldán. Su caballo Veillantif, después de saltar aquella brecha, cayó reventado. Después de aquel incidente, Roldán tuvo que continuar a pie. Ahora bien, ¿cuáles fueron los efectos que causó tan hábil y esforzado caballo?

El hecho es que aquel salto supuso un gran esfuerzo para el caballo, pues encima llevaba a Roldán. Mientras el caballo volaba con su jinete, defecó. Estas que pudieron salir del cuerpo del caballo por necesidad o miedo, cayeron al río Flumen. Las aguas del río las transportaron al Isuela una vez pasada Huesca, para ir a parar, sucesivamente, al Alcanadre, al Cinca, al Segre y al Ebro y, de este último, al mar. Una vez allí, las flotantes sobras del esforzado caballo fueron derivadas por las corrientes hasta el litoral norteafricano, donde finalizaron su acuático periplo. Pero la cosa no quedó ahí, pues, en la costa arenosa donde fueron a parar y embarrancaron, nació una única planta de la que brotaron tres hermosas flores de tres distintos colores: una era blanca, otra negra y la tercera, morada.

La casualidad quiso que pasara por allí una yegua. Sin ningún miramiento se comió las tres flores y la mata. Al cabo de un tiempo aquella yegua parió tres potrillos de los mismos colores que las flores. Y cuando estos crecieron se transformaron en unos imponentes y veloces caballos, más veloces que los ciervos que corrían por las tierras de Ontiñena.

Las malas artes juglarescas

Cuenta la leyenda que un día estaba comiendo el rey en compañía de un juglar, hablando sobre la preparación de un acto festivo, cuando se acercó a la mesa un segundo juglar, conocedor, sin duda, de que aquel encuentro iba a tener lugar. Al verle próximo, el rey le invitó a compartir mesa y comida y a intervenir en la conversación.

No le sentó muy bien al primero de los juglares aquella especie de intromisión, máxime cuando le constaba que tanto el rey como los demás cortesanos preferían a su colega, e ideó la manera de dejarle en entredicho y, si era posible, allí mismo.

Como le era imposible afear el trabajo artístico de su contrincante, que sin duda era de mejor calidad, se le ocurrió la idea de afear la conducta de este en la mesa, lo cual le obligaría a marcharse avergonzado. Así es que, mientras comían y hablaban de sus asuntos, el primer juglar fue reuniendo a escondidas todos los huesos de la mucha carne asada que de manera deliberada estaba comiendo y, en un momento de descuido, puso todos los restos en el plato de su compañero y contrincante.

Finalizada la comida, para provocar la vergüenza del segundo juglar, el primero enseñó los huesos propios y ajenos que aquel tenía en el plato y se lo hizo notar al rey. Fue un momento de cierta tensión, pero el acusado, con gran entereza, se dirigió al rey diciéndole: «Señor, hice lo que mi naturaleza, es decir, la humana, me pedía: comí la carne y dejé los huesos. Y mi compañero hizo lo que la suya le exigía. Es decir, comió la carne y los huesos».

Parece ser que la estratagema no surtió efecto, sino todo lo contrario, pues el rey, además de ponderar mejor la calidad artística del segundo juglar como ya era notorio, comenzó a valorarle asimismo por su serenidad, prudencia e ingenio.

Aben Jot en Calatayud

Fruto de las rivalidades internas a las que estuvieron sometidos los musulmanes hispanos durante el siglo XII, el gobernador valenciano Muley Tarec desterró al moro llamado Aben Jot, quien, tras deambular por varios territorios musulmanes, decidió, por fin, trasladarse a tierra de cristianos, yendo a parar, tras largo peregrinaje, a Calatayud. Con él llegó su música, una especie de himno marcial, que tanto servía para ser cantado como para acompañar a un baile bastante movido. Aquella especie de himno era la jota, que luego cantaron y bailaron los cristianos de la zona, primero, y los de todo Aragón, después.

Una onza de oro por salmón

Alagón era, durante la Edad Media, paso obligado para todas las mercancías que, venidas del norte, tenían como destino último la ciudad de Zaragoza. Eso quiere decir que muchos productos de todo tipo pasaban de largo sin que los vecinos de la villa tuvieran la oportunidad de adquirirlos, a no ser que fueran a comprarlos a Zaragoza.

En cierta ocasión, llegó a Alagón, de camino para Zaragoza, un comerciante de pescado con una gran carga de salmones, preciado alimento que siempre veían pasar de largo los de ese municipio. Enterados varios vecinos del contenido del cargamento, intentaron adquirir algunos ejemplares para sus mesas. Trataron de convencer al pescatero, pero este se negó a venderles ni una sola pieza, aduciendo que ya estaban comprometidas en el mercado de Zaragoza y, en buena parte, iban a ir a parar al palacio real.

Ante la negativa reiterada, se apoderaron por la fuerza de buena parte de la carga, comprometiéndose a abonarla al precio que pagaran en Zaragoza. El pago se efectuaría al regreso del comerciante, previa presentación del documento notarial que testificara cuál había sido su precio en la capital. El arriero siguió su camino ciertamente enfadado y aligerado de peso y llegó a Zaragoza. Una vez allí consiguió que un comprador adquiriera y un notario testificara que el trueque había sido de onza de oro por onza de salmón, precio desorbitado que no respondía a su verdadera tasación.

A su regreso, el comerciante pretendió cobrar la deuda de los vecinos de Alagón, exhibiéndoles el documento notarial. La cantidad que abonar era tan alta que no la podían satisfacer los compradores, ni siquiera el propio concejo, que se reunió para tratar el asunto. Ante esta realidad, el pescatero denunció el hecho y la justicia dictaminó a su favor, condenándolos a arbitrar un impuesto anual, a pagar por las familias afectadas, hasta que quedara totalmente saldada la deuda. Esta era tal que el impuesto se estuvo pagando hasta tiempos de la II República.

Las monedas transformadas en rosas

Del palacio de la Aljafería salió Isabel de Aragón para casarse, el 26 de junio de 1232, con el rey Dionisio I de Portugal. Tuvo que soportar las infidelidades de este y se dedicó en cuerpo y alma a cuidar menesterosos y enfermos. Después de fallecer, el 4 de julio de 1336, llevó a cabo varios milagros. Por eso en el 1526 fue beatificada y canonizada por el papa Urbano VIII en el 1625, conociéndose como santa Isabel de Portugal, aunque su origen es aragonés. Fueron sus padres Pedro III de Aragón y Constanza II de Sicilia.

Como hemos dicho, santa Isabel de Portugal dedicó parte de su vida a ayudar al prójimo, dando a los pobres y desamparados cuanto de valor podía convertirse en ayuda, lo cual solía disgustar a su marido. Así es que se veía obligada a disimular sus actividades caritativas hasta donde le era posible.

Un día de pleno invierno, cuando salía doña Isabel de palacio para intentar socorrer unas necesidades de las que tuvo conocimiento, se tropezó con su marido, que receloso estaba al acecho. En lugar de llevar en una bolsa las monedas que intentaba repartir entre los pobres, lo cual hubiera sido muy ostensible, las llevaba escondidas en su halda. El monarca le preguntó a dónde iba y qué escondía en el halda, contestando Isabel que eran flores y que las llevaba al altar del oratorio para adornarlo. No creyendo la contestación recibida, máxime cuando era invierno y en los jardines de palacio no habían nacido todavía las flores. Así es que dudó de ella y le afeó su conducta por tratar de mentirle.

Ella, muy dolida por las palabras y la actitud de su marido, mantuvo con firmeza que eran flores, confiando en que sería creída. Pero el rey, lleno de ira por el engaño del que estimaba le estaba haciendo objeto su mujer, le dio un manotazo al halda y el suelo de la estancia se cubrió de enormes rosas fragantes, como si estuvieran recién cortadas. El rey le pidió perdón.

Un doble milagro

Existe otra versión de esta leyenda de santa Isabel de Portugal, que también implica a santa Eulalia, una de las patronas de la ciudad de Barcelona…

Estamos en el primer año del siglo IV. En una quinta situada en la romana Barcelona, habita una familia formada de padre, madre, una niña y una esclava. Esta familia, separada del resto de la sociedad, vive sola en aquella quinta rodeada de árboles y flores. ¿Por qué ese aislamiento? Forma un cuerpo aparte del resto de sus conciudadanos y vive poco menos que proscrita y denigrada, a pesar de su nobleza y preclara estirpe, porque son cristianos. El padre, la madre y la esclava miran con veneración a la niña, pero con cierto temor. Desde Roma habían venido tristes nuevas. Edictos, publicados en nombre del emperador Diocleciano, condenaban a muerte a los que profesaran la religión cristiana. En el anfiteatro de Vespasiano las fieras habían despedazado a los cristianos, sin perdonar edad ni sexo. El Tíber ha engullido muchos cristianos, arrastrándolos con sus aguas amarillentas y fangosas, mientras otros, engrasados sus cuerpos, servían de antorchas humanas en los juegos del circo, en tanto que una plebe soez se solazaba viendo atenazar, enrodar, crucificar y decapitar a un sinfín de víctimas.Los padres de la niña se estremecían al considerar el porvenir que aguardaba a su hija, pues la veían arrebatada por el amor divino, temiendo a cada instante que su mismo celo la perdiera. Por esto la vigilaban noche y día y templaban cuanto era realizable aquel ardor de padecer por su Creador y la caridad extraordinaria que guiaba todas sus acciones.

La niña no tenía nada suyo. Las joyas habían desaparecido en provecho de los pobres. En definitiva, sus padres la reprendían, y ella les contestaba:

—¿De qué sirven los brazaletes y los zarcillos a quien debe morir? ¿Acaso me adornarán con ellos al darme sepultura? Una túnica blanca, una palma y un lirio bastan para la mortaja de una virgen y mártir cristiana.

Al oír esto sus padres se entristecían. El padre, para salvar su vida, le prohibió dar limosna a los pobres. La niña obedeció, pero viendo la necesidad de los infelices, un día, al pedirle limosna y al no tener nada para darles, se metió en el aposento donde se guardaban las provisiones de la casa y, encontrando unos panecillos hechos con flor de harina, los escondió en la falda de su túnica y salió presurosa para socorrer la necesidad del infeliz que le pedía limosna. De repente se encontró con su padre que le preguntó:

—¿A dónde vas, Eulalia?

—¡Padre! —exclamó la joven sin contestar.

—¿Qué traes aquí?

—Flores —contestó Eulalia.

—¡Flores!

Cogió enojado la falda de su hija y, al sacudirla, vio como caían al suelo rosas, lirios y otra clase de flores. El padre cogió en sus brazos a su hija y la estrechó contra su pecho diciendo:

—Eres un ángel, hija mía. Haz lo que quieras, pues eres de Dios.

Al día siguiente, Eulalia había desaparecido de su casa con la esclava Julia. Daciano mandaba en Barcelona y, al disgustarle el proceder de Eulalia, no tuvo piedad de ella. La torturó hasta la muerte.

De enhorabuena estaba el reino de Portugal, pues tenía la dicha de poseer una joya de la cual podía vanagloriarse: su reina, Isabel de Aragón. Era esta descendiente, por parte de madre, de Isabel de Hungría, que ya entonces se veneraba en los altares, cuyo nombre llevaba la infanta y le fue impuesto en la hoy capilla de Santa Ágata, entonces Capilla Real de Barcelona, pues había nacido en el palacio real durante el tiempo que su madre, reina de Aragón, pasó en Barcelona. Todo Portugal amaba a doña Isabel, pues era el ángel tutelar de sus súbditos y la mediadora entre ellos y su marido. Por esto la amaban todos con delirio y, a pesar de ser extranjera, parecía más portuguesa que ellos mismos, porque se consideraba madre de todos.

En Portugal había, no obstante, una persona que no amaba a la reina, a pesar de sus angélicas virtudes, de su dulzura y de su belleza. Esta persona era la que debía más amarla, la que por cariño y por deber tenía obligación de hacerlo: era don Dioniso, rey de Portugal, el esposo de la reina. El rey empezó a tener amantes. Y, mientras tanto, doña Isabel callaba, excusaba los defectos de su marido, recogía y hacía criar en su palacio a los hijos de aquellas cortesanas, oraba noche y día y daba abundantes limosnas a los pobres. Un hombre que no hubiera sido don Dioniso se hubiera ablandado en vista de una virtud tan heroica. Pero el rey de Portugal no tuvo corazón y, fascinado por los seres despreciables que lo rodeaban, se volvió contra la reina y, a pretexto de que malbarataba el patrimonio del reino, le prohibió hacer limosnas.

La reina bajó la cabeza al oír una orden tan despótica. Pero a fuerza de mujer sumisa acató la voluntad de su marido y, si bien no le fue posible dar cosa alguna de lo que había en palacio, recogió todo lo que en él antes tal vez se desperdiciaba y, entre otras cosas, los restos de pan que sobraban de la mesa real. Y, poniéndolos en la falda de su traje, salía fuera y decía a los pobres:

—Hijos míos, tomad por amor de Dios estos mendrugos que os da la reina. Por hoy no puedo daros más.

Un día don Dioniso la sorprendió al dirigirse a la puerta del palacio con la falda llena de mendrugos de pan.

—¿Qué traéis aquí, doña Isabel?

—Flores.

Y, mostrando la falda a su marido, este la vio llena de hermosas flores. Dioniso cayó a los pies de su esposa, despidió a las cortesanas y murió, más tarde, en los brazos de la reina.

El cristiano cautivo en Jerusalén

Un cristiano trabajador, alegre y chistoso, de origen aragonés, se hallaba cautivo en manos de un turco en la ciudad de Jerusalén. Como es natural, no tenía otra obsesión que la de alcanzar la libertad y poder regresar a su tierra natal.

Un día, cuando estaba labrando los campos de su dueño, la reja de su arado tropezó y desenterró una imagen de la Virgen y, tras guardarla con sumo cuidado, se la llevó a su choza. Desde aquel momento se encerró en sí mismo y dejó de comunicarse con los demás, puesto que se pasaba todas las horas que tenía libres dedicado a su imagen. La nueva actitud del esclavo no pasó desapercibida a su amo, que quiso saber la causa del cambio. Por eso le preguntó el motivo de su cambio de actitud.

Aunque el turco era respetuoso con las creencias religiosas de su esclavo, pensó en quitarle la imagen para que recobrara su estado de ánimo anterior. Sin embargo, el cristiano, con la simpatía que lo caracterizaba, logró disuadirlo y conservar su tesoro.

Pasó el tiempo y llegó el día en el que quedó libre. Al marcharse quiso llevarse la imagen de la Virgen. El turco, como dueño de la tierra en la que había sido hallada, no lo permitió. Ante la negativa, propuso el cristiano seguir un año más de esclavitud si con ello le permitía conservarla cuando marchara definitivamente. Lo pensó el turco y se manifestó dispuesto a acceder si ampliaba el plazo a siete años. Tan grande era la devoción del cristiano por su imagen que sacrificó siete años más de su vida por conservarla.

Cuando llegó finalmente el día definitivo, el liberado se embarcó llevando consigo la efigie que tanto le había costado conservar. Pensaba ir a Calatayud, donde la depositaría, pero, al pasar por Inogés, una fuerza misteriosa le impedía seguir adelante, de modo que tuvo que dejarla allí, donde se le construyó un templo adecuado y donde todavía es venerada bajo la advocación de Nuestra Señora de Jerusalén.

La conquista de Cerdeña

En el pueblo de Burbáguena, vivía Fortuño Fernández de Heredia, señor de Godojos, miembro de una de las principales familias nobles del reino de Aragón. Sus hijos, Sancho y Lorenzo, partieron acompañando al infante Alfonso, futuro Alfonso IV de Aragón, a la reducción de la isla de Cerdeña (1323-1324). Después de varias batallas victoriosas, y una vez que fue firmada la paz, el infante premió a ambos hermanos, quienes decidieron comenzar una nueva vida al margen de la milicia. Mientras Lorenzo prefirió quedarse en Cerdeña, por el contrario Sancho, como primogénito de la casa, se dispuso a regresar a Aragón.

Embarcado en una galera con parte de los valerosos guerreros junto a los que había luchado, emprendió la vuelta a casa. Ignoraba entonces que, tras tantos duros combates como había disputado en la isla, todavía habría de librar la última y más peligrosa de las batallas.

Estando en alta mar se desató una tempestad como no se recuerda otra semejante, de manera que no había fuerza humana que pudiera auxiliar a aquellos desventurados, cuyo naufragio y muerte parecían seguros. Al verse desamparados e indefensos, alzaron sus ojos al cielo, hincaron sus rodillas en el suelo y pidieron a los respectivos patrones de sus pueblos para que intercedieran por ellos ante el Altísimo. Sancho, ferviente devoto de santa Ana, se dirigió a ella buscando su patrocinio.

En medio de tantos mareos, súplicas y oraciones, divisaron a lo lejos una luz tenue que cobraba mayor fulgor al acercárseles flotando sobre el agua.

El misterioso resplandor apaciguaba los vientos y amansaba la mar a su paso. Cuando estuvo al lado de la galera, las aguas se calmaron. Los tripulantes, viéndose libres de todo peligro, se acercaron para descubrir que la luz procedía de un farol posado sobre una caja. Al abrirla, pudieron ver dentro de ella una pequeña imagen de santa Ana.

Don Sancho pudo quedarse con la imagen de la santa y, cuando llegó a su patria, la depositó en la capilla familiar de la iglesia parroquial de Burbáguena, donde todavía hoy se puede venerar.

El gran maestre Juan Fernández de Heredia

El escritor, mecenas, político y diplomático, al servicio de Pedro IV de Aragón, Juan Fernández de Heredia, también era gran maestre de la Orden de San Juan de Jerusalén. Nació en Munébrega en el 1310. Sobre este personaje se cuenta la siguiente leyenda…

En su constante lucha por liberar los Santos Lugares, al lado de los caballeros cruzados de su orden, entró en batalla en varias ocasiones y lugares contra los infieles, en una de las cuales le vemos enfrentarse bravamente a los turcos, a los que tomaron por las armas, tras ardua y dura batalla, una de sus mejores naves.

Junto con el enorme y rico botín capturado y con gran sorpresa por parte de los vencedores, hallaron en la nave apresada una hermosa imagen de la Virgen. Ciertamente no se sabe si los turcos la habían robado en algún poblado, fruto de alguna de sus muchas correrías, o si pudo pertenecer a un cristiano que cayó cautivo en sus manos, pero lo cierto es que allí estaba la imagen, en las bodegas de la nave, entre el resto del equipaje.

Como eran cuatro los caballeros cristianos que se la disputaban, y no sabiendo cómo solucionar el dilema, pues ninguno de ellos cejaba en su intención de poseerla, apelaron a la suerte, de modo que decidieron sortearla entre todos. La fortuna se puso del lado de Juan Fernández de Heredia, que se sintió gozoso y feliz al verse dueño de imagen tan bella.

La guardó con gran esmero y cariño, llevándola siempre entre sus pertenencias personales, pero, en la primera ocasión que tuvo, la llevó consigo a su pueblo natal, depositándola en una ermita dedicada a san Julián, cercana a la villa, oratorio que pocos años antes había costeado y mandado construir una hija del gran maestre. Como desconocían su verdadero nombre, le puso por nombre Nuestra Señora del Mar, por haber sido rescatada en el bravío mar.

El mar reconoce a Benedicto XIII

A Benedicto XIII el mundo le empezó a volver la espalda. Era el año 1415. Tras recibir a varias embajadas encabezadas por el propio emperador, en las que el rey de Aragón, Fernando I de Antequera, también participaba solicitando su renuncia al papado, el papa siguió firme en su decisión, agravando con ello el conflicto. Estando en Colliure, donde recibió a los últimos embajadores, y presionado por el desarrollo de los acontecimientos, decidió apartarse a meditar en medio de la soledad y la calma del castillo de Peñíscola. Preparó en poco tiempo el viaje y se embarcó en la pequeña localidad francesa.

No es normal que el mar Mediterráneo presente ribetes bravíos, pero en esta ocasión, cuando el barco de Benedicto XIII había zarpado, se desencadenó una auténtica tempestad. Las olas eran de tamaño oceánico, de modo que la nave del papa desaparecía por momentos. Todo el mundo creyó llegado su último suspiro. De manera que, arrodillados en la bodega, puesto que en la cubierta se corría el riesgo de ser barridos por las enormes olas, los acompañantes pontificios imploraban a Dios.

El conocido como Papa del Mar, como se le denominó en alguna ocasión, desafió la tempestad y se encaminó a la proa de la embarcación. Arrodillado, mirando al cielo, solicitó la salvación para él y para los suyos si la providencia le reconocía como verdadero vicario de Cristo, de manera que si no era así deseaba y solicitaba que la tempestad hundiera su nave.

Lo cierto es que la tempestuosa tormenta amainó casi en el acto y el mar quedó en absoluto reposo, aunque el cielo seguía enviando una auténtica cortina de agua. El pontífice, dirigiéndose a los suyos, que no daban crédito al portento, les gritó: «¡Proa al sur! ¡Vamos a Peñíscola!». Aquella prueba divina, en la que el mar representó papel tan decisivo, lo reafirmó en su idea de no renunciar a la dignidad pontificia. Peñíscola era el lugar perfecto para la resistencia ante los hombres.

Mantenerse en sus trece

Era el año 1415 y el papa Benedicto XIII se hallaba en la ciudad de Perpiñán, donde fueron a reunirse con él el rey Fernando I de Aragón, el emperador Segismundo, los embajadores del concilio y los representantes de casi todos los príncipes cristianos. El objetivo que llevaban era único. Esto es, intentar poner fin al cisma pontificio que tenía divididos a todos los Estados de Occidente. Benedicto XIII, al que se le pedía su renuncia, en un largo discurso de seis horas, expuso sus tesis en defensa de sus derechos a ser papa, de modo que no pudieron arrancarle la dimisión que todos esperaban.

Para buscar el sosiego del que tan necesitado estaba, se trasladó el papa Luna a la población de Colliure, donde a los pocos días se vio obligado a recibir una segunda embajada semejante, con idéntica pretensión y con los mismos resultados negativos. Muy inquieto ya por el desarrollo de los acontecimientos, Benedicto XIII determinó por fin poner rumbo al castillo fortaleza de Peñíscola, donde recibió un tercer e idéntico mensaje, que obtuvo, una vez más, su negativa tajante, demostrando su ánimo, tan inquebrantable y firme como la roca misma que sostenía el castillo de su retiro.

Fue en este último escenario y dentro de ese ambiente tan cargado y enrarecido cuando al parecer, para reafirmar todavía más su decidida negativa a renunciar a los que creía legítimos derechos para ser papa, dijo la famosa frase de «Estoy en mis trece». La frase, tan corriente hoy entre nosotros para demostrar nuestra pertinacia en alguna cosa, tenía en boca del papa el sentido de que reclamaba para sí el decimotercer lugar entre los pontífices llamados Benedicto. A pesar de todo, el 6 de enero de 1416, el rey de Aragón, hasta entonces su aliado, lo abandonaba a su suerte. Se iniciaba para el papa Luna el principio del fin.

R

Leyendas sobre monasterios y santos

San Juan de la Peña

Existió un respetado caballero cristiano llamado Juan de Atarés, que, perteneciente a una noble y prestigiosa familia hispana de origen godo, tenía su casa solariega en Atarés, pueblecito cercano a Jaca, donde fundamentalmente se dedicaba a la agricultura y a la ganadería. Un día, a fines del siglo VII, movido por su profunda vocación religiosa, decidió renunciar a sus cuantiosos bienes y a su familia y se hizo penitente.

Se estableció en solitario Juan de Atarés en una cueva del monte llamado Pano, en un aislado paraje de la sierra de San Juan, cerca de Jaca, donde pasaba las horas orando. Un día, sin saber por dónde había llegado, lo fue a visitar un caballero ricamente vestido, que era Lucifer disfrazado, y ambos salieron a hablar al exterior de la cueva. De pronto se oyó un gran estruendo y las piedras de la montaña comenzaron a moverse hasta formar un hermoso palacio. Mostró así Satanás a Juan de Atarés su inmenso poder y lo incitó a que renunciara a Dios, regresando a las cosas del siglo. Por respuesta, el anacoreta Atarés comenzó a rezar y cayó al suelo privado de sentido.

Cuando volvió en sí, vio que se hallaba en presencia de un ángel y observó cómo el suntuoso palacio se venía abajo con otro gran estruendo. «Ya ves lo que queda del poderío del enemigo de Dios que ha venido a tentarte», le dijo el ángel y le pidió que se trasladara a una gran cueva que había en el monte Uruel y labrara allí un altar bajo la advocación de san Juan Bautista, a quien debía encomendar su vida y su alma.

Una vez que desapareció el ángel, Juan de Atarés se aprestó a cumplir la orden recibida. Anduvo por el monte y encontró una oquedad, en cuyo fondo existía una inmensa gruta. Preparó un pequeño habitáculo para resguardarse de la intemperie y colocó una imagen de san Juan Bautista toscamente modelada con su propia navaja en un improvisado altar, fundando así una iglesia en honor de san Juan, donde andando el tiempo surgiría un famoso monasterio en el que los monjes harían vida en común y de donde arrancaría el nacimiento del reino de Sobrarbe y del condado de Aragón.

El monasterio de San Martín de Cercito

Al morir el conde Aznar, le sucedió su hijo Galindo, quien dedicó su vida a la reconquista y la repoblación de su pequeño territorio. Para llevar a cabo esta segunda tarea, se apoyó en los pequeños y dispersos monasterios existentes, que le sirvieron de base y ayuda para la reorganización de la vida en los pequeños valles en los que se asentaban. Hombre profundamente religioso, estaba muy unido al monasterio de San Pedro de Siresa. Sin embargo, decidió dejar su huella en este mortal mundo mandando construir el monasterio de San Martín de Cercillo, a orillas del río Aurín.

Recorría el conde las frondosas riberas del río Aurín, acompañado de varias personas que cazaban con él, persiguiendo a un jabalí. Para poder andar, tenía que ir cortando con su espada el ramaje, que casi le impedía el paso y no lo dejaba ver. De pronto, con gran sorpresa y admiración suya y de quienes lo acompañaban, encontró, oculta entre aquellas espesuras, una pequeña capilla dedicada a san Martín, al que tanto habían admirado sus antepasados.

Ante aquel inesperado hallazgo, el conde Galindo se olvidó por completo del animal al que iba persiguiendo y decidió recorrer con detenimiento todo el valle, acampando incluso en él varios días. Quería estudiar bien el terreno y ver la posibilidad de convertir aquella pequeña capilla en un monasterio capaz de albergar a una comunidad numerosa de frailes, pensando en edificar para ello unas nuevas y más amplias dependencias.

Satisfecho de las observaciones realizadas y viendo viable el proyecto, decidió consultar con el rey en la primera ocasión que se le presentó, de manera que recibió la autorización real para fundar el cenobio, que muy pronto sería habitado por monjes benedictinos.

El monasterio de Trasobares

La imagen de la Virgen que los mozárabes de Trasobares perdieron en el siglo XI fue devuelta cuando Alfonso I el Batallador reconquistó el castillo, pues es sabido que el rey Sancho Ramírez la había llevado personalmente al monasterio de San Pedro de Siresa para ponerla a salvo de los moros. El retorno de la talla de madera a Trasobares constituyó un verdadero acontecimiento en el pueblo y en la comarca, pues sus habitantes recuperaban parte de sus raíces, pero el hecho hubiera pasado más o menos desapercibido de no ser por los hechos que se sucedieron poco después. Era la época en la cual la hija de Ramiro II el Monje, Petronila, aún era menor de edad.

Una importante e influyente noble dama castellana, Toda Ramírez, emparentada con la casa real de Aragón, se presentó en la corte aragonesa con la pretensión de solicitar ayuda para fundar un monasterio dedicado exclusivamente a albergar mujeres pertenecientes a la nobleza, cenobio que tenía pensado someter a la regla del Císter.

Antes de convencer a la reina y al conde de Barcelona, viajó a Francia para entrevistarse personalmente en París con san Bernardo, que escuchó a la dama castellana, aceptó complacido la idea y concedió gustoso su plácet. Así es que, con la probación en la mano, Toda Ramírez regresó a Aragón. En la corte aragonesa, fue oída por la joven reina Petronila, a la que convenció no solo para que diera su aprobación, sino también para que donara el terreno y dotara al nuevo cenobio de algunos bienes para su mantenimiento.

A la hora de buscar el lugar idóneo para levantar el monasterio, el hecho de estar como estaban todavía frescos los acontecimientos de la devolución de la virgen a los vecinos de Trasobares favoreció la elección de un paraje recogido a la vera del río Isuela, aprovechando la existencia de la ermita de la Virgen, que pronto pasó a presidir la sala capitular del nuevo monasterio, llamado Nuestra Señora del Capítulo.

El Real Monasterio de Sigena

A fines del siglo XII, las órdenes militares del Hospital de San Juan de Jerusalén y del Temple eran muy importantes, sobre todo gracias al testamento de Alfonso I el Batallador y por la fama obtenida gracias a la defensa de los Santos Lugares y en varias acciones reconquistadoras en tierras del Ebro.

Entre ambas, el espíritu femenino eligió aquella que mejor parecía satisfacer sus anhelos, ya que les brindaba la oportunidad de dedicarse a las funciones caritativas para con los enfermos de su mismo sexo. Así es que cuando la reina Sancha de Castilla, esposa de Alfonso II de Aragón, decide fundar el monasterio de Sigena para recogimiento de damas de la nobleza como monjas hospitalarias el fermento es enorme.

Existía ya una congregación masculina hospitalaria en Sigena y allí tuvo lugar un hecho extraordinario que fue decisivo para elegir el enclave del monasterio. La zona era pantanosa y propicia para el pastoreo, de modo que, durante varios días, un toro venía separándose sistemáticamente de la manada. El pastor, extrañado por el hecho tantas veces repetido, decidió seguirlo una tarde, hallándolo en total quietud observando una imagen de la Virgen en medio de uno de los islotes. Con gran fervor por parte de los habitantes de la comarca, se llevó la imagen a la iglesia del pueblo, pero una y otra vez desaparecía para volver a la pequeña isla.

Llegó a la corte la noticia del prodigio, y la reina Sancha de Castilla, que andaba buscando entonces un lugar adecuado donde erigir su cenobio hospitalario, no lo dudó, puesto que estaba claro que la Virgen deseaba permanecer en el lugar elegido por ella, por lo que había que acondicionarle un abrigo decoroso, levantarle un altar, una iglesia, un monasterio entero.

La construcción del monasterio en Sigena motivó el traslado del pueblo existente aguas abajo del río Alcanadre, dando lugar a la villa nueva de Sigena o Villanueva de Sigena. El nuevo cenobio, aparte de su acción religiosa y asistencial, se destacaría como centro organizador y repoblador de la comarca casi desierta de los Monegros.

La Virgen y el Señor de Estercuel

Siendo Gil de Atrosillo, señor del castillo de Estercuel, allá por los años 1250 y 1258, en el cual vivía en paz y reposaba después de haber participado en las batallas de Mallorca, Valencia y Morella, recibió a un forastero que decía llamarse Pedro Novés, oriundo de las montañas jaquesas y experto en la conducción y cuidado de ganados. Le gustaron sus conocimientos y lo contrató como mayoral. Bien pronto se ganó el respeto de todos, desde el señor hasta el último pastor. Por eso no daban crédito a la repentina locura de tan cabal persona cuando les quiso hacer creer que se le había aparecido la Virgen.

Una noche, mientras dormía en el monte de la Redonda, donde habían llevado el ganado en busca de pastos, se desveló cuando al otro lado del río vio brotar una intensa luz y oyó hermosos cánticos. Despertó a los pastores y los hizo observar el extraño fenómeno, pero al poco rato, creyendo que podrían ser algunos muchachos del pueblo, volvieron a dormirse. Pedro Novés no se contentó y, cuando todos dormían, fue a inspeccionar la zona.

Quedó anonadado: sobre el tronco de un olivo, estaba una imagen de la Virgen, aparición que se repitió durante las siguientes dos noches. Pedro Novés no sabía qué hacer. Fue Nuestra Señora la que le dijo que se lo comunicara al señor del castillo y así lo hizo, pero este, a pesar de la estima en que lo tenía, creyó que era un iluso y un visionario, rogándole que olvidara todo aquello. Volvió el mayoral al lugar de la aparición y refirió a la Virgen lo sucedido. «No me creen», le dijo. Entonces tomó la mano de Pedro Novés, la puso en su mejilla y le rogó que regresara a Estercuel. Nadie podría separar la mano de su cara y entonces lo creerían, como así fue.

Llevaron la imagen solemnemente a la iglesia parroquial, pero en tres ocasiones desapareció, apareciendo siempre sobre el mismo tronco de olivo sin que nadie la transportara. La intención estaba clara y así es cómo Estercuel levantó el monasterio de Nuestra Señora del Olivar.

Un túnel utilizado por los frailes

En cierta ocasión, Juan, que estaba pescando con tranquilidad en el río Ebro, se vio rodeado de varios soldados. Cuál no sería su sorpresa cuando, sin recibir explicación, se lo llevaron al calabozo. No sabía qué delito se le imputaba ni de qué tenía que defenderse. Lo que sí supo es que estaba encerrado en una sala de la iglesia fortaleza de San Javier de Escatrón.

Cuando se hizo de noche, en la calma y en la soledad de su celda, creyó oír un ruido de pasos en la calle y se acercó a la ventana para observar lo que sucedía. Así es como pudo contemplar una larga fila de monjes que caminaban raudos y en silencio absoluto, hecho al que en aquel instante no dio ninguna importancia.

Al día siguiente, aunque sin recibir tampoco explicación alguna, fue puesto en libertad, al parecer por haber sido detenido el culpable de no se sabe qué delito. Fue a casa a tranquilizar a los suyos, pero en el camino recordó la procesión de monjes y cayó en la cuenta de que en la iglesia de San Javier no había más allá de cuatro o cinco. ¿Quiénes eran los demás? ¿Qué hacían allí? Cuando llegó la noche siguiente, intrigado por saber a qué podía deberse la presencia de tanto monje junto, se dirigió a una iglesia cercana y se escondió para que no lo vieran.

A las doce en punto, un nutrido grupo de frailes entró en San Javier. Decidió esperar a ver lo que sucedía. Al despuntar el alba los frailes abandonaron la iglesia con gran sigilo. Lo siguió. Al cabo de un rato, después de haber recorrido varias calles, la comitiva de frailes entró en una casa.

El hecho se repitió un día y otro. A medianoche iban a San Javier y al alba regresaban a aquella casa. No entendía nada, hasta que entre los religiosos reconoció a un fraile del monasterio de Rueda. Entonces supo lo que ocurría. Los monjes pasaban al monasterio, por debajo del río Ebro, a través de un túnel que salía de la casa.

San Gregorio

Estando los santos Licer, Juan, Pantaleón y Gregorio en Occitania, en el Mediodía, decidieron viajar hasta Zaragoza. Su idea era visitar el templo de Santa María la Mayor, cuya Virgen se le apareció al apóstol Santiago y tenía fama en aquella región de Francia. Al doblar las altas montañas pirenaicas, tomaron como guía el curso del río Gállego, pues les habían dicho que, poco después de su desembocadura en el Ebro, se hallaba la meta de su recorrido. Durante el viaje sufrieron mil y una penalidades, pero pudieron llegar sanos y salvos al lugar previsto.

Cuando llegaron a la altura de Zuera, fue Licer el que, tras caer desplomado por el agotamiento del viaje, fue atendido por sus vecinos, entre los que se quedó a vivir, convirtiéndose con el paso de los años en el patrón de este municipio.

Continuaron hacia Zaragoza sus otros tres compañeros, pero Juan, el más anciano, extenuado por la caminata, decidió quedarse a vivir con la comunidad allí establecida, la que con el tiempo, en memoria de aquel santo varón, acabaría denominándose San Juan de Mozarrifar.

Apenados por la ausencia de Licer y Juan, Gregorio y Pantaleón siguieron su camino, animados por la noticia de que ya se hallaban cerca de su objetivo. Incluso quisieron acortar y, alejándose del Gállego, tomaron dirección oeste. Cuando fatigados acababan de subir la dehesa del Santísimo, Gregorio se desplomó en el suelo, incapaz de seguir, marcando el emplazamiento donde la fe hizo levantar la ermita que hoy le recuerda, lugar desde el que se divisaban las torres de Santa María la Mayor, donde no pudo llegar.

Gregorio alentó a Pantaleón para que prosiguiera, aunque sus fuerzas también eran escasas, tanto es así que, cuando llegó al barrio rural de Juslibol, viéndose impotente para avanzar porque el río Ebro le cortaba el paso, decidió quedarse allí. Por eso es el patrón de este barrio.

El destierro del obispo san Ramón

Eran frecuentes las discusiones entre el obispo Esteban de Huesca y el obispo Ramón de Barbastro. La mayoría de ellas por cuestiones territoriales y de delimitaciones jurisdiccionales, porque ambos obispados se estaban construyendo a medida que se llevaba a cabo el proceso reconquistador.

El obispo oscense reclamaba al barbastrense no solo la importante población de Alquézar, sino también la zona que delimitan el Cinca y el Alcanadre, y, con la aquiescencia o al menos el dejar hacer de Alfonso I el Batallador, logró fomentar y alimentar el descontento entre la nobleza barbastrense contra su obispo, Ramón.

Completamente convencido de que le asistía la razón, decidió Ramón acudir personalmente a Roma en busca del apoyo pontificio, regresando en 1116 con documentos fehacientes de sus derechos. Esteban, con el del rey, llegó a desalojar al barbastrense de su propia casa, de modo que tuvo que salir huyendo de la ciudad de Barbastro, donde estaba su sede.

En su precipitada huida, san Ramón pernoctó en Aguilaniu y honor semejante reclaman varios pueblos de la comarca, entre ellos Panillo, cercano a Graus, donde algún tiempo después de haber pasado por allí el obispo fugitivo se repartían como auténticas reliquias pequeños fragmentos de las sábanas entre las que durmió el obispo desterrado.

En Capella, todos sus habitantes sin excepción, sin poder dar crédito a lo que estaba sucediendo sin explicación plausible, creyeron oír cómo las campanas repicaban solas anunciando la presencia y cercanía del obispo y, cuando salieron a recibirlo en el camino, lo hallaron sentado en una roca que durante siglos fue venerada como si se tratara de un lugar sagrado.

Portentos y milagros diversos, muchos de ellos adornados por la leyenda, hicieron que el obispo Ramón alcanzara pronto no solo fama universal, sino también la santidad, que le fue reconocida por Roma.

San Lacerío en Zuera

Lacerío nació en el pueblo de Zuera en el año 468, desarrollando la casi totalidad de su vocación religiosa al otro lado de los Pirineos como ostiario, subdiácono, diácono, sacerdote y obispo, en este caso de Conserans, cuando contaba treinta y seis años de edad.

Se especializó fundamentalmente en la lucha contra la herejía arriana, actuando casi con exclusividad en el actual sur de Francia, falleciendo en la ciudad de Tarbes, tras haber vivido ochenta años.

A lo largo de la Edad Media existió una estrecha relación con los pueblos franceses de Bearn y Cominges con varios pueblos de Aragón. Por eso los reyes aragoneses contaron con la ayuda de caballeros franceses, como en los casos de Huesca, Barbastro o Zaragoza.

Cuando en el año 1212, Pedro II, rey de Aragón, decidió participar en la empresa común cristiana que condujo a la victoriosa batalla de las Navas de Tolosa frente a los musulmanes, se incorporaron a las filas del ejército aragonés varios caballeros franceses, quienes, como si de un talismán se tratara, portaban varias reliquias pertenecientes a Lacerío, considerado santo.

Cuando los componentes de la hueste francesa se encaminaban hacia Zaragoza para incorporarse al resto de los guerreros del ejército de Pedro II, al atravesar el río Gállego y pasar por las calles de Zuera, absolutamente todas las campanas de la villa comenzaron a repicar sin que nadie las moviera.

Ante tal prodigio, el pueblo entero se congregó en torno a los guerreros franceses y lograron que estos hicieran entrega a los zufarienses de las reliquias que llevaban de san Licer, declarando unánimemente que en adelante sería considerado como patrón de la villa en la que había nacido en el siglo v.

La intercesión de santo Domingo

Este santo estuvo en Zaragoza para predicar y difundir el rezo del rosario y, antes de marcharse, fundó una cofradía a la que se aproximó y afilió la noble dama Alejandra. La belleza de esta dama provocó los requerimientos amorosos de dos jóvenes zaragozanos que decidieron solventar sus diferencias respecto a la mujer en duelo a muerte, de modo que el superviviente podría conquistarla. El desenlace, sin embargo, fue muy distinto al esperado, pues acabaron muriendo ambos contendientes.

Los padres de los dos jóvenes, conocedores de que Alejandra había sido la causante de la desgracia, decidieron vengarse, de modo que allanaron su casa y, encontrándola sola, le quitaron la vida a puñaladas, no sin antes negarle la posibilidad de confesarse como les suplicaba con sollozos la joven muchacha.

Una vez perpetrado el asesinato, el padre de uno de los muchachos degolló a Alejandra y arrojó la cabeza al fondo de un pozo que había en casa de ella. Como la joven, al verse atacada, había invocado fervorosamente a Nuestra Señora del Rosario, esta logró que su alma no escapase de la cabeza cortada hasta tener la posibilidad de confesarse.

Advertido santo Domingo de lo que había sucedido y puesto que conocía a la joven desde su primera estancia en Zaragoza, aprovechó su regreso a esta ciudad y acercándose al pozo comenzó a llamar a Alejandra. La cabeza, con el apoyo de un grupo de ángeles, comenzó a subir poco a poco hasta ser colocada en el brocal del pozo. Una vez allí, santo Domingo la confesó.

Pasados dos días, durante los cuales varios cofrades se turnaron para rezar el rosario junto al cadáver de Alejandra, el alma de la muchacha se separó al fin de su cabeza, que fue enterrada con el resto del cuerpo. Después de todo lo sucedido, santo Domingo logró aumentar en Zaragoza los incondicionales defensores del rezo del rosario y, para perpetuar los acontecimientos acaecidos, levantó un altar a Nuestra Señora del Rosario.

Los falsos frailes de Daroca

Predicaba Vicente Ferrer en Zaragoza en la catedral de San Salvador. En un momento de su plática, les comentaba a los fieles que la ciudad podía presumir de ser una de las que más limosnas daba para la atención a los menesterosos, e incluso destacaba que vivía en ella un comerciante de paños que vestía gratis a quien acudiera en nombre de Dios para tomar el hábito dominico.

Sin embargo, advertía que, por otro lado, se había descubierto a muchos truhanes que, bajo ese pretexto, intentaban estafar a tan altruista comerciante, pues eran ladrones sin conciencia ni escrúpulos. Asimismo le constaba que ese mismo procedimiento engañoso se estaba dando en otras ciudades y pueblos de Aragón. Por lo tanto alertó a todas las gentes de buena fe para que los denunciaran a las autoridades.

Ahondando todavía más en el asunto, dijo haber recibido un correo de Daroca, que había hecho el trayecto en menos de veinte horas, y le puso de manifiesto que un hombre llamado Bernat Aguiló se había presentado en nombre del propio Vicente Ferrer pidiendo socorro. Contando con tan acreditada recomendación, accedieron en la tienda a darle los paños precisos para que se vistiera, mas el interfecto dijo preferir mejor dinero contante y sonante.

Aquello levantó las sospechas del dueño y de los dependientes y decidieron ponerlo en conocimiento de los agentes municipales que optaron por retenerlo mientras se aclaraba si pertenecía o no a la orden dominica.

Como resultara ser mentira, fue encarcelado. De la misma manera, continuó el predicador, «existen mujeres rameras que utilizan engaños parecidos, así es que todo el mundo debe estar alerta y no hacerles caso, y aun denunciarlos a todos si no van acreditados por un regidor de la orden».

El cuadro de los dominicos de Huesca

Era costumbre, en la congregación que la orden dominicana tenía en Huesca, dar dos pitanzas el día que se conmemoraba la festividad de san Vicente Ferrer. En cierta ocasión, como ese día coincidía con la Semana Santa, estimó el prior que no procedía tal celebración. Aquella decisión fue origen de una gran contrariedad por parte de toda la comunidad de frailes, sobre todo de los que eran más jóvenes.

No obstante, a pesar de lo dicho, todo se desarrolló con normalidad entre los miembros de la congregación hasta que llegó la hora de asistir a la misa solemne. Como era habitual, por tratarse de día tan señalado, el oficiante principal iba a ser el prior.

Llegado el momento, este se dirigió con tiempo a la sacristía para prepararse. Naturalmente iba a revestirse con una magnífica casulla festiva que ya estaba colocada, perfectamente doblada, sobre el amplio armario bajo de cajones, lo mismo que los demás ornamentos.

De repente, cuando con parsimonia había comenzado el ritual, sin que se soltara el clavo ni se rompiera la cuerda que lo mantenía colgado, cayó sobre su cabeza un cuadro que representaba a san Vicente Ferrer. El quebranto para el prior no fue grave, afortunadamente, pero en los bancos de la iglesia y en los sitiales del coro los frailes, sobre todo los más jóvenes, sintieron un gozo especial.

Sin duda alguna, el pequeño chichón que el prior mostraba durante la celebración de la misa los resarcía de la pitanza no concedida ni ingerida. Era, con toda seguridad, así lo creían ellos, la pequeña satisfacción que san Vicente Ferrer les quiso proporcionar en el día de su aniversario.

El pretendiente de santa Bárbara

En Tosos, en el Campo de Cariñena, la tradición explica que Pedro Arbués era patrono de la localidad de Aguilón. Este presbítero agustino fue inquisidor del reino de Aragón y, el 17 de septiembre de 1485, lo asesinó un grupo de judeoconversos en la Seo de Zaragoza. El problema radicaba en otro hecho. Pedro Arbués pretendían cortejar a santa Bárbara, patrona de Tosos. Los de este municipio no veían con buenos ojos las pretensiones de inquisidor y luego santo.

De aquella disputa se acabó enterando san Bartolomé, que era patrono de Tosos. Este tampoco estaba de acuerdo con los deseos e intenciones de san Pedro Arbués, y por eso intentó solucionar aquel problema y remediar el malestar de sus queridos feligreses.

Una tranquila tarde de otoño, cuando san Pedro Arbués iba caminando por las afueras de Tosos, con la intención de entrevistarse con santa Bárbara, le salió al paso san Bartolomé. Se puso delante de él, le cerró el camino y lo obligó a detenerse.

Con ademán adusto propio del enorme enfado que lo embargaba y yendo directamente al asunto que le había conducido hasta allí, san Bartolomé intimidó a san Pedro Arbués para que cesara en sus continuas visitas, que a nadie del pueblo agradaban, ni a él mismo. Pero a la vez que le hablaba de forma tan seria lo amenazaba blandiendo un enorme cuchillo, sin duda para dar mayor crédito a la advertencia que le estaba haciendo verbalmente.

San Pedro Arbués, viendo que la amenaza de san Bartolomé parecía ir en serio y, a pesar de lo que creía sentir por santa Bárbara, dejó de cortejarla desde aquel momento, para contento general de los vecinos de Tosos.

La pastora santa Tecla

El pueblo de Cervera de la Cañada, en el valle del río Ribota, no tenía patrona. Por tal motivo se reunieron los vecinos y decidieron escoger entre aquellas santas que eran más conocidas en los alrededores del municipio. Después de discutir varios días acerca de cómo llevar a cabo la elección, al no haber unanimidad en el nombre, llegaron al acuerdo de introducir en una urna tantas papeletas como propuestas distintas aparecieron.

Se analizaron todas las propuestas y se unificaron las que estaban repetidas y, tras cerciorarse de que no existían papeletas duplicadas, las introdujeron todas en una bolsa de cuero, procediendo a extraer una al azar. La papeleta extraída tenía el nombre de santa Tecla.

Al leer en voz alta el nombre que constaba en la papeleta, la mayor parte de los habitantes del pueblo se mostró disconforme con lo determinado por la suerte, al considerar que se trataba de una santa poco venerada en la comarca. Tras deliberar durante bastante tiempo, pues quien había escrito tal nombre no estaba conforme con las reclamaciones, decidieron volver a efectuar el sorteo, tras introducir de nuevo en la bolsa la papeleta desestimada.

Después de remover bien el contenido de la bolsa, se procedió a una segunda extracción, volviendo a salir el nombre de santa Tecla. De nuevo hubo protestas. Para resolver definitivamente aquel problema, se decidió volver a hacer un sorteo, pero esta vez todo el mundo acataría el nombre que saliera y ahí se acabarían todos los conflictos. Todos los vecinos aceptaron sin rechistar. Después de remover muy bien todos los papeles, se extrajo uno de la bolsa y, al abrirlo, leyeron con asombro: «Santa Tecla».

Revisaron la bolsa y observaron que en su interior estaba el resto de las papeletas. Los vecinos se dieron por enterados. La divina providencia quería que santa Tecla fuera la patrona de Cervera de la Cañada y, sin rechistar, acataron el mandato celestial.

Remedios para la sequía

Cuenta la leyenda que san Ramón, tras ser expulsado de la ciudad del Vero, al sur de Córcega, fue perseguido con encono por los sicarios de su enemigo cuando iba camino de Roda. Después de pasar por Perarrúa, donde todavía se recuerda su presencia, llegó a Capella, donde tuvo lugar un hecho insólito, pues las campanas anunciaron su llegada, tañidas por sí solas, creyendo algunos incluso oír una voz que decía: «Llega mi siervo Ramón, escuchadle».

El clero y todos los habitantes del pueblo de Capella salieron al camino maravillados para recibir procesionalmente al santo obispo, a quien hallaron descansando de la caminata sentado en un poyo de piedra en las afueras de la población, donde dejó impresas algunas huellas.

Todos trataron de hacer olvidar a Ramón los sinsabores que acababa de vivir y le ofrecieron su hospitalidad y sus casas. Agradecido a los moradores de Capella por los honores que le habían prodigado, les dijo que le pidieran una gracia y los ancianos del pueblo solicitaron que les alcanzara de Dios el beneficio de la lluvia en tiempo de sequía. San Ramón prometió que así sería siempre que recurriesen a su patrocinio y amparo, pero solo después de recibir los sacramentos de penitencia y comunión.

Los corporales de Daroca

Una vez reconquistada la ciudad de Valencia por el rey Jaime I el Conquistador, este marchó con sus hombres a Montpelier, no sin antes dejar a cargo del gobierno a Berenguer de

Entenza. Con la ayuda y consejo de varios capitanes, sitiaron el castillo de Chío. Tras el éxito inicial de los cristianos, los moros se rehicieron y la batalla quedó indecisa. Los hombres de Berenguer de Entenza se aprestaron a proseguir la lucha al día siguiente. Al alba, estando los capitanes cristianos a punto de recibir la comunión, sonó el toque de rebato, pues el enemigo había tomado la iniciativa. Se quedó solo el cura de Daroca, Mateo Martínez, celebrando la santa misa y, no sabiendo qué hacer con las seis sagradas formas, las consagró, las envolvió en unos corporales y las escondió entre unos pañitos. La suerte final sonrió a los cristianos que pusieron en fuga al enemigo.

Finalizada la batalla, los capitanes quisieron dar gracias a Dios, solicitando al cura Mateo Martínez la comunión. Entonces, desenterrados los corporales que envolvían las seis sagradas formas, hallaron que estas se habían pegado completamente a los paños, que aparecían teñidos de sangre. Se armó tal alboroto entre los soldados cristianos a la vista de aquel portento que los musulmanes, de nuevo reagrupados, volvieron a la carga, por creer que el desconcierto, el temor y la confusión habían hecho mella en aquellos cristianos. Con rapidez reaccionaron estos, enfervorizados por los corporales que, desde lo alto de la montaña, mostraba el sacerdote, hasta terminar con el último musulmán y la toma de la fortaleza de Chío.

Una vez repartido el botín de guerra, se planteó el problema del traslado y custodia de los santos corporales a un lugar seguro y digno, de modo que, tras largas deliberaciones, se acordó echar a suertes su posesión. Por tres veces fue agraciada la villa de Daroca, mas como el sistema del sorteo no gustó a los no agraciados, se acordó poner los corporales dentro de una arqueta, cargándola sobre una mula, a la que se dejó en plena libertad. Valencia, Catarroja, Manises, Segorbe y Jérica fueron límites que la mula dejó atrás hasta llegar a Daroca el día 7 de marzo de 1239, para, tras arrodillarse el animal en la iglesia de San Marcos, morir reventada. Los corporales, pues, se quedaron en Daroca.

La guerra albigense

Pedro II de Aragón acudió al sur de Francia para apoyar a sus súbditos albigenses, oponiéndosele Simón de Monfort. La guerra causó abundantes bajas entre los contendientes de uno y otro lado. En las filas aragonesas se contaba el hijo del barón Artal de Mur y Puymorca, que esperaba temeroso por la suerte que pudiera correr su primogénito.

Mientras esto sucedía, salió un día el barón Artal de caza para distraer su espera angustiada, cuando descubrió una jabalina a la que acorraló en una oquedad. La muerte del animal era segura. Pero, cuando estaba a punto de disparar, el cazador oyó con sorpresa cómo se le dirigía la fiera, diciéndole que «si no me matas, te recompensaré». Ante tal hecho, el barón abandonó la pieza y, sin poder disimular su asombro, decidió regresar a su casa. Allí narró lo ocurrido.

Aquella noche, después de cenar, adormilado el barón junto a la chimenea, vio atónito cómo de uno de los troncos surgía y tomaba cuerpo una figura humana. Se trataba de Satanás, que acudía a cumplir la palabra dada por la mañana, pues la jabalina indultada no era otra que el propio diablo. Así fue como le contó que su hijo estaba a salvo y que no temiera por su vida, puesto que lo había tomado bajo su protección. Además, cogiendo un tizón con sus manos, lo convirtió en un lingote de oro y se lo ofreció al barón. Luego desapareció.

A la mañana siguiente, la baronesa contó a su marido que había soñado que se le aparecía la Virgen, quien le manifestó su deseo de que se le erigiera allí una ermita. Por su parte, el barón le explicó a su mujer lo sucedido junto a la chimenea.

El barón, hombre práctico y agradecido, propuso a su mujer la construcción de la capilla que pagarían con el dinero que les proporcionaría el lingote de oro, pero con la condición de que un día al año se oficiara en la nueva capilla una misa por el diablo.

El viejo sacerdote de Aínsa puso el grito en el cielo ante propuesta tan descabellada, pero accedió al final cuando el barón le dijo que la misa se ofrecería por la conversión del diablo. Desde entonces, pues, una vez al año es costumbre celebrar en Aínsa una misa por el diablo.

La misa al diablo en Aínsa

En *Historias y leyendas*, publicado en 1889, el escritor, político, ministro de Ultramar y Fomento y periodista Víctor Balaguer, conocido como *el trovador de Montserrat* y una de las máximas figuras de la Renaixença catalana, nos detalla de la siguiente manera la leyenda del barón y su encuentro con el diablo, que hemos detallado anteriormente...

> El barón Artal de Mur y de Puymorca, que se había levantado aquella mañana crecido de enojo y arrugado el ceño, andaba inquieto y desplaciente, paseando su desasosiego por las salas y galerías de su casa de Aínsa.
>
> Era a comienzos del siglo XIII y reinaba profunda agitación en el país. Susurrábase que el rey Don Pedro I, llamado más tarde *el Católico,* debiendo ser apellidado con más propiedad *el de Muret,* había tenido un fracaso en los campos de Provenza, adonde había pasado con gran copia de caballería para prestar ayuda al conde de Tolosa, su deudo, en la lucha que sostenía con los cruzados de Simón de Montfort.
>
> El primogénito del barón Artal de Mur, heredero de su nombre y de su casa, había partido con la hueste del monarca, y andaba el barón muy desazonado por carecer de nuevas de su hijo, cuando tan malas las tenía de la empresa.
>
> No pudiendo, pues, con su inquietud y su impaciencia, que iban a cada instante acrecentándose, llamó a su escudero y se hizo vestir para la caza, deseoso de hallar en este ejercicio y en el campo diversión para sus preocupaciones y pesares. Vestido ya, rechazó las ofertas de su halconero; y prescindiendo de toda servidumbre y acompañamiento, prendió a su cinto el cuchillo de monte, empuñó su diestra un venablo con más propiedad, una azcona arrojadiza de hierro acicalado, arma favorita de los almogávares, y partió

solo, seguido por dos o tres de sus perros, los más avezados a caza de montería.

Llegó hasta la vecina sierra y se internó en la selva. La fortuna se mostró avara con él y por demás ingrata. Ni rastro de ciervo ni de jabalí por ningún lado. El barón y sus perros se fatigaron en vano.

Era a mediados de octubre. El día, magnífico; el sol, espléndido; el aire, cariñoso; el calor, como en un día de verano.

Sedientos y abrasados por los rayos de aquel sol impropio de la estación, Artal y sus perros llegaron al pie de una fuente que brindaba al reposo, y allí se detuvo el cazador buscando alivio a su cansancio y aburrimiento.

Era ya mucho más de mediodía. El caballero sacó de su morral algunas provisiones que a prevención llevaba, partiólas con sus fieles acompañantes, y luego, abrumado por el calor, vencido, más que por la fatiga, por el fracaso y decepción de su jornada, se recostó bajo un árbol, entregándose a perezoso descanso, y así hubo de permanecer hasta que el sol, bajando a su ocaso, le trajo, con la pérdida de su jornada, el castigo de su indolencia.

Resignóse a dar el día por huero, y, como estaba distante de Aínsa y de su casa, emprendió la caminata de regreso con la prisa del enojo y la ira del despecho.

Sin embargo, la suerte, que tan contraria se le había presentado, ofrecióle de repente sus favores cuando menos lo esperaba.

Al desembocar con su pequeña jauría en un claro del bosque, vio salir una jabalina de un espeso matorral que asomaba al otro lado de impetuoso torrente, engrosado por las nieves de las Tres Sorores. Cazador y perros se dispusieron a emprender la persecución, a pesar de que la jabalina, al advertir el peligro, se internó en la maleza, desapareciendo tan de improviso como aparecido había.

Mientras que los perros pasaban el torrente a nado, y no en verdad sin peligro, Artal de Mur, armado con su azcona, fue a buscar un puente de troncos de árboles que existía más arriba, y cruzó el torrente, que brillaba como si fuera de luz. La fiera, favorecida por un avance considerable, se había perdido de vista al penetrar en la fragosidad del bosque.

Descorazonado el barón, apartado de sus perros y perdida la huella, tomó la orilla izquierda del torrente para encaminarse a su casa, mustio y desabrido, cuando, al cruzar por un camino fondo, cubierto de maleza y espesura, vio de pronto a muy corta distancia la jabalina, que allí había ido a refugiarse creyéndose, sin duda, al abrigo de toda sorpresa.

Al rumor de los pasos, la jabalina viró bruscamente y avanzó hacia el barón, como en ademán de hacerle cara o echársele encima.

Habían ya sobrevenido las primeras negruras de la noche.

En el instante en que Artal de Mur, silbando a los perros, que andaban rezagados, se disponía a lanzar el arma arrojadiza para echar mano luego a su cuchillo de caza y sostener un combate cuerpo a cuerpo con la fiera, oyó claramente una voz humana que le decía:

—No me mates, y tendrás recompensa.

Ante aquella voz clamorosa, quedóse el barón atónito y sobrecogido. No era supersticioso, por cierto, ni nada tenía de cobarde, avezado como estaba a batallas y peligros; pero ante el prodigio de oír hablar a una jabalina, pues de ella partiera la voz, hubo de quedarse por unos momentos petrificado y mudo.

Cuando tornó en su acuerdo después de aquel pasajero paroxismo, la jabalina había desaparecido.

Ya entonces comenzaba a ser de noche.

Las atezadas sombras iban invadiéndolo todo.

El barón, hondamente impresionado, sólo cuidó de partir cuanto antes. Silbó a sus perros y se encaminó a su morada, donde se le esperaba con impaciencia, y no sin inquietud, por su tardanza.

Dispuesta encontró en el estrado la mesa para la cena. Sentáronse a ella Artal, su mujer la baronesa, el capellán de la casa, el primer escudero y los pajes de honor. Al pie del estrado, y en más pequeña y humilde tabla, se colocaron los servidores, pues en aquella época señores y criados comían al mismo tiempo, aunque en mesa distinta. El capellán dio la bendición como de costumbre.

Terminó la cena sin que el barón probara apenas bocado; sólo cruzó algunas palabras indiferentes con su esposa, y no bebió más que la sola copa de vino que era de rigor a la salud de los presentes. Recitó el capellán las gracias y todos se retiraron respetando el silencio, la preocupación y el agrio malestar del dueño.

Éste se quedó solo en la vasta sala, donde, por estar la noche algo fresca, ardían gruesos troncos en la escultural chimenea, que era entonces el mejor adorno de los salones. La llama se elevaba majestuosa, con colores y proporciones de incendio a veces, iluminando la estancia y dejando menguada y raquítica la luz de una gran lámpara de aceite que colgaba del techo.

Cada vez que llegaba de caza, el barón tenía por costumbre sentarse junto al hogar terminada la cena, y, al amor de la lumbre, entregado a sus meditaciones, pasaba horas enteras en compañía de un jarro lleno de vino cocido, por él mismo elaborado con especias de Oriente, que resultaba ser algo semejante a los vinos compuestos y perfumados de los romanos.

Artal andaba ya cerca de los sesenta años, pero fuerte y robusto como tronco de roble.

Era de buena madera, de nérvea fibra, cumplidor severo de sus deberes, amante de su familia y resuelto y decidido siempre que se trataba de montar a caballo en servicio del rey y de la patria.

Después de beber algunas copas de vino perfumado, Artal se adormeció en un sillón, quedando sumido en ese sopor de duermevela, tan grato cuando a gozarle llega quien se siente embargado por hondas inquietudes.

Alzó de repente su voz la campana de la vecina iglesia para dar la convenida señal de media noche, y en aquel mismo instante estalló de golpe, con insólito chasquido, el grueso tronco de encina que ardía en el hogar. Despertó sobresaltado el durmiente.

La lámpara se había apagado; pero Artal vio al resplandor del fuego cómo brotaba de éste una aparición extraña que, tomando las formas de una persona real y efectiva, abandonaba el hueco de la chimenea, irguiéndose ante él. El recién llegado, después de haber salido muy tranquilamente de entre las llamas del hogar como de su propia casa, se sentó en el sillón de la baronesa, frontero al del barón, y clavó en éste sus ojos, que relampagueaban como si trajeran fuego.

En el acto conoció Artal quién era el visitante que así se le entraba en su casa de rondón y por tan extraño camino.

Era, en efecto, Satanás, el mismísimo y auténtico Satanás, sólo que el señor y monarca de los infiernos se presentaba bajo un aspecto algo distinto de como lo pintaba en sus sermones el capellán de la casa, varón muy sabido y muy dado a pláticas terroríficas. Tenía toda la apariencia de un hombre de buen ver hecho y derecho, cortado como los demás, hasta de rostro bonachón, con la sola diferencia que su cara, manos y brazos eran enteramente velludos, destacándose de sus ojos un leve reguero de fuego, y de las extremidades o puntas de sus dedos algo lumínico entre azulado y rojizo, a manera de pequeñuela llama flotante, que despedía pronunciado olor de azufre. No tenía cuernos, ni cola, ni patas de macho cabrío, y... vestía de moro.

Para los aragoneses de aquel tiempo, el diablo debía ser forzosamente moro.

—¡Buenas noches!, dijo, al sentarse, el recién llegado, que aquel día hablaba el aragonés puro.

El barón, según la frase de costumbre, que se le vino a los labios, iba a contestar *¡Buenas y santas nos la de Dios!*; pero se detuvo a tiempo, por fortuna, comprendiendo que podía herir la susceptibilidad del huésped que se le había entrado... por la chimenea.

No contestó, pues, al saludo; pero repuesto ya de la impresión causada en el primer momento, comenzó a examinar a su huésped con serenidad y sangre fría, y al verle tan modoso, tan pacífico, tan tranquilo y con tales aires de bondad, dióse a pensar que el recién llegado podía ser un buen diablo.

Adivinó éste sus reflexiones, y le dijo con voz plácida, que tenía algo de femenil:

—Ya me habrás conocido, supongo.

—Así creo, contestó tímidamente el barón.

—Vine para darte gracias y cumplirte lo ofrecido, dijo

Satanás arrellanándose en su asiento y cruzándose desenfadadamente de piernas.

—¿A darme gracias?, balbuceó el barón. ¿A cumplir lo ofrecido? ¿Qué significa esto?

—Que ¿qué significa esto?, replicó Satanás. ¿Tan pronto olvidaste nuestro encuentro de esta tarde?

—¡Cómo! ¿La jabalina del bosque…?

—Era yo. Me salvaste la vida, y gracias a ti y a tu hidalguía pude cumplir mi misión.

—¿Qué misión?, preguntó Artal cada vez más aturdido.

—Este no es negocio tuyo, y no hay que meter la hoz en mies ajena. Vine para darte las gracias y la recompensa que te ofrecí. Yo cumplo mi palabra como el mejor caballero que haya en el mundo. En primer lugar, prosiguió diciendo el diablo, puedo darte la grata nueva de que tu hijo está bueno y sano.

Salió en bien de la batalla y hará su camino.

—Yo me encargo de protegerle..

A pesar de lo extraordinario de la situación y del suceso, el rostro de Artal no pudo menos de reflejar lo agradable que le era aquella noticia.

Satanás, que por lo visto llegaba decidor y parlero aquella noche, como en talle de estar hablando un mes arreo, prosiguió:

—Sí, tu hijo salió en bien de ésta, y saldrá de otras, gracias a mí; pero no ha sucedido lo mismo con tu rey.

—¡Mi rey!, murmuró Artal.

—Tu rey. Don Pedro.

—¡Don Pedro! ¿Qué…?

—Que ha muerto en la batalla.

—¡Jesús!, exclamó el barón sin poderse contener y palideciendo.

Al diablo no le hizo ningún efecto aquella invocación de Jesús lanzada tan a quema ropa.

Era realmente un buen diablo. Se sonrió sólo con cierto desdén, mirando al barón como con lástima, y siguió diciendo:

—Sí, sí, tu rey ha muerto en el campo de Muret, batiéndose como un león, esto sí. Ya hubiera yo querido hacer algo por él, pero no pude. ¿Quién santos le mandó meterse donde no hacía maldita la falta?...

—No entiendo... replicó Artal, a quien comenzaba a interesar la conversación.

—Quiero decir que por qué tomó partido contra Simón de Montfort, que es de los míos.

—¡Tuyo! Pues ¿no es Simón de Montfort adalid del Papa?

—¿Y qué? En esta ocasión, yo y el Papa estamos de perfecto acuerdo. Defendemos la misma causa porque nuestros intereses son los mismos.

—¿Qué estás diciendo?

—Lo que oyes. A la Iglesia le dio esta vez por proteger a los bandidos, y como yo estoy con éstos, naturalmente, de aquí que... Pero no es cosa de pasar la noche charlando. Vamos a nuestro asunto.

Satanás se incorporó en su asiento, y abalanzándose hacia el hogar, cogió con dos dedos de su diestra, a manera de tenazas, un tronco ardiendo y lo depositó sobre la mesa que Artal tenía a su alcance.

—He aquí, le dijo, lo que levantará tu casa y la encumbrará hasta lo infinito. Con esto tendrás favor, riquezas y honores. Y como hay faena por delante y nada más tengo que decirte, buenas noches.

Y Satanás, volviéndose de espaldas al barón, se entró en la chimenea.

Las llamas del hogar aumentaron extraordinariamente en aquel momento, echándose fuera y avanzando como para recibir en sus amorosos brazos al rey de los infiernos; le envolvieron entre sus alas, y con él desaparecieron, dejando el salón sumergido en la más profunda obscuridad.

Artal de Mur, sobrecogido con lo que le acababa de ocurrir, aturdido, creyéndose víctima de una fascinación o de un maleficio, se quedó como paralizado y mudo, hundido y recluso en su gran sillón señorial, sobre cuyo ancho respaldar se alzaba el escudo y blasón de su casa, sin fuerzas ni aliento para llamar, y hasta sin deseos de ver aparecer a ninguno de los suyos.

La noche, por otra parte, había avanzado, y en toda la casa reinaba un silencio sepulcral.

La baronesa, el capellán y los servidores altos y bajos se vieron sobrecogidos y salteados por un sueño profundo, según tuvieron ocasión de notar y recordar al levantarse. Pareció como que una injerencia misteriosa hubiese influido aquella noche de repente para que todos los moradores de la casa quedaran sumergidos en un letargo semejante al sueño de la muerte.

El mismo escudero mayor, que subía por una escalera de servicio poco antes de medianoche, apareció por la mañana dormido en uno de los peldaños, sin recordar otra cosa sino la de haber sufrido una especie de soponcio que le asaltó de improviso.

Algo semejante ocurrió al barón al desaparecer el diablo y extinguirse el fuego. Sólo despertó cuando la campana del vecino templo saludaba con toques de gloria la aparición del alba; pero tardó en recobrarse y en dar elasticidad a sus dormidos miembros, y más todavía a su dormido pensamiento. Los primeros rayos del sol iluminaban ya la cámara, acomodada para tinelo en aquel vasto palacio, cuando el barón, con esfuerzo supremo, logró ponerse de pie y recordar el sueño de aquella noche.

Lo primero de todo paseó sus ojos por la estancia. El hogar de la chimenea aparecía vacío. Ni siquiera un puñado de ceniza en él, como si nunca hubiese habido fuego. El sillón de la baronesa, donde se había sentado Satanás, intacto. La mesa que en el estrado había servido para la cena, tal como quedó al desvestirla los servidores; todos los muebles en su lugar; el ambiente del salón, sano y puro, sin el más leve olor a azufre.

Sólo en la mesa un leño, una barra..., no, un tronco de oro, un tronco de encina convertido en oro, en oro de buena ley: la fortuna de una familia y de una raza.

Contemplando estaba Artal aquel verdadero tesoro, cuando, abriéndose la puerta del salón, apareció la baronesa.

Llegaba sobreexcitada y nerviosa a consecuencia del sueño que tuvo aquella noche.

Habíasele aparecido la Santa Virgen, encargándole levantar una capilla, no lejos de Aínsa, en cierta colina que designó, y a la cual, en los días consagrados a su festividad, acudirían en peregrinación los pueblos de la comarca.

A su vez el barón le mostró el tronco de oro, contándole los sucesos de la tarde anterior y de la noche, desde el encuentro con la jabalina en el bosque hasta la aparición de Satanás en la estancia.

Llamaron después al capellán, quien oyó con fruición y éxtasis el sueño de la baronesa, santiguándose a cada momento y murmurando exorcismos y conjuros entre dientes, mientras duró el relato de Artal.

Terminada la narración, fuese el capellán en busca del hisopo y del agua bendita, con la cual bañó, mejor que roció, el trozo de encina convertido en oro, sin que éste sufriera alteración alguna ni se convirtiese en carbón, como sospechaba el *Páter.*

Cumplió después con todos los exorcismos del ritual, rociando con agua bendita la chimenea, la estancia, los muebles, sobre todo el sillón de la baronesa ocupado por el diablo, y después de la bendición y de las preces, seguro de haber ahuyentado a los espíritus malignos, dio por concluido el acto y por bueno el oro que lucía sobre la mesa.

Ya entonces no se pensó más que en edificar la capilla, conforme al sueño de la baronesa.

Y dijo el barón:

—La primera suma de este oro se destinará para la capilla de la Santa Virgen, y rentas para su culto; pero como no es bien nacido quien no es agradecido, quiero que cada año se celebre en esta capilla una misa solemne en acción de gracias al diablo...

—¡Señor barón!, gritó con voz de escándalo el capellán.

—Lo dicho. O no hay capilla, o hay misa para el diablo.

Y en seguida, como para calmar los escrúpulos del asustado capellán y adobarlo todo, apresuróse a añadir con apicarada solapa:

—Pero, hombre de Dios, ¿qué mal puede haber, ni qué pecado se comete con decir una misa para impetrar que Satanás abandone su camino de perdición, poniéndose bien con Dios y volviendo al seno de la Iglesia?

—¡Ah!, exclamó el capellán, como viendo las cosas de otra manera y dándose a partido.

Y todo quedó dicho. Así se convino y se hizo.

La capilla, que ya no existe como no sea en ruinas, se levantó en la meseta de un collado cercano al pueblo de Aínsa, siendo muy concurrida y venerada por las gentes del país.

No tardó en averiguarse su origen y su historia, y el pueblo comenzó a llamarla *Capilla del diablo,* como dio el nombre de *Misa del diablo* a la que todos los años, en día señalado, se celebraba para conversión de Satanás, según expreso mandato del agradecido barón Artal de Mur y de Puymorca.

La historia de Martín Visagra

Cuenta la leyenda que un vecino de Daroca, llamado Martín Visagra, después de acabar de trabajar, regresaba de las huertas que riega el Jiloca hacia su casa un atardecer de otoño. Era sobradamente conocido entre los habitantes de la villa, aunque nunca había destacado por nada. En su casa lo esperaban como cualquier otra jornada de trabajo. Aquel día, sin saber qué motivos pudieron inducirlo a llevar a cabo una acción así, puesto que él tenía más que suficiente en sus propiedades, robó un cesto lleno de uva de la viña propiedad de su vecino. Se dio cuenta este de lo sucedido y le recriminó que le hubiera robado, invitándolo a devolverle los racimos.

Martín Visagra se encaró malhumorado con quien decía ser dueño de la uva que llevaba y negó haberle robado, intentando persuadirle de que la fruta era suya, pues la había recogido de sus campos. Eso no fue todo. Para convencer definitivamente a su vecino, e incluso a otros campesinos que hasta ahí se acercaron al oír las voces, rogó al Santísimo Misterio que, cuando pasara frente al convento de los Trinitarios, si los racimos de uva del capazo eran de la viña del vecino reclamante, lo convirtiera en estatua de mármol. Desde aquel día, en la puerta del convento de Trinitarios, se erige una estatua de piedra que representa a Martín Visagra, pues el Santísimo Misterio lo castigó por haber mentido a su vecino y no ser suyos aquellos racimos de uva.

El agua que pasó a ser sangre

Como ocurrió en otras regiones de España, se debatió cuál de las tres religiones, cristiana, judía y musulmana, era más importante. El tema se fue normalizando, a favor del cristianismo, gracias a la evangelización llevada a cabo, de forma masiva, por parte de los frailes franciscanos y dominicos. A esto debemos añadir la serie de milagros ocurridos en Aguaviva, Montearagón, Andorra, Fraga o el de los corporales, que ayudaron en el momento de la cristianización total del reino de Aragón. En este clima de religiosidad exacerbada, tuvo lugar en el pueblecito de Cimballa, cerca de Calatayud, un hecho asombroso, que fue aprovechado convenientemente por las autoridades laicas y religiosas para tratar de vencer la obstinación de los herejes.

Una mañana, tras clarear el día, un clérigo de Cimballa estaba celebrando misa. Era una jornada de labor y los asistentes no eran muchos, pues el campo requería brazos. La iglesia estaba envuelta en la penumbra, apenas rota por dos velas encendidas. El ambiente era de recogimiento. Al acabar de consagrar, dudó el sacerdote si estaba allí real y verdaderamente Cristo. Al instante, el agua que contenía el cáliz se convirtió en sangre. Los asistentes a tan prodigioso hecho hicieron correr a los cuatro vientos la voz de lo acontecido, y Cimballa se convirtió en lugar de peregrinación. El clamor fue tanto que llegó hasta la corte misma, y el rey Martín I el Humano, benefactor del monasterio de Piedra, ordenó, en 1398, que se trasladara allí la sangre del milagro, no solo para que pudiera ser mejor custodiada, sino también para fortalecer la creciente fama del cenobio.

El cadáver de Benedicto XIII

Aragón ha tenido entre sus hijos ilustres a Pedro Martínez de Luna y Pérez de Gotor, el papa Benedicto XIII, también conocido como papa Luna. Falleció en Peñíscola en el 1423.

Protagonista del Cisma de Occidente, es conocido como *antipapa*, al estar en contra de los postulados que, hasta ese momento, seguía la Iglesia católica. La tenaz lucha que mantuvo el papa Luna contra sus enemigos sirvió para que surgiera la frase popular de *mantenerse en sus trece*, en referencia a la negativa de Benedicto XIII de renunciar a su posición de papa. Benedicto XIII recibió sepultura en la iglesia del castillo de Peñíscola, que le había servido de baluarte. Siete años después de su inhumación tuvo lugar un hecho ciertamente prodigioso e inexplicable, sobre todo para los más escépticos.

Narra el cronista Martín de Alpartir, quien fuera prior de la Seo zaragozana y camarero del papa Luna, que tanto el Domingo de Ramos como el día de Jueves Santo de 1430, desde la tumba de Pedro de Luna, comenzó a extenderse por todas las estancias del castillo una fragancia extraordinaria, cual si fuera fruto del néctar de las más bellas y lozanas flores. Pero, según las crónicas, el aroma embalsamó, asimismo, el ambiente de toda la ciudad y alrededores.

En vista de tal prodigio, el entonces alcaide del castillo, desconcertado y temeroso por lo sucedido, mandó aviso urgente al rey Alfonso V, que a la sazón estaba de visita en la villa de Cariñena, pidiéndole consejo sobre qué hacer ante tal prodigio. Juan de Luna, sobrino de Benedicto XIII y conocedor de lo ocurrido, imploró al monarca que ordenara al alcaide del castillo de Peñíscola que le entregase el cuerpo sin vida de su tío para trasladarlo solemnemente a Illueca, su patria chica.

El rey Alfonso V el Magnánimo, conmovido por aquella manifestación última del inefable Pedro Martínez de Luna, cuya proverbial tozudez tantos problemas diplomáticos le había causado en vida, accedió a lo que se le solicitaba, de modo que su cuerpo incorrupto fue llevado desde Peñíscola hasta Illueca y depositado en un sepulcro ubicado en la misma cámara del palacio donde había nacido.

Siguiendo con la historia, el cuerpo del papa fue viajero. En 1711, durante la guerra de Sucesión, tropas de Felipe V asaltaron el palacio y el cadáver del papa Luna. Del cuerpo solo se conservó la cadavera, que fue llevada al palacio de Saviñán, al casarse un descendiente del papa con los Muñoz Pamplona, condes de Argillo. El 30 de septiembre de 2007, tras recuperarse la cadavera, después de ser robada, al estar en estado ruinoso el palacio, la Dirección General de Patrimonio Cultural del Gobierno de Aragón inició los trámites para la declaración como bien de interés cultural. Esto apareció en la fecha indicada, en el *Boletín Oficial de Aragón*, bajo la denominación *Cráneo parcialmente momificado de Benedicto XIII.* Los estudios forenses y la prueba de ADN dieron como resultado la certeza de que el cráneo perteneció a un anciano que vivió entre los siglos XIV y XV y el estudio antropológico permite concluir que perteneció a Benedicto XIII.

El brazo de san Pedro en Siresa

El rey Sancho Garcés estuvo a punto de morir a causa de una larga y penosa enfermedad, a pesar de haber puesto en práctica todos los medios curativos que los físicos tenían entonces a su alcance. Como no encontraba remedio, decidió acudir a la protección del apóstol san Pedro, cuyo brazo se veneraba en el monasterio de Siresa. El resultado fue milagroso, pues el rey sanó y pudo regresar a palacio.

Mientras convalecía en el cenobio, su abad le contó cómo había ido a parar allí la reliquia tan preciada. Según palabras del abad, san Leandro, obispo de Sevilla, quiso que Hispania tuviera una reliquia del apóstol san Pedro y envió a Roma una comisión que encabezó Ciriaco, a la sazón obispo de Zaragoza y amigo del entonces pontífice san Gregorio.

En principio, el papa negó el beneficio, pero la tozuda insistencia de Ciriaco hizo que aquel lo consultase con Dios por medio de un ayuno de tres días, aunque no fue necesario esperar a que el plazo se cumpliera, puesto que tras el primer día de ayuno el propio san Pedro se le apareció al pontífice y le dijo que fuese a su sepulcro, en el que hallaría, separada de las demás, la reliquia que debería entregar al obispo zaragozano. Así fue como le entregó uno de los brazos del apóstol, que fue colocado cuidadosamente en un precioso relicario de oro y traído a Hispania.

Tras largo viaje, Ciriaco regresó a su sede con tan preciado tesoro y conoció la noticia de la muerte de san Leandro, por lo que resolvió dejar la reliquia en Zaragoza. Falleció también Ciriaco y el brazo del apóstol san Pedro, un auténtico tesoro, continuó en la ciudad del Ebro hasta días antes de la invasión musulmana, a comienzos del siglo VIII, cuando los cristianos zaragozanos acordaron poner a salvo todas las reliquias y ornamentos, muchos de los cuales fueron a parar al monasterio de San Pedro de Siresa. Sancho Garcés, antes de abandonar Siresa, agradecido por la curación de que había sido objeto, hizo donación de la villa de Usón al cenobio, cuando corría el año 923.

El relicario de Jaime I

En la villa de Magallón, un poco apartado del pueblo, en el monte, había una pequeña ermita dedicada a la Virgen, conocida como Nuestra Señora de la Huerta, a la que sus habitantes acudían con frecuencia, pues le profesaban una gran devoción. En uno de sus múltiples viajes para reconquistar tierras, el rey Jaime I acampó en Magallón con sus hombres. Sus vecinos lo recibieron con honores. Durante la conversación con varios de ellos supo del fervor popular hacia Nuestra Señora de la Huerta, a la que se le atribuían múltiples milagros. Así pues, decidió visitar la capilla para ganarse los favores de la Virgen, decidiendo adoptarla como patrona.

Al día siguiente, antes de proseguir el camino con sus huestes hacia Borja, volvió a visitar la capilla y ofreció a la Virgen un completísimo relicario si la batalla que iba a disputar llegaba a significar el término de la guerra que mantenía contra el monarca castellano. Se trataba de un relicario que siempre llevaba pendiente del cuello y al que tenía en gran estima.

Como la campaña militar contra el rey castellano fue un verdadero éxito, al regresar victorioso a sus tierras aragonesas, a pesar de la prisa que llevaba, tuvo el tiempo preciso para detenerse en Magallón mientras sus tropas seguían camino adelante y volver a la ermita para cumplir su promesa.

Una vez ante la Virgen, se despojó del preciado relicario y lo depositó a los pies de Nuestra Señora de la Huerta, la misma que pocos años después, como consecuencia del crimen sacrílego que se cometió ante ella en el recinto de la ermita, abandonó el lugar para reaparecer en los montes de Leciñena.

La muerte de Juan de Albir

Decíamos que se cometió un crimen sacrílego y a continuación relatamos lo que sucedió...

Sucedió, pues, que Juan de Albir, labrador, vecino de la villa de Magallón, en una de aquellas disputas dio muerte a Sancho del Frago. Formado proceso contra el homicida y puesto el asunto en manos de la justicia, determinó esta por sentencia definitiva que Juan de Albir debería sustentar y proveer de alimentos a la mujer e hijos del difunto Sancho del Frago.

Dos hijos sobrevivieron a Frago, Antón y Martín, cuya vida se centraba en la idea de vengar a su difunto padre. Juan de Albir, que vivía con temor de la posible represalia, tuvo que emprender un viaje a la ciudad de Zaragoza. Fue entonces cuando los Frago esperaron impacientes su regreso a Magallón para exigir la reposición de su honor.

Un sábado, a las tres de la tarde, Juan de Albir, cerca de la ermita de Santa María de la Huerta, descubrió la emboscada que los hermanos Frago le habían preparado. Este, viendo que iba a ser alcanzado por los agresores, se refugió brioso en la ermita de Santa María de la Huerta de Magallón.

Los hermanos Frago, muy devotos de Nuestra Señora María, no quisieron profanar aquel lugar, y Juan de Albir pudo regresar a su casa custodiado entonces por algunos vecinos de la villa de Magallón.

Pasado el tiempo, la escena se renueva. Un viernes de madrugada, esta vez los hermanos Frago entraron armados a la ermita, pero volvieron a evitar manchar sus manos de sangre por encontrarse Juan de Albir abrazado a la imagen de nuestra Santa Virgen María.

Un sábado al mediodía, 13 de marzo de 1283, principio de Cuaresma, Juan de Albir volvía con su asnillo por el mismo camino de la ermita, y los hermanos Antón y Martin Frago le dijeron: «Tente traidor, que hoy has de morir y pagar la muerte de nuestro padre».

Juan huyó buscando otra vez el refugio de la Virgen en la ermita donde otra vez abrazó tiernamente la imagen de aquella, implorando socorro mediante gemidos y súplicas.

Esta vez los hermanos Frago, nublados por el odio y el rencor, lo embisten con sus lanzas, quitándole la vida, llegando a traspasar el manto de la santa Virgen y dañándola en el rostro tras el golpe al caer, daños que aún hoy se pueden contemplar.

Conociéndose la noticia, Magallón se conmovió, acudieron a la ermita el justicia y los jurados de la villa a socorrer en la medida de lo posible a Juan de Albir, pero ya no fue posible, encontrándolo ya difunto sobre el altar de la santa Virgen.

Juan de Albir fue sepultado en la misma ermita y, en aquella misma noche de sábado, la virgen desapareció y abandonó Magallón, que por medio de unos ángeles consiguió llegar a los montes de Leciñena, donde fue encontrada por un pastor apellidado Marcen.

Divulgada esta primera aparición, la villa de Magallón en sospecha de que la virgen aparecida era la imagen de Nuestra Señora de la Huerta, envió a sus más ilustres vecinos a Leciñena a que constataran que la virgen aparecida era la perteneciente a la ermita de la Huerta.

Benedet de Jesesa, notario público de los reinos de Aragón y Valencia, levantó un acta donde se relataba que la imagen llevaba un relicario en el pecho que el rey Jaime el Conquistador, volviendo de Tarazona, con sus propias manos le puso.

Tras varias discusiones, la imagen fue dada en favor de los vecinos de Magallón, una vez tomado el camino de regreso a la villa con la imagen de Nuestra Señora de la Huerta, acompañados de una nutrida comitiva en oración. A medianoche, fatigados del camino, se vieron invadidos por el sueño. Fue entonces cuando de nuevo desapareció la santa imagen de Nuestra Señora de Magallón.

Sobrecogidos los de Magallón, hicieron nuevos recursos para volver a recuperar la santa imagen y traerla de regreso a la villa de Magallón. Después de varias disputas con las gentes de Leciñena, los de Magallón emprendieron de nuevo el camino hacia la villa con la santa imagen.

Una vez más, con la llegada de la noche se dejaron vencer por el sueño, y en silencio se volvió otra vez la santa imagen a donde había aparecido cerca de Leciñena. El hecho demostraba la voluntad de Dios. Así pues, los habitantes de Magallón desistieron de su empeño y renunciaron al derecho que pudieran alegar sobre la santa imagen.

Leciñena erigió un santuario en honor a la santa imagen de Nuestra Señora de la Huerta de Magallón, en donde se realiza una procesión el día 15 de marzo en su honor y otra el 8 de septiembre. La leyenda cuenta que la virgen habló y dijo que «hasta que cualquier vestigio de la familia Frago desaparezca de Magallón, no volveré a pernoctar en mi querida Villa».

El pan que se salvó de la última cena

El Real Monasterio de Montearagón, en las cercanías de la ciudad de Huesca, como correspondía a uno de los más importantes centros espirituales y de poder socioeconómico de todo el reino de Aragón, atesoraba importantes reliquias, tanto de santos diversos como de objetos que habían tenido alguna relación con los primeros momentos de la aparición del cristianismo.

Igual que sucedía en Constantinopla, una de las joyas más preciadas del cenobio oscense lo constituía un pequeño fragmento de pan de la última cena, aquella en la que Jesús instituyó la eucaristía en torno a los doce apóstoles. Durante siglos se ha dudado de si el pan conservado en Montearagón es un fragmento del consagrado directamente por Jesús, pero de lo que la tradición tiene toda la certeza es de que se trata de pan que estuvo sobre la mesa en la que tuvo lugar la última cena.

Pues bien, con ser extraordinario que reliquia tan importante fuera a parar al Real Monasterio, más portentoso es todavía que este fragmento de materia tan perecedera y frágil se salvara del incendio que asoló el convento en el año 1477.

El convento había padecido para entonces varios incendios parciales, pero este fue bastante voraz, cebándose fundamentalmente en la iglesia conventual, cuyo altar mayor fue pasto de las llamas por completo, sin que los esfuerzos de los propios monjes, de los donados y de los vecinos de la cercana población de Quicena pudieran sofocarlo con prontitud.

Como protegido por una fuerza invisible, junto a otras muchas y singulares reliquias, el fragmento de pan apareció intacto entre los escombros y las cenizas, lo que dio origen a que llegaran a Montearagón fieles de todas las latitudes para admirar aquel testimonio único.

El santo grial en San Juan de la Peña

Una de las reliquias más preciadas, a lo largo de la historia, es la copa de la última cena, conocida como *santo grial*. La legendaria tradición, en cuanto a Aragón se refiere, nos habla de cómo fue a parar el santo grial a manos de José de Arimatea, quien recogió en ella algunas gotas de sangre de las heridas abiertas a Jesús cuando agonizaba en la cruz. Poco después, ese cáliz fue a parar a Roma, sin duda llevado por el propio san Pedro cuando fundó la primera sede episcopal del cristianismo, y en Roma estuvo hasta el siglo III.

Cuando tuvo lugar una de las más crueles persecuciones contra los cristianos, ordenada por Valeriano, este pretendió incautarse de los bienes de la Iglesia. Protector de todo eso, por orden del papa san Sixto, era el diácono de Huesca Lorenzo, quien pagó con su vida la osadía de entregar como bienes reales a varios pobres, lisiados y desvalidos, enviando secretamente el santo grial a Huesca, donde se hallaba cuando llegaron los moros.

Con la llegada de los musulmanes empieza la peregrinación del santo grial. Cuenta la leyenda que estuvo en San Pedro de Tabernas, Borau, Yebra de Basa, Bailo, Jaca, Siresa y, finalmente, San Juan de la Peña. En el monasterio de este municipio, que se vanagloriaba de poseer importantes reliquias, el santo grial era el más importante, puesto que había pertenecido al propio Jesús, aunque este no era el único cáliz precioso que atesoraba el cenobio pinatense, alguno de los cuales sirvieron de moneda de cambio con los reyes aragoneses.

No es de extrañar, pues, que el rey Martín I el Humano pidiera el cáliz a los monjes pinatenses, que se lo hicieron llegar a la Aljafería zaragozana. A partir de aquí, hechos históricamente ciertos nos muestran este cáliz en Barcelona, primero, y en Valencia, después, donde fue entregado por Alfonso V y donde todavía se conserva.

Recopilación de leyendas aragonesas

Los amantes de Celadas

Las leyendas de amantes de Teruel nos llevan ahora a otro escenario cercano a la capital para conocer la descorazonadora historia de los amantes de Celadas, Brianda, hija de don García, barón de Escriche, y Fernando, de los Dolz del Castellar. Entre ambos se interpuso la vanidad de la madre de ella, doña Leonor, quien recurrió a una hechicera para que matase al noble Fernando. Pero la bruja no tuvo el valor suficiente para acabar con su vida, convirtiéndolo finalmente en un perro que no se separaba de la muchacha hasta que esta, sumida en una honda tristeza por la desaparición de su amado, murió. Poco después, fallecía el fiel can, sobre la tumba de su amada.

El fraile y la monja de Bronchales

Cuenta el amor de un fraile y una novicia que ingresó en un convento fundado por la serranía de Albarracín al poco de la conquista cristiana de aquellas tierras. La pasión prohibida surgida entre ambos los llevó a fugarse, siendo sorprendidos por una fuerte tormenta y fulminados por un rayo, que cayó en el pino bajo el que estaban refugiados, allí donde ahora se levantan dos esbeltas piedras.

Los amores de don Pedro y doña Alba

Ella, mujer del poderoso rey Lobo, como era conocido Muhammad ibn Mardanis, y él, caballero cristiano, pero leal vasallo y amigo del sarraceno, y a quien este encomendó el gobierno de Albarracín y el cuidado de su esposa cuando partió a la conquista de otras tierras de Levante. Entre doña Alba y don Pedro fue surgiendo un sentimiento de amor que creció oculto en lo más profundo de sus corazones, sin ser revelado jamás. El rey Lobo regresó con la intención de llevarse a doña Alba, pero la sola idea de alejarse de su amado don Pedro hizo que muriese de pena, una tristeza que también inundó el alma de Lobo y de Pedro Ruiz de Azagra.

Los amantes de Montalbán

Sus protagonistas fueron Aldonza de Entenza y Berenguer de Azlor, entre los que se interpuso la locura, también amorosa, del noble Jaime de Bolea. La joven, huérfana, vivía tutelada por un culto y sofisticado don Jaime. Mientras Berenguer guerreaba en Nápoles, crecía en aquel hombre ya maduro un amor irrefrenable por su hermosa pupila, quien lo rechazó confesándole su amor por Berenguer. De vuelta el joven de la guerra, acudió a casa de don Jaime a pedir en matrimonio a su amada, pero don Jaime, presa de los celos y el rencor, mostró al joven unos documentos falsos que aseguraban que ambos enamorados eran hermanos. Desconcertado y abatido, Berenguer ingresó como monje-soldado en la Orden de Santiago y recibió la encomienda de Montalbán. Aldonza huyó enloquecida hacia el agreste entorno de Montalbán, donde vivió como una loca de los bosques. Cierto día, la campana tocó a muerto y tuvo una premoción. Penetró en la cripta de la iglesia y encontró la tumba de su amado, sobre la que ella se quitó la vida. El nuevo comendador mandó que ambos reposasen juntos, haciendo escribir en la piedra:

«Justo es que reposen juntos en la muerte los que tanto se amaron en la vida».

La leyenda de la mora Zaida

Cuenta la leyenda que en Cella vivía Zaida, hija del alcaide moro, y que era pretendida por Melek, hijo de Abú Merúan, rey de Albarracín, y por Hernando, conde de Abuán y uno de los caballeros del Cid. El padre de Zaida impuso unas condiciones a cada uno de los pretendientes para conceder la mano de su hija. Dado que necesitaban agua para sus riegos, a Melek le impuso llevar agua a través de un acueducto procedente de un río próximo al pueblo y a Hernando que la encontrase a través de la construcción de pozos. Hernando se adelantó a su rival y dio con un manantial de agua subterránea que dio origen a la fuente de Cella. El hallazgo alegró a Zaida, puesto que le permitía casarse con la persona que amaba. Se acercó al pozo recién acabado y, cogiendo agua con sus manos, le dio de beber a Hernando. Melek presenció el hecho y loco de celos se enfrentó a Hernando, provocando una pelea entre ambos. De manera fortuita, Melek murió. Su padre quiso vengar su muerte y contrató a un sicario que mató a Hernando, quien cayó muerto en el pozo que había construido. Zaida no pudo con la trágica pérdida y murió poco después. La leyenda afirma que cuando la luna llena se refleja sobre las aguas cristalinas de la fuente, la imagen de Zaida aparece sobre el agua dando de beber a su amado Hernando.

El peirón de los enamorados

Cuenta la leyenda el amor de los jóvenes Alvar, de la familia de los Muñones, y Sancha, de la de los Marcilla, clanes rivales de la nobleza bajomedieval turolense. Tras comprobar que la vida no tenía sentido sin que pudiesen casarse y estar juntos, y ante la rotunda negativa del padre de ella, decidieron huir.

Mas, descubierta la fuga, los hermanos de Sancha salieron tras ellos sedientos de sangre, hasta dar con los jóvenes a una legua de la ciudad, en el camino de Alfambra, donde rescataron a su hermana y mataron cobardemente al joven Alvar. Los asesinos fueron juzgados y condenados al destierro y a levantar un peirón allí donde cometieron su crimen.

Los amantes de Graus

A pesar de que el aspecto actual del edificio es producto de una remodelación de 1951 en la que se desmontó parte del palacio original para ensanchar la calle y se reutilizaron algunos de sus elementos más destacados, allí quedaron los llamativos dinteles con inscripciones a los que muchos en Graus se refieren para dar veracidad a su historia de amor.

Aparecen sobre dos puertas. También, por cierto, en una casona casi derruida en la cercana Fantova, de donde, aseguran algunos, podrían haber salido los dinteles que hoy vemos en el centro de Graus. Son inscripciones talladas en la piedra con letras entrelazadas que, según muchos, dicen «Rodrigo Ama a Marica». Podríamos darlo por bueno sin más y sería un pie extraordinario para dar veracidad al relato que contaremos a continuación, pero la realidad es que hay otras muchas personas menos predispuestas a dar por buena la tradición, que aseguran que allí se lee otra cosa: «Roderico de Marca y Mur». Este nombre haría referencia al dueño de la casa, señor de Lapenilla o de Pinilla, cabeza de una de las familias más importantes que siempre habitaron la población y, por otra parte, uno de los protagonistas de la historia de amor.

Este noble llamado Rodrigo, señor del palacio y padre, iba a obligar a su hijo, también llamado Rodrigo, a casarse con Margarita Solano, guapa y deseada hija de una adinerada familia. Esta intención de amor tenía un problema. Rodrigo amaba a María, la sirvienta, a quien seguramente llamaban Mariíca por su diminutivo en el dialecto grausino. Su amor se había forjado entre las paredes de la casa, en pequeños pero apasionados momentos robados.

Nos imaginamos las dificultades, los enojos, las amenazas y los lloros. Son las consecuencias de las obligaciones de clase o estamento que tanto hemos leído o escuchado, fruto del acervo popular. En la historia de los amantes de Graus, cuando llegó el día en que debía celebrarse el compromiso, el amor verdadero parecía haber perdido de nuevo. Alrededor de la casa palaciega se reunía el pueblo para ver salir a los novios. Entonces, Rodrigo hizo descubrir las inscripciones que había tallado unas horas antes en los dinteles. Eran toda una declaración de amor a la persona a la que quería desde hacía tiempo, una rebelión ante el amor prohibido.

Margarita, la novia despechada, escapó avergonzada al leer las inscripciones y Rodrigo, a pesar de la desaprobación de su familia, se casó finalmente con la sirvienta María. Con lo cual estamos ante un final feliz.

Cuentan del padre de la historia, quizá para reforzar su papel de malvado frente al amor verdadero, que fue perseguido por la Inquisición por tráfico de caballos y que, para evitar los cargos y congraciarse con el rey Felipe II, acabó traicionando al mismísimo Juan de Lanuza, el Justicia posteriormente ajusticiado, en el conflicto derivado de tener refugiado en Aragón al exsecretario del rey Antonio Pérez. En alguna versión de la historia, de hecho, el padre ya no es testigo de la conclusión, pues habría muerto en el exilio. Esa muerte, asegura este relato, estuvo a punto de quebrar la férrea voluntad del joven Rodrigo. Pero, al final, triunfó el amor.

Brujas célebres de Aragón

En 1023, pocos años antes del nacimiento del reino aragonés, ya se tiene noticia de brujas en el Pirineo y, si sumásemos hoy el total de causas abiertas por la Inquisición para juzgar a brujas en Aragón, estas superarían el medio millar... Aragón, pues, también es tierra de brujería.

En este sentido, es conocida la leyenda de las doce brujas desnudas de Olsón, un pequeño pueblo del Sobrarbe en el que, según cuentan, un hombre fue testigo de una extraña reunión de brujas. Se encontraba él durmiendo, en plena noche, cuando despertó y reconoció, al fulgor de la luna, la silueta de doce brujas desnudas que se untaban el cuerpo con un ungüento mágico mientras reían y anunciaban sus inmediatas fechorías. Oyó que pronunciaban un conjuro que decía: «Por las montañas de Ricallosa a Tolosa, vuelan las brujas en grandes escobas, ir y volver en tres cuartos de hora».

Cuenta la leyenda que, nada más irse las mujeres volando por la ventana, el hombre se levantó, se untó el mismo ungüento por el cuerpo y realizó el conjuro pidiendo un cuarto de hora en vez de tres. De esta manera, el hombre pudo llegar antes que nadie al lugar donde pretendían desencadenar su magia maléfica y salvar del peligro a un recién nacido, que era el objetivo de las brujas... De regreso a su casa, puso una estampa religiosa encima de la ropa de las brujas y así, cuando estas llegaron, no pudieron volver a vestirse, quedando condenadas a vivir desnudas, de tal manera que, al despertar el día, corrían las doce a ocultarse hasta la noche.

Pero no solo el Sobrarbe es lugar de brujas; también en Caspe, localidad de Zaragoza, existe una larga tradición que identifica las ruinas del castillo sanjuanista con el lugar de misteriosas reuniones de brujas o aquelarres y que inspiraron una de las obras del escritor Ramón J. Sender, si bien según el aragonés estas brujas harían más bien que mal, «ahuyentando con bizmas benditas a los demonios».

En Laspaúles, pueblo de la provincia de Huesca, se acusó de brujería a veinticuatro mujeres. Y es que no todo son leyendas, y la mayoría de ellas se inspiran en hechos reales, siendo muchas las mujeres que a lo largo de la historia han sido tachadas y juzgadas por brujas, llegando a sufrir la exclusión social e incluso la muerte.

En el caso de Laspaúles, el hecho tuvo lugar en 1593, ya entrada la Edad Moderna. Y según los más de mil manuscritos que el párroco Domingo Subías descubrió en el campanario de la iglesia, donde habían permanecido escondidos durante siglos en la iglesia, se acusó a las mujeres de haber envenenado a vecinos, de raptar y asesinar a niños con fines rituales, de fabricar ungüentos prohibidos y de desenterrar cadáveres. Todas ellas fueron interrogadas y torturadas brutalmente para ser finalmente ahorcadas de forma pública en el Rodero de San Roc, un monte que queda a la vista del pueblo. Hoy existe allí un parque temático de las brujas de Laspaúles que recuerda tan trágico suceso.

Luego tenemos a las brujas del valle de Tena, donde la brujería alcanzó tintes de epidemia, siendo varias decenas los casos de mujeres endemoniadas por obra de un tal Pedro de Arruebo... Pero hagamos referencia a brujas aragonesas de carne y hueso, con nombre y apellido.

Águeda Cisneros es una de ellas. Natural de Tarazona, Águeda era una mujer casada y humilde de mediados del XVII, pero que no era bien vista en la parroquia de San Miguel. Por ello, fue acusada de brujería cuando ella ya contaba los cincuenta años y, a pesar de declararse buena cristiana, los testigos que tomaron parte en el proceso llegaron a ser treinta, lo cual es sintomático de la fama de Águeda en su barrio de Bagales. La acusan de bruja y hechicera, de hacer conjuros y maleficios, e incluso se dijo que ligaba y desligaba personas. En este sentido, se señaló el caso de un pariente suyo que no pudo consumar el matrimonio con su esposa en dos años que cohabitó con ella, llegando al extremo de divorciarse. Y tal fenómeno se repitió con otros dos mozos casados con mujeres jóvenes, responsabilizándose siempre de tales rarezas sociales a Águeda Cisneros. Aseguraron, para más inri, que predecía tormentas y pedriscos, y que curaba heridas y enfermedades, para lo que, al parecer, contaba con un estrambótico laboratorio prohibido.

Sin embargo, y a pesar de la abundancia de cargos y testigos, y de la gravedad de estos, a Águeda fue su inteligencia lo que la salvó de acabar como las desdichadas brujas de Laspaúles. Así, haciendo gala de una destreza sin igual a lo largo de todo el proceso, logró rebatir cada interpretación y limitar la sentencia a una simple advertencia. Se suspendió la causa sin castigo el 10 de enero de 1642, y Águeda Cisneros siguió tranquilamente su vida en Tarazona.

Otra bruja famosa de Aragón fue Ana Pérez Duesca, una mujer que vivió a mediados del siglo XVII en la villa de Luna, donde se extendió la noticia de que el demonio poseyó hasta a treinta mujeres. Ana fue la principal acusada de responsable de la epidemia. No es casual el hecho de que fuese extranjera, viuda y de clase humilde, circunstancias que siempre han favorecido el que una mujer fuese tachada de bruja... Juzgada por la justicia ordinaria y la Inquisición, Ana Pérez Duesca se libró de la muerte, pero no del castigo: fue condenada al destierro a ocho leguas de Zaragoza y acusada de bruja, maga, hechicera y de haber pactado con el demonio.

El Cucaracha y otros bandoleros

El bandolerismo en Aragón apareció en el siglo XVI. Aumentó en intensidad entre 1570 y 1590. Sobre todo afectó al comercio. Todos los caminos estaban tomados por estas partidas y se hacía muy complicado moverse por aquellas tierras. Actuaban con frecuencia en el Somontano, Monegros, Ribagorza, Litera y el Bajo Aragón. Estas zonas delimitaban las rutas comerciales más importantes: la de Zaragoza a Francia, pasando por Huesca, Ayerbe y Canfranc; y la de Cataluña atravesando los Monegros. Al no existir un cuerpo policial que los persiguiera —teniendo en cuenta la extensión del terreno, la escasez de núcleos urbanos y una orografía complicada—, les era muy fácil cruzar las fronteras de Francia, Cataluña o Valencia y ponerse a salvo.

Las Cortes de Monzón de 1564 y 1585 aprobaron toda una serie de normas para endurecer las penas contra los bandidos. Asimismo se creó la Justicia de las Montañas, con una fuerza armada permanente, para erradicar el bandolerismo. A pesar de todo ello, los resultados no fueron los deseados. Una solución, que dio cierto resultado, fue conceder amnistías generales a los bandoleros para que se reincorporaran a la vida civil. Aunque fue efectiva, no se consiguieron los resultados deseados. Dos podían ser las causas. Una tiene a ver con las herencias. El mayor de los hijos se quedaba con todo, quedando el resto sin nada. A no ser que el hermano decidiera acogerlos, a su servicio y trabajando como mozos en la finca, se tenían que buscar la vida. La otra está relacionada con el aumento demográfico que hubo durante esa segunda parte del siglo XVI. Esto limitaba el sostenimiento de varios factores. La salida más clara y fácil era el bandolerismo para subsistir.En el 1560 Giraldo de Subirón, guantero de Zaragoza, sufrió un asalto que pasamos a describir tal y como ocurrió…

> Viniendo de Francia para la ciudad de Huesca con un ferrero Olorón, un día que era víspera de San Martín, al ser ya tarde se alojaron en la venta llamada Pasaguat, cerca de Arguis. Ahí coincidieron con Juan de Aragüés, hidalgo de Acumuer, que iba acompañado de tres o cuatro lacayos. Hasta entonces todo parecía ir tranquilo. Al día siguiente Aragüés salió temprano con sus lacayos, mientras Giraldo y su compañero de Olorón decidían retrasar su salida para después de la comida. Por la tarde, poco después de abandonar estos la venta, se vieron sorprendidos por Aragüés y sus hombres, que estaban esperándolos en una grande subida de un pinatar muy espeso. Armados con ballestas les asaltaron al grito de ¡mueran, mueran! ¡tencos, tencos! Momentáneamente se salvaron gracias a la repentina aparición de gente de la montaña que se dirigía también a Huesca a la feria de San Martín. Continuaron el camino de todos juntos pero, tras recorrer una legua, Aragüés y sus hombres se fueron rezagando junto con el ferrero de Olorón, hasta conseguir sacar a este del camino din ser vistos. Le quitaron

> todo el dinero que llevaba, que resultó no ser mucho ya que el ferrero, temiendo lo que le iba a pasar, le había dado su talego con monedas a Giraldo ya que, al ir a caballo, podría defenderse mejor. El ferrero pudo zafarse de Aragüés se fue corriendo para avisar a Giraldo y los montañeses. Los asaltantes comenzaron a perseguirlos a todos y a dispararles con las ballestas durante tres leguas. Pero como estaba anocheciendo, al final les perdieron de vista. Además, como pasadas aquellas subidas y malos caminos de montaña salieron a lo llano y los dichos Aragüés y sus lacayos iban a pie y los otros a caballo les ganaron tierra y se libraron de ellos.

Su jurisdicción se extendía en el Pirineo, Prepirineo y Somontano. Su labor era «exercitar jurisdicción criminal en los crímenes y delictos infrascriptos. A saber es contra los vandoleros de seguida y en los crímenes de hurtos. Assassinamientos, Homicidios, raptos y de saltear caminos».

Nombraron a Jerónimo de Heredia como máximo representante de esta institución. No le fue fácil ejercer el cargo, como consecuencia de la antipatía que suscitó en la gente de la montaña. En concreto de los pequeños nobles que consideraban una reducción de libertades. También porque, como hemos visto, en más de una ocasión ellos estaban implicados. Ejercer esta práctica les reportaba buenos ingresos que con la justicia de las montañas se reducirían. Por eso se opusieron desde un primer momento a esta institución.

De 1585 a 1594 se detuvo a Miguel de Latrás, señor de San Vicente; Barba Lisa; Felipe de Bardají, señor de Vilanova; Bernad de Lara, lacayo de Lupercio Latrás; aparte de otros muchos bandoleros no tan conocidos. Teniendo en cuenta los logros conseguidos por la Justicia de la Montaña, la pequeña nobleza de la montaña decidió hacérsela suya. El motivo era doble. No deseaban que siguieran persiguiéndolos. También les interesaba por el poder que esta institución acumulaba, pues tenía potestad, en nombre del rey, para imponer aforamientos, ordenar ahorcamientos y condenar a galeras, enviar a los presos a Zaragoza o Huesca para que fueran juzgados.

El problema era el sueldo. Este era de seis mil reales, que era insuficiente. Por eso el elegido —de los pequeños nobles de la montaña— debía tener recursos económicos para subsistir con dignidad, aparte de tener el conocimiento de personas para estar informados y poder detener a los bandoleros. En el 1608 se nombró a un nuevo representante de la institución. Al cargo se presentaron Francisco Abarca, señor de Gavín, su hijo Francisco y Juan de Latrás. Se desconoce cuál de ellos salió elegido.

En el siglo XIX hubo un resurgimiento del bandolerismo. Fueron conocidos el Cucaracha, Chinchón, Tasán, Bondales. Las características de estos bandoleros es la misma que la explicada en otras provincias españolas; esto es, las circunstancias económicas, el hombre y la carencia de trabajo los empujó a la montaña. Asimismo, los mitificaron con la frase de robar a los ricos para dárselo a los pobres. Es verdad que alguna vez lo hicieron, pero en líneas generales robaban para subsistir y lo hacían a aquellas personas que podríamos considerar pobres. Así pues, era un mito, aunque cuajó en la sociedad.

Los bandoleros del Alto Aragón se sirvieron de la sierra de Alcubierre para refugiarse. Si nos trasladamos al Pirineo, como en todas aquellas provincias fronterizas de España, debemos incluir el contrabando. La mayoría de los bandidos se dedicaron a ello. Estos también siguieron robando y asesinando. El contrabando era un sobresueldo. El 30 de marzo de 1870 Jaime Ibarz, alias Conco, Mariano Encuentra, Antonio Mateo Blanco, Domingo Farré, alias el Catalán, Joaquina Perisé y Teresa Borrás robaron y asesinaron al abogado Mariano Serrado y a su mujer, Josefa Pallás, en Benabarre. En abril de 1878 Pedro Callizo, Juan Antonio Garcés y Pedro Ladomega robaron en la casa consistorial de Canfranc. El 23 de agosto de 1891, en Abella, una partida de bandoleros obligó al cura a despojarse de la ropa y le robaron mil duros de oro mientras los feligreses permanecían encerrados en la iglesia. Al volver a la iglesia robaron a los ahí congregados, consiguiendo un botín de quince mil duros más. Aquella partida estaba formada por Joaquín Torradillas Espulga, José Torradellas Miranesa, Sebastián Pallás Serra, Rafael Morancho y Joaquín Perquet.

Otros famosos bandidos fueron Agustín Izquierdo Pardo, ejecutado en Zaragoza el 4 de noviembre de 1859; Bernardino Val, alias Calzapreta; Luis García, apodado Diablo Royo; Tasán de Santistebe; Antonio Aguilar; Blasco de Osso; Perdigana; Joaquín Soler, alias Chistavis, que se movía principalmente en Sijena, donde cometió numerosos robos y secuestros, siendo detenido el 20 de abril de 1860 en la posada de la Concepción de Zaragoza; Ramón Lordán, apodado Villanueva; Juan Ardid Jordán; el Tuerto de Capdesaso; Juan Andrés; Marcelino Berbeder, el Sastre; Isidoro Berber; Francisco Larroy Ferrer; Joaquín Ollés Cuadrado; Eugenio Berdún Otal; Demetrio Durango, muerto por la guardia civil el 2 de junio de 1876; Antonio Salvador, alias Mayadito; Farineza; Manuel Miró, el Cigarro, muerto en Ballobar el 26 de agosto de 1874; Antonio Senar, llamado De Diego, muerto en Belver el 27 de noviembre de 1875; el Guardicionero de Alcolea; el Manco; el Peluca; Ramón Argensó Balagueró o Bondades; Antonio Campos; Fernando Benavente o Juan López.

El autor del libro *Historias de bandoleros aragoneses*, junto con José Antonio Adell Castán, Celedonio García Rodríguez, recopiló en *La cueva de los bandoleros* una serie de artículos publicados en la prensa de la época. Esta recopilación la hizo en un blog en internet. De ellos hemos recopilado los siguientes...

> *Heraldo de Aragón*, 4 octubre 1905. Agustín Lierta (a) «El Racha», de Quinto. «Valiente» o «guapo» son algunas expresiones típicas en Aragón que se utilizaban para denominar a esos personajes que vivían «por la patilla», es decir, por su cara bonita, atemorizando al vecindario. En no pocas ocasiones las vidas de estos peligrosos bravucones acababan trágicamente, ajusticiados por quienes habían sufrido durante mucho tiempo vejaciones y excesos violentos.
>
> Con esta introducción el lector ya se puede imaginar cuál sería el final de Agustín Lierta, más conocido con el apodo de «El Racha», natural de Quinto.

A primeros de octubre de 1905 los habitantes de esta villa ribereña se levantaban con la noticia de que «El Racha» había fallecido de muerte violenta. Su cadáver se encontró en el paseo izquierdo de la vía férrea en posición decúbito lateral derecho y con las piernas en semiflexión. En un principio se pensó que su muerte había sido causada por la acción del tren.

El parte de la Benemérita desmentía tal impresión y precisaba sobre el lugar de los hechos; su cuerpo se halló en la partida de Royal, tendido en la caja de la vía de los directos.

«El Racha» era un famoso criminal que tenía atemorizado al vecindario. Según el alcalde Agustín Corral, era dos veces licenciado de presidio, una por homicidio y otra por asesinato, y se le temía por su carácter comprometedor y pendenciero. Su cuerpo presentaba varias heridas de arma blanca y se suponía que había sido asesinado.

El Áncora, Barcelona, 1854. Salteadores ejecutados a garrote en Fraga. El 24 de agosto de 1851 se produjo un robo en la carretera de Barcelona, cerca de la venta de Buars, situada en el término de Fraga. Los salteadores, después de despojar del metálico, alhajas y ropas a todos los viajeros que iban en diligencia, asesinaron al zagal Juan Brualla.

Los autores del crimen tardaron algún tiempo en ser descubiertos, motivo por el cual el terror se extendió por toda la provincia de Huesca, hasta que determinadas circunstancias impulsaron al alcalde de Fraga a instruir un sumario contra varios vecinos de esta ciudad con resultado satisfactorio para la vindicta pública.

Los salteadores fueron apresados y la causa se llevó por fuero militar. El consejo de guerra se celebró en Fraga el 10 de noviembre de 1853 y en él fueron sentenciados a la pena de garrote Jaime Mir (a) «Mill», Salvador Calvera (a) «Franca», y Gabriel Menén. También condenaron a la de cadena perpetua y a presenciar la ejecución a Francisco Lucca, Felipe Sancho y José Catalán Vidal, y a otras accesorias a los demás encausados.

El capitán general confirmó el fallo del consejo y en la mañana del 28 de enero de 1854 los reos fueron puestos en capilla para ser ejecutados el día 30.

La sentencia se llevó a cabo extramuros de la población, en las eras de San Martín. Las calles se hallaban obstruidas por un gentío inmenso que acudían a presenciar la terrible escena de horror.

El Diario de Zaragoza, 22 de abril de 1860. Joaquín Soler «Chistavis», el terror del país de Sigena. El 20 de abril de 1860 perdió la libertad Joaquín Soler, más conocido con el apodo de «Chistavis»; esa misma libertad que él retiraba a su antojo a otras personas a cambio de un rescate.

La policía de Zaragoza le detuvo en la posada de la Concepción. «Chistavis» tenía aterrorizado el «país de Sigena», donde había cometido infinidad de robos y prisioneros por cuya libertad exigía importantes rescates. Por sus numerosas fechorías se habían destinado a veinte guardias civiles en su persecución y se muchos pueblos se habían levantado en somatén.

Los robos y crímenes estaban a la orden del día. El patíbulo se levantaba con mucha frecuencia pero no servía de escarmiento. A finales de 1859 se ajusticiaba a Agustín Izquierdo Pardo, natural de Huesa, y hacía muy pocos días que los reos Ángel Pinilla y Marqués, de Urrea de Jalón, y Manuel Quintín y Forcada, de Mediana, y Victoriano Martín y López (a) «Pascual», de Zaragoza, cumplían su última pena a garrote vil, ante numeroso gentío, en el cadalso de la zaragozana plaza de Santo Domingo. Más reciente aún era la condena a pena de muerte de Manuel Tormez (a) «Miñón».

La lista de crímenes y ajusticiados era amplia, pero no se limitaba a las tierras aragonesas. Desde Málaga llegaban noticias del fusilamiento de los bandidos Manuel Castillos y Juan Maireles por intentar escapar.

Diario de Avisos de Zaragoza, 5 enero 1876. Mariano Bea, el bandido de Villahermosa. En agosto de 1875 los carlistas del Maestrazgo se vieron obligados a abandonar estas tierras camino de la frontera francesa. Por donde pasaban dejaban su impronta destructiva. Durante los largos cinco años de la Tercera Guerra Carlista no faltaron las deserciones y más aún en los últimos momentos del desastre. Muchos de los antiguos guerrilleros carlistas pasaron a integrar cuadrillas de bandoleros. Aunque, ciertamente, su manera de actuar no se diferenciaría demasiado de cómo lo habían hecho anteriormente.

Muchos bandoleros, como por ejemplo la cuadrilla de «Cucaracha» en los asaltos a Albalatillo, Villanueva de Sigena o en Farlete, se disfrazaron de carlistas para esquilmar de sus bienes a los principales propietarios de los pueblos.

Algunos de estos ex carlistas formarían grupos de bandoleros o se unirían a los ya existentes. El 2 de enero de 1876 el corresponsal de Mora de Rubielos hablaba en una de sus crónicas de Mariano Bea, vecino de Villahermosa y presunto autor de algunos crímenes, que se había fugado de la cárcel de Sagunto. Bea, procesado por robo, capitaneaba una cuadrilla de malhechores que vagaba por la extensa comarca comprendida entre San Juan de Pañagolosa y Mora de Rubielos, abarcando pueblos de las provincias de Castellón y Teruel.

Para capturar a los bandidos se habían organizado algunas batidas sin ningún resultado. La Guardia Civil les seguía la pista sin descanso, pero se encontraba con la dificultad que relataba el citado corresponsal: «como aquellos van bien provistos de sus correspondientes boinas, cuando la persecución apremia, cálanse el distintivo, pasan con esto a la vista de algunos como una banda política, tienen seguras madrigueras, hallan confidencias exactas y recursos no les faltan, pues cuando no del fruto de sus depredaciones, lo alcanzan del tímido campesino, que por miedo o por ignorancia, más por lo primero que por lo segundo, no intentan negárselos. Dicho se está que los que necesitan trajinar por el terreno mencionado, andan siempre con el alma en un hilo, a riesgo de topar con esos andantes caballeros de criminal industria, que so capa de guerrilleros limpian el bolsillo a cualquiera».

El cronista se hacía eco de los rumores a falta de informaciones concretas: «He oído que entre esa gente luce su figura una persona cuyo ministerio me hace creer en la inexactitud de la noticia. También parece que se han agregado algunos dispersos de las partidas que han dominado por este territorio, los cuales por condenas y procesos anteriores, o por la comisión de delitos comunes, rehúyen el presentarse a indulto».

El Diario de Zaragoza, 19 de marzo de 1871. Los crímenes de Siétamo. En los primeros meses de 1871, por los pueblos del Somontano reinaba un estado de intranquilidad y alarma continuo, debido a las noticias que corrían de boca en boca asegurando que por los alrededores vagaba un grupo de criminales con un triste historial en su haber. Se les consideraba autores de cuatro horrorosos homicidios cometidos en el pueblo de Siétamo.

La comarca se hallaba presa del pánico y sus moradores apenas se atrevían a salir al campo por el temor de encontrarse con los desalmados.

Se aseguraba que los malhechores habían prometido el exterminio de cuantos se presentasen en su camino.

No hemos encontrado más noticias sobre estos sucesos, pero no muy lejos de esta zona, en la comarca de Monegros y Cinca reinaba a sus anchas el famoso bandolero apodado «Cucaracha». El 28 de enero de aquel año habían asesinado al cura de Capdesaso y el 28 de abril una cuadrilla de once hombres armados entró en Tramaced para robar a los principales propietarios de la población. Esta acción se atribuía al célebre «Cucaracha».

La Derecha, 5 septiembre 1887. Asesinato tras la agitación entre dos bandos en Villamayor. Eran las diez de la mañana de uno de los primeros días de septiembre de 1887. Miguel Roché, labrador acomodado de entre 55 y 60 años, estaba sentado a la sombra, en la puerta de su casa, en el lugar más céntrico del pueblo, en la plaza, casa contigua a la parroquia.

Un joven de 22 años, muy pequeño de estatura, circunstancia que le había permitido librarse del servicio militar, se acercó a él y sin que mediara palabra alguna le asestó una tremenda puñalada en el lado derecho del pecho, otra en el lado izquierdo y una herida en la mano. Roché pudo andar unos doce pasos por la plaza, y entró en su domicilio, hasta caer sin vida en brazos de su esposa e hija.

El asesino, a las voces del alcalde que llegó inmediatamente, emprendió la fuga por la calle de la iglesia abajo, abriéndose paso con el arma en la mano por medio de cuantos intentaban detenerlo.

El juez, guardias, el hermano de la víctima y otros salieron en su persecución, pero fue imposible darle alcance a causa de los muchos maizales que había en la zona.

Este fue el desenlace de un suceso que mantenía dividido al pueblo de Villamayor desde hacía algún tiempo; la agitación iba creciendo y todos los augurios hacían presagiar que los bandos de una y otra parte iban a llegar a las manos.

Todo comenzó tiempo atrás, a principios del verano, cuando a Roché, más conocido con el apodo de «Pelas» se le quemó una fajina; las sospechas señalaban al padre del asesino, alias «El Chulo», como autor del fuego.

La quema se había puesto en conocimiento de las autoridades y hasta hubo declaraciones de que habían visto al padre del criminal el día del incendio por la fajina. Para asegurase de la culpabilidad en el hecho del acusado, la mujer de Roché había acudido a Zaragoza unos días antes a que le «echaran las cartas». Según las cartas, «el autor del incendio de la fajina había sido «El Chulo».

Por este incidente había sido procesado y le habían embargado parte de sus bienes; su hijo se tomó la justicia por su mano con la trágica resolución de matar a «Pelas».

La Guardia Civil de La Puebla no tardó en acudir a Villamayor acompañando al juez, señor Landa. Y emprendió la persecución del homicida por los montes de Perdiguera, lugar por a donde creían que se había dirigido.

El Diario de Zaragoza, 28 de diciembre de 1860. Los ladrones impidieron que se cantase la misa del Gallo en Fabara. Una cuadrilla de ladrones perturbó la Noche Buena y la Pascua a los vecinos de la villa de Fabara en 1860. Como un mal presagio de lo que iba a suceder, a los malhechores se les pudo ver el día de Navidad merodeando por los alrededores de la población.

Por la noche el alcalde tuvo noticia de que había tres escondidos en una casa. Eran las once de la noche. El alcalde, acompañado de gente armada acudió a prenderlos, y si bien uno logró escapar, los otros dos quedaron muertos en el sitio.

Este acontecimiento veló el sueño y el sosiego de los habitantes, impidiendo que se cantarse la misa del Gallo.

Al día siguiente, al salir de la iglesia reconocieron al que escapó la noche anterior. Los hombres corrieron en su persecución, al mismo tiempo que se extendía la voz de que entraban en el pueblo los demás ladrones, en número de veintiséis. La confusión y el barullo reinaron por doquier. Las mujeres corrían aterrorizadas a guarecerse a la iglesia, esperando un suceso que sólo el miedo les hizo presentir. El tercer presunto ladrón pagó las consecuencias; acabó muerto también. Sólo algunos vecinos sufrieron leves heridas en la refriega.

El Eco de Aragón, 4 de septiembre de 1942. Antonio Asín, apodado «Cabeza Larga», de Uncastillo, se las ve con la justicia. Nos situamos en los primeros días del mes de septiembre de 1842, en tierras de las Cinco Villas, que podría ser tanto como decir que nos encontramos en «tierra de bandoleros», ante la prodigalidad de estos personajes por la comarca durante todo el siglo XIX. Estaba a punto de verse una célebre causa, por los 1.500 folios que ocupaban los numerosos robos en cuadrilla y despoblado de los trece reos imputados. El juzgado de primera instancia de Sos la había instruido y entre ellos se hallaba el famoso ladrón Antonio Asín, alias «Cabeza larga», de Uncastillo, compañero de Valentín Vives y de otros bandoleros de Biel.

Boletín Oficial (Gobierno Político. Huesca), 18 de enero de 1838 Núm. 5. Escó y Escalona capturados por los vecinos de Monflorite y Loporzano. En los primeros días de 1838, miembros del Ayuntamiento y vecinos de Monflorite capturaron a los forajidos Pedro Escó y Antonio Escalona, componentes de una banda de gente armada que se dedicaba a asaltar por la comarca.

La detención se produjo después de que un arriero de Monflorite y sus compañeros fueran robados en el saso de Loporzano y dieran la alarma al a la primera autoridad de esta población.

El alcalde de Monflorite pidió ayuda al de Loporzano y dispuso que los Nacionales y otros vecinos saliesen por la carretera de Lérida, siguiendo la dirección que habían tomado los agresores, al mismo tiempo que las gentes de Loporzano también iniciaban la batida.

Los vecinos de ambos pueblos, armados con más palos que armas, treparon montes y venciendo dificultades lograron capturar a los dos bandidos citados en el denominado secano de Huesca y fueron puestos a disposición del Juez de primera instancia.

Esta acción fue un verdadero ejemplo del buen servicio y filantropía de las gentes de Monflorite y Loporzano para no ser presa de la rapacidad de los vagos y ociosos que abundaban en la época, frente a la apatía e indiferencia de otros lugares.

Diario de Avisos de Zaragoza, 17 de octubre de 1876. Los bandidos matan al secretario municipal de Lalueza. Hacía poco más de año y medio que había muerto «Cucaracha» junto con otros cuatro bandoleros; uno de ellos era su lugarteniente, Antonio

Sampériz Peralta, más conocido con el apodo de «Cerrudo» de Lalueza.

Lalueza no se había librado de los efectos del bandolerismo, ni aún después de la muerte de los principales miembros de la cuadrilla de «Cucaracha».

En la noche del día 12 de octubre de 1876, siete ladrones asaltaron la casa de un propietario de Lalueza, pueblo situado en plenos Monegros, entre Sariñena y Grañén.

Cuando los bandidos ya tenían maniatados a sus habitantes, se presentó en la puerta el dueño con otros amigos, para pasar un rato en su compañía. Los asaltantes dieron la voz de «alto», pero uno de los acompañantes, D. Juan José Murillo, secretario municipal, tomó a broma la intimación y penetró en la casa, al mismo tiempo que recibía un trabucazo que le dejó sin vida. Los ladrones huyeron sin conseguir su objeto.

Luis García

Conocido como Diablo Royo. Natural de Barbastro, ejercía de carnicero. Fue miembro de la partida de Melchor Luna, alias Chorizo. Personaje cruel, en 1835 participó en el degüello de sacerdotes. No tenía sentimientos y sí un odio visceral contra la Iglesia. La partida del Chorizo entró en el convento de San Francisco. El Diablo Royo entró el primero, matando a todos los frailes que se le ponían por delante. A un anciano lo lanzó dentro de un pozo. Sus compañeros lo imitaron y muchos frailes acabaron en el fondo del pozo. Aquel día llevaron a cabo una carnicería.

Pasó de vivir en Daroca. Ahí se hizo propietario de la mayor parte de los conventos que había por la zona, gracias a la desamortización de Mendizábal y el abandono que de ellos hubo a partir de 1836, coincidiendo con la primera guerra carlista. Con el tiempo la vida le giró la espalda. Muchos de sus vecinos decían que Dios lo había castigado por haber ido tanto contra la Iglesia. No solo asesinó a frailes y sacerdotes. Diablo Royo disfrutaba quemando imágenes y ornamentos religiosos. Quemaba obras de arte para obtener la plata y el oro con la que estaban decoradas. Para sobrevivir vendió esas propiedades. La huerta y el convento de los franciscanos se los vendió a Félix Lozano. El Monasterio de Piedra se lo vendió a Pablo Muntadas Campeny. En los últimos años de su vida se quedó ciego y pedía limosna acompañado de su hija. No se sabe cómo ni cuándo murió.

Bernardino Val

Conocido como Calzapreta. Nacido en Belchite. De padres labradores, estos querían que fuera sacerdote. Sin embargo, una riña con un joven llamado Rusias supuso que fuera a presidio. Apuntaremos que su padre murió degollado. Este hecho lo retomaremos posteriormente.

En 1884 atracó a dos labradores, Pedro Catina y Melchor Simón, en el término de Azuara, robándoles los veintiocho duros que llevaban. Con Calzapreta actuaba Alejo Gálvez, apodado Beatriz. Ante la persecución que sufrían decidieron ir a Huesca. Ahí se cambió el nombre por el de Pedro Calvo. Encontró un trabajo de guarda en Blecua. Sin embargo, en 1890 lo detuvieron en Apiés, al ser descubierto. Parece ser que se dedicaba al préstamo de dinero y uno de los que utilizaron sus servicios lo denunció.

Se le imputó el robo por secuestro del abogado y propietario de Castejón de Monegros llamado Manuel Buil, en octubre de 1889. Calzapreta nunca fue el autor de ese suceso, siendo detenidos posteriormente los verdaderos autores. Esta también es una norma con los bandoleros famosos: o bien los imitaban en sus maneras de actuar o se les atribuían robos o crímenes que nunca llevaron a cabo para así poder cerrar expedientes.

El 23 de marzo de 1890 lo trasladaron detenido a Belchite. Los vecinos salieron a la calle para verlo llegar. Las autoridades decidieron controlar la situación para que no hubiera ningún altercado. Bernardino Val, con tranquilidad, iba saludando a los vecinos. Al pasar por delante de su casa oyó los sollozos de su madre, a la cual no dejaron que se asomara a la ventana por su edad. Su hija, de catorce años, que trabajaba construyendo la carretera de Cariñena a Belchite, tampoco pudo ver a su padre. El capataz la quiso proteger y la mandó lejos de Belchite.

El juicio oral contra Calzapreta se inició el 28 de noviembre de 1890. La sala la presidía el juez Santaolla y los magistrados Maroto, Gutiérrez, Pérez y Tegerina. El fiscal Donato Hidalgo lo sometió a un riguroso interrogatorio. Como en 1871 se le acusó de la muerte de una anciana, que vivía con una hija loca y una nieta soltera, muerta al ser degollada, el fiscal le preguntó si la muerte de su padre había sido natural o violenta. Afirmó que había sido muerto a mano airada y que desconocía que se le atribuía esa muerte.

Pasaron varias personas que testificaron en contra de Calzapreta. En los alegatos finales el fiscal lo acusó de robos y homicidios, uso supuesto de nombre y de la cédula falsa, con las circunstancias agravantes con respecto del primero de los delitos de «alevosia, despoblado y reiteración», por lo cual pidió la pena de muerte por garrote. Por los de cambio de nombre y cédula falsa pidió seis meses de arresto mayor y ciento cincuenta pesetas de multa. Pascual Vicente de Cortázar, que lo defendía, lo negó todo. Pidió la absolución de su cliente por falta de pruebas y por el resto que fuera penado a cuatro meses de arresto y multa de ciento veinticinco pesetas.

La Sección Primera de la Sala de lo Criminal de la Audiencia de Zaragoza lo condenó a cadena perpetua y accesorias, por el robo frustrado y homicidio, y a seis meses de arresto mayor y doscientas cincuenta pesetas de multa por los demás hechos. No llegó a cumplir la pena, pues un indulto le devolvió la libertad. Regresó a Belchite.

Mariano Gavín Suñer

Conocido como el Cucaracha. Pastor desde su infancia. Se decía de él que era un holgazán que prefería la caza furtiva a cualquier otro trabajo. Se le apodó Cucaracha porque vestía de negro, era muy bajito y siempre actuaba de noche. Como la mayoría de los bandoleros famosos que hemos visto, su figura se romantizó y se explicaron cosas que nunca habían ocurrido. Entre ellas la típica de robar a los ricos para dárselo a los pobres.

Nació en Alcubierre (Huesca) en el 1838 y, durante cinco años, dominó los montes monegrinos. Se cuenta que huyó a la montaña después de asesinar a un pastor al cual, junto con Juan Ardid Jordán, le habían robado un cordero. Se cuenta que durante una temporada, sobre el 1864, vivió una temporada en Francia. Su partida, una vez de nuevo en su comarca, estuvo formada por unos cincuenta miembros.

Según testimonios de la época, el Cucaracha era «analfabeto, sanguinario y tan mísero que atracaba, robaba y mataba en los pueblos donde apenas llegaban los jornales y la cosecha para comer».

El Cucaracha actuaba normalmente de la siguiente manera. Acostumbraba a matar varios animales de granja, les sacaba la piel y se la hacía llegar al pastor con una nota en la que le pedía dinero. Aparte secuestraba a personas para obtener dinero. Cuando estalló la tercera guerra carlista le pidió a uno de sus compañeros, Marcelino Berbeder, que era sastre, confeccionara uniformes militares carlistas. De esta manera pudieron actuar con impunidad, al creerse la gente que formaban parte de ese ejército.

Entre las personas que secuestró destacamos a Sebastián Peralta, Mariano Peral, Martín Panzano, Eusebio Laga, Gregorio Ruste, Faustino Escuer, Mariano Casamayor, Lucas Abadía, Salvador Mata, Mariano Azara, Mariano Doz, José Calvo, Juan Ruata, Joaquín Angas o Mariano Marcellán. Sobre este último leamos lo que publicó el *Diario de Avisos de Zaragoza*, el 14 de julio de 1880...

> A las siete de la noche fue secuestrado anteayer en la sierra de Lanaja el vecino de esta villa, D. Mariano Marcellán. El hecho tuvo lugar a la sazón en que se hallaba el propietario referido en uno de sus campos, acompañado de un solo dependiente. Los dos ladrones que le intimaron la rendición y que le dispararon un tiro, aunque, por fortuna, sin herirle, se supone que son los que vagan hace un mes por la sierra de Alcubierre.
>
> Una vez apoderados los ladrones del Sr. Marcellán, enviaron a su criado con una carta, para que la familia de aquel entregase como precio de rescate seis mil duros. Según nuestras noticias, pudo al fin conseguirse su libertad a la mañana siguiente, mediante la entrega de seis mil reales.
>
> Esta es la segunda vez que el propietario referido ha sido secuestrado en la mencionada propiedad, según carta que nos envía nuestro corresponsal de Lanaja.

El 28 de febrero de 1875 se encontraba en el corral de Lanica junto a Antonio Sampériz Peralta, José Bernad Rivas, Melchor Colomer Ferrer y José Solamilla Lacambra. El *Diario de Zaragoza* de 8 de marzo de 1875 detalla así lo que sucedió aquel día:

> El 27 del pasado salió esta fuerza [al mando del teniente de la Guardia Civil Vicente Lafuente Pueyo], dividida en dos grupos, en dirección a la sierra, y en la mañana del 28 se dirigieron hacia el punto denominado Peñalveta; serían las dos de la tarde, cuando al llegar a la paridera de Lanica, en el término municipal de Lanaja, la pareja que iba de avanzada, miró por la pared del corral y distinguió a un que estaba cosiendo y a su lado había una arma; examinando un poco más, vieron diferentes armas en un rincón. Esto fue bastante para creer que eran los bandidos; agitó uno de los guardias el pañuelo y los demás rodearon en corral, dando la voz de: ¡Alto a la guardia civil, rendíos y no se os tocará! Cucaracha cogió su Berdam, armó la bayoneta y se lanzó a puerta; los demás también cogieron sus fusiles y se lanzaron a la pelea. Entonces los guardias dispararon sus armas, hiriendo de muerte el jefe de los bandidos. A la media hora acabaron con todos.

Los cadáveres fueron expuestos para que la gente los pudiera ver. La guardia civil les incautó tres pistolas, un revólver, tres cuchillos grandes, dos puñales, tres fusiles, una escopeta de dos cañones sistema Lafoucheaud, un Remington, cinco fusiles Berdam y Remington, un quepis, una corneta, barbas postizas y una solicitud muy bien redactada y de muy buena letra, escrita en papel sellado dirigida a S. M. el rey D. Alfonso XII y en la cual Cucaracha le pedía que se lo indultara de toda pena y se lo dejara ir libremente a su casa. Y otra carta dirigida al Ayuntamiento de Alcubierre.

José Millán Astray, padre del fundador de la Legión, fue director de la cárcel de La Coruña y abogado. En junio de 1918 el diario *El Imparcial* de Madrid publicó «De las memorias de Millán Astray. Visión de sangre», en el cual habla de su conocimiento del bandolero Mariano Gavín Suñer, Cucaracha. El artículo decía:

> Los montes de Alcubierre, en las provincias e Huesca y Zaragoza, fueron muchos años la guarida de la cuadrilla de bandidos capitaneada por el célebre Cucaracha.
>
> Los habitantes de aquella región, en especial los de Sariñena, vivían en continua congoja; los pudientes pactaron con el malhechor el precio de su benevolencia y pagaban religiosamente una contribución como garantía para no ser molestados por los feroces secuaces del ladrón «montañés».
>
> Protegido por los poderosos, que le temían; tolerado por los más humildes, a quienes trataba con afecto; bien recibido por los venteros, a los que pagaba con esplendidez, imperaba tranquilamente en su feudo, y la Guardia civil no podía darle caza porque brotaban confidentes que comunicaban a Cucaracha, con precisión, las maniobras de la benemérita.
>
> Al fin fue sorprendido un día, cogido in fraganti, haciendo armas contra los guardias; sucumbió en la lucha, terminando el vergonzoso imperio de un bandido que llegó a adquirir triste celebridad en toda la tierra aragonesa.
>
> Varios de sus compañeros fueron condenados a presidio, y uno de los principales, por bravo y astuto, ingresó en el de…

Cuando llevaba dos años de condena fui destinado a mandar aquel penal, y al punto me contaron la historia de Ramón, encargado de la enfermería y modelo de confinados.

Aprendió el antiguo bandolero a leer y escribir, solicitó una plaza de enfermero, dióse una buena maña para cuidar a los enfermos, a quienes trataba con dulzura y cariño, que al vacar la del jefe de la sala se le confirió tan apetecido cargo, y satisfechos estaban todos de la acertada elección.

Jamás hacía alusión alguna a la pasada vida; casi todos los reclusos recuerdan los hechos, origen de sus condenas; unos, con cínica desenvoltura; otros, lamentando su desgracia; Ramón no hablaba nunca de su pasado, y si algún atrevido osaba recordárselo, callaba, y ante un insistente preguntar, se retiraba con prudencia, pues no daba nunca motivo para la más ligera corrección.

A los pocos meses de desempeñar la dirección del presidio sentí una mañana molestia en la garganta; a la caída de la tarde me visitó el médico, diagnosticando mi enfermedad de angina catarral aguda.

Experimentaba una incomodidad enorme, que aumentaba por momentos, y el doctor consideró necesaria la aplicación inmediata de sanguijuelas, para rebajar la inflamación que me sofocaba, congestionándome.

No pudo acudir un practicante de la capital, y ordené subiese Ramón a desempeñar sus funciones; mi pabellón estaba dentro de rastrillos y no hacía falta alguna de utilizar sus servicios.

Penetró minutos después en mi alcoba emocionado, vacilante; traía en las manos una jofaina y un frasco con los repugnantes anélidos.

En tanto que preparaba todo lo necesario para practicar la operación, yo examinaba detenidamente a aquel hombre.

Era de pequeña estatura, moreno, enjuto, frente deprimida, pelo cortado con precisión reglamentaria; mandíbula inferior muy saliente, pabellones de las orejas muy caídos, manos largas y brazos muy desproporcionados. Era muy difícil apreciar el color de sus ojos, jamás miraba de frente, bajaba la vista ante la de los demás.

Se expresaba con dificultad, temeroso de pronunciar alguna palabra inconveniente; cuando se le daba alguna orden, no contestaba nunca, la cumplía en el acto, si era urgente, con la posible prontitud; si daba tiempo lo mandaba, pero siempre bien.

Al fin, Ramón terminó su faena preparatoria y quedó callado.

—Podemos empezar? —le pregunté.

—Cuando disponga —respondió; y comenzó la ingrata tarea.

Con más o menos rapidez todos los bichos hicieron presa, y en tanto se ponían repletos se me ocurrió preguntar a aquel hombre tan extraño algún detalle de su vida.

Causóle mala impresión mi requerimiento, y yo le dije que si le molestaba mi curiosidad, diese por no manifestado mi deseo.

Creyó, acaso, que yo podría incomodarme, y, después de después de pasar repetidas veces la mano por su frente, dijo así:

—No sé, señor, lo que usted quiere saber; pero lo presumo por lo que todos me preguntan. Las gentes cuentan una porción de cosas de mis antiguos compañeros, que casi todas son mentiras; demasiado sé que no hacíamos bien con apropiarnos de lo que no era nuestro, pero nunca sacrificamos a un pobre, nunca derramamos sangre…, sino en casos muy necesarios.

Casi salimos a la sierra por necesidad; unos, para evitar la miseria; otros, como yo, para huir de la justicia.

Tuve una cuestión en mi pueblo; un hombre me buscaba siempre riña, y sucedió lo que era inevitable, le maté; después… hui y más tarde me uní a la partida de Cucaracha.

No había robado nunca, no tenía historia; un tabernero, que me prestaba asilo a veces, gran amigo de aquel, me aconsejó, como única salvación, me incorporase a la partida; convencido yo de la necesidad de hacerlo, una noche me presenté y desde entonces seguí su suerte.

Contaba Cucaracha con recursos; muchos propietarios le proporcionaban cantidades; pero no siempre se podían recoger porque la Guardia civil no nos dejaba vivir. Entonces era preciso… robar, nunca a los pobres, repito; si las personas eran juiciosas, no se las hacía nada; si se oponían, si querían pelear, no había más remedio que aceptar la lucha, y entonces…

Ramón calló; la conversación no le impedía atender su trabajo y con solícito cuidado limpiaba mi cuello, separando alguna de las sanguijuelas que, harta de sangre se había desprendido.

Su voz se había animado; su palabra era fácil; su cabeza estaba más erguida, y yo, al ver aquella transfiguración, excitado por insana curiosidad, le rogué que siguiese.

—Recuerdo —dijo— la primera vez que me vi precisado… a hacer daño. Sabíamos que un tratante de granos regresaba a su pueblo, procedente de Huesca, que debía haber cobrado unos 12.000 reales y los traía encima. Yo fui encargado con otro, un muchacho de veinte años, para esperarle.

Escondidos tras unas matas aguardamos unas dos horas; muy poca gente cruzó el camino; cuando ya estábamos desesperanzados, sentimos pisadas de una caballería y dobló un recodo el tratante, que montaba un buen caballo y traía colocada en la delantera de la montura una escopeta.

Estaría a cinco metros de nosotros, cuando di un salto y, colocándome en medio del camino, le encañoné con mi retaco.

Era muy bravo aquel hombre; paró en firme el caballo, echó mano al arma, y al oír mi voz que le dijo: Ríndete o te mato, la amartillo…; pero yo no le dejé concluir la operación, disparé, dio la vuelta del conejo y cayó al suelo, despedido por el caballo, que al verse libre, emprendía veloz carrera.

Era preciso despachar; la noche se echaba encima, podía venir gente, los guardias acaso.

Lleguéme al que ya era cadáver, ¡bien muerto estaba!, le había metido una bala en el corazón; ¡de algo me había de valer haber sido cazador!

El chaval me auxilió; buscamos en el bolsillo del chaquetón: nada; pero entre la faja había un bolso verde lleno de monedas de cinco duros, que se veía relucir entre las mallas de seda.

Cogimos el cadáver, lo escondimos en el sitio que nos había servido para ocultarnos y allí lo encontró a los tres días un pastor.

Ramón, olvidado ya de sus cortedades, accionaba con vigor, acompañando su relato con movimientos que semejaba la acción de lo que refería; su voz era llena, sus ojos despedían rayos, las manos las tenía teñidas con mi sangre; se había transfigurado.

Yo estaba verdaderamente horrorizado; sus ojos me asustaban; no sé si en aquel momento me tomaba el antiguo bandido por el tratante de Huesca; pero sí sé que, al refrescar su memoria, se había olvidado del director de la prisión.

Fijóse de repente en mi cuello, vio que la última sanguijuela se había desprendido, dirigió sus manos cubiertas de sangre a mi garganta, y al ver la acción creí que me iba a estrangular; sugestionado, sin poder impedirlo, me incorporé de repente, dirigí la mano a la mesa de noche, en cuyo cajón tenía un revólver... En aquel instante presentóse el médico del penal en la puerta de la alcoba; el penado se cuadró ante su jefe inmediato; tembloroso, aturdido, terminó su faena.

Nunca pude saber la continuación de la historia; no quise preguntarle más; cuando me veía, clavaba los ojos en el suelo, ocultaba las manos tras la espalda; si en la enfermería se practicaba una operación en que rojo líquido corría, Ramón no asistía jamás; si en las riñas, tan frecuentes entonces en los presidios, resultaba algún herido o muerto. Huía; al ver sangre se sentía bandido y los esfuerzos supremos de su voluntad no podían dominar el fatal impulso de su ser.

Las santas masas

La Noche de los Fieles Difuntos está muy asociada a leyendas que hablan de la aparición de fantasmagóricos desfiles nocturnos formados por almas que vagan errantes. En Zaragoza, también. Una antigua tradición asegura que, la madrugada de algunos días especialmente trágicos, las santas masas se aparecen, siguiendo un cortejo de similares características, en el entorno de la iglesia de Santa Engracia. ¿Qué son las santas masas? ¿Por qué se aparecen junto a esta tradicional y céntrica iglesia? Vamos a conocer esta arraigada devoción.

Dos soldados aseguraron haberse encontrado con el sobrecogedor desfile de las santas masas estando de servicio a altas horas de la madrugada. El primero tuvo lugar la noche del 19 de diciembre de 1591, víspera del ajusticiamiento del justicia de Aragón, cuando la ciudad estaba ocupada por las tropas del rey Felipe II, y el testigo fue el mismísimo Alonso de Vargas. El segundo aconteció la víspera de la batalla de Zaragoza, el 19 de agosto de 1710, en la que murieron más de cinco mil personas, y el testigo fue un soldado apostado en un cuartel junto al monasterio de Santa Engracia. En este caso, asegura que las santas masas se aparecieron vestidas con hábitos blancos y portando velas encendidas. Curioso, ¿verdad?

El término *santas masas*, o también el de *innumerables mártires*, alude tradicionalmente al conjunto de mártires cristianos que fueron ajusticiados durante las persecuciones religiosas llevadas a cabo por el Imperio romano en la ciudad de Zaragoza. Entre ellos, incluimos a dos de gran devoción: santa Engracia y san Lamberto.

Según cuenta la tradición, la cripta que se conserva bajo la actual iglesia de Santa Engracia es el último vestigio conservado de las antiguas catacumbas de Zaragoza, las cuales servían de enterramiento y lugar de reunión a las primeras comunidades de cristianos de la ciudad. Según se dice, eran un enorme conjunto de pasadizos, túneles y galerías que se extendían por buena parte del subsuelo. También se cree que comunicaban de forma secreta la cripta de Santa Engracia y la actual Santa Capilla del Pilar, que serían los dos centros de reunión más importantes de los primeros cristianos. Incluso se afirma que su entrada y salida fueron localizadas en el siglo XVII cuando se llevaron a cabo las obras del antiguo convento de las Capuchinas y del actual templo del Pilar.

A comienzos del siglo IV, el emperador Diocleciano, que tras un golpe de Estado había unificado territorial, política y administrativamente el imperio, quiso acabar con lo que consideraba una dualidad moral y llevó a cabo una serie de cruentas persecuciones contra los miembros de la nueva religión.

Dice la leyenda que el prefecto encargado de realizar las persecuciones en la antigua Hispania fue un oscuro y sanguinario personaje llamado Daciano. Después de su paso por Barcelona y Gerona, Daciano llegó a Zaragoza, donde comenzó por detener y castigar a san Valero y san Vicente, cabezas visibles de la comunidad zaragozana.

En este ambiente de violencia se sitúa el poema del escritor romano Aurelio Prudencio que narra la historia de santa Engracia. Algunos de sus versos se recogen en la escalera de entrada a la cripta bajo la actual iglesia. Concretamente, el «Himno IV» de su obra *Peristephanon*. Engracia era una joven princesa cristiana de origen luso prometida con un general que, de camino a las Galias, paró en Zaragoza con una corte de dieciocho caballeros.

Alertada por los acontecimientos violentos e injustos que estaban teniendo lugar en Zaragoza, fue a entrevistarse con Daciano para sancionar sus acciones. Inmediatamente, todos fueron detenidos. Como Engracia persistía en su opinión, fue azotada, arrastrada a caballo por toda la ciudad y finalmente martirizada con un clavo en la cabeza. El resto también fue ajusticiado: Evodio, Casiano, Lupercio, Apodemio... Si queréis saber sus nombres, acercaos a la iglesia, pues están escritos en unas grandes baldosas que decoran el suelo de la nave central. Además, así también podréis ser testigos de su martirio, pues fue representado en el altar mayor por el gran escultor Eusebio Arnau y también en el lienzo de la bóveda pintado por Joaquín Pallarés en 1897.

La tradición de las santas masas se solapa con lo narrado por Prudencio en su poema. Afirma que, además de la matanza de Engracia y sus caballeros, Daciano tramó un terrible plan para acabar con todos los cristianos de la ciudad: a través de un edicto, prometió perdonarles la vida si abandonaban Zaragoza a la mañana siguiente por la puerta sur. Convencidos de la honestidad de la propuesta, los cristianos salieron confiados, pero todo era mentira y junto a la puerta había apostadas varias guarniciones de soldados que procedieron a degollar a todos.

Para evitar que sus restos fuesen guardados como reliquia y acabar definitivamente con su recuerdo, Daciano, que tenía muy mala idea, ordenó también ajusticiar a todos los asesinos y malhechores que había en las cárceles de la ciudad para quemar sus cuerpos revueltos con los de los cristianos. Pero, según afirma la tradición, ocurrió un increíble milagro: los cristianos que sobrevivieron fueron testigos de cómo aparecieron unas luminarias que reunieron y apretaron todos los restos calcinados de los auténticos mártires. Rápidamente, recogieron los restos y los pusieron a resguardo, depositándolos en las catacumbas, es decir, en la actual cripta de Santa Engracia. Surgió entonces el culto a los innumerables mártires o santas masas. Nadie sabe a cuántos cristianos pertenecen las cenizas que fueron salvadas.

Ya en el siglo VII, la cripta formaba parte de un gran monasterio que conservó como un preciado tesoro esta tradición. Muchos años después, en 1389, fueron descubiertos sus sepulcros. Según se cree, en uno de los sepulcros aparecieron las cenizas de los caballeros y los huesos de santa Engracia, cuyo cadáver no fue incinerado, sino abandonado en una mazmorra. Y en el otro sepulcro aparecieron las cenizas de los Innumerables Mártires y los huesos de san Lamberto, otro mártir aragonés con una curiosa leyenda.

Los sarcófagos descubiertos contenían las reliquias. Son piezas arqueológicas de gran belleza y se las conoce con el nombre de Recepcio Animae y Trilogía Petrina. Por la técnica y el material utilizado, mármol, parece que fueron labrados en Roma. Eso sí, en fechas muy anteriores a los acontecimientos del martirio. No fueron, por lo tanto, concebidos para contener los restos de las santas masas, pero cabe la posibilidad de que quizá fuesen reutilizados con posterioridad.

La devoción a las santas masas y a sus reliquias tomó entonces un enorme auge. La ciudad levantó un humilladero en el mismo lugar en el que se habían realizado las matanzas. Fue la llamada Cruz del Coso, que se situó frente a la puerta sur o puerta Cinegia, donde ciertamente eran ajusticiados los reos en época romana. Muchos años después, también se denominó Mártires a la calle del Tubo, que lleva a este lugar. Hoy su memoria se honra conjuntamente a los caídos en los sitios de Zaragoza en el Monumento a los Mártires de la Religión y de la Patria.

En la actualidad, los dos sarcófagos, las cenizas, el clavo del martirio y las reliquias de santa Engracia y san Lamberto se custodian celosamente en la cripta de la iglesia; el cráneo de la santa, por supuesto, con el agujero que le abrió la herida del clavo. También encontramos la columna en la que fue azotada. Y lo más curioso de todo: la sangre coagulada que brotó de la mandíbula de san Lamberto en 1522 ante la presencia del papa Alejandro VI.

El Santo Cristo de Calatorao

Muchas iglesias aragonesas guardan entre sus paredes destacados tesoros. Imaginería religiosa relevante que, en algunos casos, se relaciona con curiosas experiencias. El cristo de la localidad zaragozana de Calatorao no es solo una talla magnífica, orgullo y símbolo del municipio y objeto de devoción de sus vecinos, sino que también cuenta con una apasionante historia unida a un origen fantástico, milagros y exorcismos.

El cristo está en la iglesia de San Bartolomé. Allí tiene su propia capilla, al menos desde 1613. Porque ya se refirieren a ella en el documento de ese año con el que la localidad hizo voto ante notario de guardar perpetuamente fiesta por el Santo Cristo. Entonces se decidió que sería el 10 de mayo, pero más tarde se trasladaría hasta el 14 de septiembre, días de la Santa Cruz.

Según la tradición no hacía ni un siglo desde que la imagen estaba en la población y la devoción no había hecho más que reforzarse. Parecía que los calatorenses estaban encomendados al cristo y lo iban a convertir en el centro de todas las celebraciones. Esa pasión por la preciosa talla se reflejó de nuevo sesenta años después. Los vecinos decidieron dar más relevancia a la imagen renovando la capilla y mandando esculpir las columnas salomónicas de piedra negra de Calatorao que todavía la rodean.

El Santo Cristo es una figura de madera de cedro de tamaño natural, de 1,80 metros de altura y un color oscuro que le ha valido el sobrenombre del Tostado de Calatorao.

Impresiona, de entrada, por su perfecto acabado policromado. Los distintos elementos anatómicos están muy bien reflejados y la expresión del rostro es sobrecogedora, con un gesto de dolor que conmueve. No se ha podido verificar el autor de semejante obra, pero algunos la atribuyen a los escultores más famosos del Renacimiento en Aragón. Su técnica constructiva, aseguran esos investigadores, respondería a ese momento histórico.

La primera referencia documental del Cristo de Calatorao es de 1535. Se nombra en el testamento y últimas voluntades de Gerónima Prat y Cornel. Los expertos no creen que la talla sea mucho más antigua, por lo que apuestan por datarla en ese mismo siglo XVI. Entonces trabajaban en Aragón los escultores Damián Forment, Gabriel Yolí y Gil Morlanes. Pero, analizados los archivos de la parroquia, los del Cabildo de Zaragoza o el Archivo de la Curia, no hay documento alguno que atestigüe ni el encargo ni el pago de la obra. Y eso que sí se guardan los testimonios de las relaciones artísticas con Damián Forment en esas mismas fechas, por otras obras de arte de la localidad. Así que nunca se ha podido certificar su autor. Aunque algunos investigadores hayan apuntado hacia Yolí por las características de la talla, no deja de ser una simple suposición que no se apoya en datos fehacientes.

El padre Ángel Lorenzo Faci, en el 1730, la describe: «Está todo el cuerpo del Señor organizado con toda la perfección de venas, arterias, nervios, tendones, ligamentos y cuerdas tan al vivo, que parece que el original del Calvario fue Artífice, como píamente creemos, Ángel admirablemente copiado».

A falta de documentos o firmas que certifiquen fecha, razón o autor de la obra, en la población se mantiene un relato tradicional sobre la creación de la imagen. Es una historia similar a las que se repiten en otros lugares y transmitida durante generaciones en Calatorao. Cuenta que un peregrino llegó a la localidad en 1520. Enfermo y hambriento, pidió caridad a los vecinos y estos le correspondieron. Cuando se recuperó quiso visitar la iglesia y cayó en la cuenta de que el edificio no contaba con imagen del crucificado. Así que el peregrino se ofreció a tallar una imagen de Cristo en la cruz. Pidió un madero y se encerró en una casa. Pasaron entonces tres días completos sin que nadie oyera ni viera nada y sin que el visitante saliera para comer o beber. Los vecinos decidieron entrar en la casa y allí se encontraron la preciosa imagen del cristo. Eso sí, a su alrededor no encontraron serrín, tintes o barniz alguno. La comida estaba sin tocar y no había rastro del peregrino. Los de Calatorao decidieron entonces que aquel personaje debía ser un ángel del Señor y la imagen la respuesta a la caridad demostrada.

Parece que desde casi aquel primer momento el Cristo se convirtió en el objeto de fuerte devoción. Alrededor de la figura supuestamente sobrenatural empezaron a surgir todo tipo de comentarios de carácter milagroso. Se le atribuyeron curaciones y se recogieron testimonios de prodigios salvadores. Incluso se decía que le crecían las uñas, sudaba o le sangraban las heridas.

Tales debieron ser los comentarios que su fama trascendió y Calatorao se convirtió en centro de peregrinación. Y esto no es leyenda, sino pura realidad. Atraía a gente desesperada, que pedía la curación de sus tormentos. También de los que creían cargar con una presencia demoníaca. Al parecer, era tan efectiva la imagen para exorcizar que recibió el sobrenombre de Cristo de los Endemoniados.

El padre Faci, en 1739, sobre el origen de esa supuesta facultad exorcizante de la imagen, contó que, limpiándola, el mosén rompió una de las espinas de la corona. Una parte de esa espina cayó en manos del médico de la localidad, el doctor Falcón. Y años después, cuando estaba prestando sus servicios en la villa de Sos, el objeto en uno de sus bolsillos rozó de forma accidental la cabeza de una mujer que agonizaba hallándose maleficiada. Asegura el padre Faci que entonces la enferma se puso de pie en un salto en medio del aposento. «Viendo esto el Cura de Sos, conjuró al demonio le dijera ¿qué había en el bolsillo, o Relicario aplicado? Y dijo con verdad, aunque blasfemando, como demonio, había dentro una Espina de aquel tostado de Calatorao…».

Se tenía la creencia de que, cada 14 de septiembre, el cristo sacaba los demonios del cuerpo de las mujeres. Y aseguraban que cuando ellas se acercaban a la imagen se les arrancaban los zapatos, los pañuelos de la cabeza o el corsé. En esas prendas, decían, iban los demonios. Y junto a las endemoniadas se daban cita muchas personas para ver lo que ocurría allí. De hecho, a finales del siglo XIX y principios del siglo XX se fletaba un tren especial para ir a Calatorao desde Zaragoza que se llenaba de enfermos y presuntos endemoniados. Y sí se mantuvo hasta los años 50.

Atland, el encantador

Fue Atland un personaje misterioso, ser de otro mundo que en su apariencia humana adoptaba la humilde figura de un barbado anciano. Para los primitivos habitantes pirenaicos que habitaron su tiempo, Atland, loco o mago, arrastraba su mísera existencia hundido en una pequeña cabaña construida con sus manos, más parecidas a raíces leñosas que humanas, a base de piedra sin cantera y troncos enteros de abeto. El Viejo de las Cumbres lo llamaban, y en los poblados de las montañas, el Viejo se convertía en protagonista de historias y chismes inventados por los lugareños con el fin de entretener la mente y hacer más breves los rigores del crudo invierno. Fue Atland en la imaginación de las gentes un soldado renegado de las guerrillas combatientes contra los invasores del Imperio romano, que para alcanzar la vergonzosa libertad hubo de segar el cuello al cabecilla del grupo y huyó a esconderse a las faldas del ya entonces llamado Monte Perdido, sobre el que también se decía que era tal su lejanía debido a un extraño encantamiento que le permitía, a la montaña, cambiar de lugar entre las demás cimas de la cordillera. Por supuesto, Atland se ganó entonces la fama de encantador de las montañas. Verdad o no, lo cierto es que Atland, personaje que también ha llegado hasta nosotros con el nombre de Asland, escondía más de lo que enseñaba.

El palacio mágico de Monte Perdido

Atland tenía una misión sobre la tierra: los dioses, su familia, le habían encomendado la construcción mediante las artes mágicas, de un lugar maravilloso que sirviera de morada-puente entre los hijos de la tierra y los hijos del misterio. El venerable encantador, el más sabio de entre los primeros pobladores de las brumas que cubrieron las montañas en su génesis, se puso a trabajar con todas sus fuerzas. Reunió todos los elementos conocidos. Para empezar, los primordiales: aire, fuego, tierra y agua. Después, los esenciales: humo, viento, roca y lluvia. Por último, los espirituales: palabra, lágrima, pétalo y música. Hilos de luz de sol y de luna le sirvieron para tejer el hechizo. Por fin, tras muchos siglos de empeño, el palacio estuvo construido.

Sobre las nubes que permanecen eternamente cubriendo la cima del monte llamado Perdido, en uno de los macizos montañosos más antiguos del planeta Tierra, se alza desde entonces un maravilloso palacio que solo algunos elegidos con el don de la segunda vista han podido contemplar. Ninguna boca humana ha podido pronunciar las palabras que lo describirían, ni ninguna mano de artista ha podido trazar siquiera un bosquejo de su magnificencia. Aquellos que del fastuoso prodigio han tenido conocimiento hablan del brillo del cristal más puro, magníficos jardines cuyos dibujos atrevidos han sido trazados por un mágico compás; más cercanos a nuestros días, hay quien ha vuelto a insistir tratando de encontrar una certera descripción, sin conseguir sino un reflejo como el que percibe en su mente el ciego que conoce un cuadro con sus dedos con maravillosas torres, resplandecientes almenas, radiantes frontispicios y relucientes columnas.

Pero este celestial lugar tenía un fin. Debía acoger entre sus paredes sin cemento un hogar, una acogedora morada para que floreciera el amor entre las dos especies de seres más queridas de la creación. Atland previó lo que sucedería de dejar el acceso abierto a la curiosidad del descubridor humano y estableció que solo a lomos de caballos alados o dragones pudiera penetrarse en el recinto, guardado por pétreas fieras y bestias que cobraban vida según los deseos expresados por Atland por medio de un cetro de oro, tatuado de legendarias runas. La profecía estaba escrita. Se grabó en el frontispicio de un viejo dolmen, hoy desconocido y vergonzosamente cubierto por un vertedero de los humanos.

La muerte de Atland

Fue el mismo encantador de las cumbres quien talló con golpes de palabras mágicas el texto de la profecía en la roca del dolmen, pero, al parecer, brotaron lágrimas de sus ojos mientras lo hacía, y por eso hoy el dolmen se deshace bajo toneladas de escombros y deshechos. Lloraba Atland porque a veces conocer hace sufrir, y él escribía en una piedra su propio final. Apiadados los dioses de la pena que embargaba el corazón del viejo, fiel cumplidor de sus divinos deseos, ordenaron a las tres moiras que entretejieran una cruel venganza con los mismos hilos de la muerte y del asesino de Atland, y así quedó escrito en el tapiz del destino.

Leyendas del río Ebro

Este río, el padre de toda la península a la que dio nombre, no podía sustraerse al antiguo influjo de la leyenda. Ya los romanos lo deificaron, personificándolo en un numen sobrenatural conocido como el Flumen Hiberus, según una lápida que se conserva en el Museo de Tarragona.

Una leyenda sobre el origen de los Pirineos asegura que cuando Heraklés o Hércules, hijo de la diosa Hera, prendió una gigantesca pira para quemar ritualmente el cuerpo de la difunta ninfa Pyrene, las piedras se deshicieron y licuaron, y desde las montañas se convirtieron en ríos de oro. A partir de entonces, los ríos de los Pirineos fueron hollados en distintas etapas de la historia por buscadores convencidos de que en su cauce podrían hallar el rico metal. Alguno de los ríos todavía conserva un nombre asociado a esa antigua creencia, como el río Aurín.También fue la vía que siguió el nieto de Noé, Túbal, tras el diluvio universal, después de que las aguas comenzaran a descender y se pudiera hacer pie en alguna cumbre pirenaica. Poblaciones como Velilla de Ebro, Gelsa, Pina, Escatrón, Sástago, Caspe, Zaragoza o Tarazona son colonias fundadas por Túbal. El río Gállego toma su nombre del camino de los Galos, vía de penetración en tierras aragonesas de la cultura celta proveniente de Francia y camino de comunicación hacia los Pirineos de los pobladores romanos.

El río Ebro también es un lugar donde aparecieron imágenes de vírgenes y santas flotando sobre sus aguas. Ejemplos son Nuestra Señora de la Ola en Pinseque, santa Madrona en Ribarroja, Santa Paulina en Ascó, Santa Susana en Amposta o Santa María de la Muela en Tudela. También imágenes de cristos y crucifijos en Gallur, la Santa Cruz de Tudela o el Cristo de Tolosa.

Luego tenemos la campana mágica de Velilla. Apareció navegando a contracorriente, fue sacada y colocada en el campanario de San Nicolás y, a partir de entonces, tañía sin que nadie la tocara para anunciar grandes tragedias y sucesos.

En alguna época debió ser costumbre arrojar las cabezas de los ajusticiados al cauce del Ebro. La cabeza del mártir Frontonio fue arrojada al Ebro, pero navegó contracorriente hasta la desembocadura del río Jalón y fue a parar a la villa de Épila, de la que es el patrón. San Lamberto cruzó él mismo el Ebro, pero lo hizo con su propia cabeza recién cortada sujeta bajo el brazo, y fue a enterrarse en la cripta de la iglesia de Santa Engracia. Emeterio y Celedonio fueron mártires decapitados en Calahorra; sus cabezas fueron tiradas al río Ebro, flotaron hasta el mar, dieron la vuelta a la península y aparecieron en la playa del Sardinero, en Santander, de donde son patrones. También existe la leyenda de un hombre-pez que se lanzó al Ebro y apareció años más tarde en el mar Mediterráneo.

La brecha de Roland

Cuenta la leyenda que el famoso Roland, llamado así porque al nacer cayó rodando al suelo, era hijo de la princesa Berta, hermana de Carlomagno y del duque de Angers.

Roland vivió su infancia en parajes campestres de Italia y Francia, en contacto abierto con la naturaleza. Pasados los años, se convirtió en uno de los más famosos caballeros de la época, por su destreza, su porte arrogante y su extraordinaria bravura.

Con su tío Carlomagno, marchó un día al histórico combate que había de dar lugar a la derrota de Roncesvalles, en la que el emperador, viendo próxima la derrota y su ejército desvencijado, huyó por los montes. Roland, como un cadáver más, quedó allí, abandonado y herido, sepultado por el cuerpo inerte de su caballo.

Cuando volvió en sí y comprendió su precaria situación, se levantó con un sobrehumano esfuerzo apartando a su montura con ayuda de su poderosa espada Durandarte y apoyándose sobre una roca. Dicen que todavía pueden verse las huellas de sus dedos sobre la piedra, como testimonio de su descomunal fortaleza.

Roland contempló unos momentos el terrible panorama y trató de orientarse para buscar el camino a Francia, pero tuvo que hacerlo con cautela, porque el enemigo estaba al acecho. Después de dos días y dos noches, de grandes penalidades, trepando y escondiéndose entre los riscos, Roland consiguió llegar hasta el valle de Ordesa.

Una vez allí, solo tenía que trepar por las empinadas montañas que cerraban el valle. Pero el enemigo estaba cerca; ya podía escuchar el rumor de las tropas que lo perseguían y notar el aliento de los perros que olfateaban su rastro. No obstante, al ver que la noche se acercaba, hizo un esfuerzo más y logró llegar ante el último repecho de la montaña.

Cuando ya estaba a punto de lograrlo, apareció la jauría de perros que lo había estado rastreando. Con su espada Durandarte logró darles muerte sin problemas, pero sus fuerzas se debilitaron aún más. Miró hacia abajo y vio las tropas que con paso rápido ya lo habían localizado y se dirigían a por él. Comprendió que no podría hacer frente a la tropa que lo perseguía y, realizando un último alarde, lanzó su espada Durandarte al otro lado de la montaña para hacer llegar un último saludo de despedida de su patria; pero no lo logró y la espada resbaló por la ladera de nuevo hasta sus manos.

Hasta tres veces lo intentó, pero con el mismo resultado. Sabiéndose muerto, con un esfuerzo sobrehumano, Roland lanzó su espada por última vez, con tal violencia que la espada golpeó la montaña y la partió, dejando una brecha abierta. Así, Roland pudo ver por última vez su país. Sus perseguidores lo encontraron muerto en lo que hoy se conoce como Parque Nacional de Ordesa y Monte Perdido, en la actual Brecha de Roland.

La leyenda de la piedra de los moros

Dice la leyenda que hace muchos, muchos, muchos años, en el cielo vivían los ángeles, vivían otros seres celestiales y Dios. El caso es que, un día, se rebeló contra la autoridad divina un grupo de ángeles liderados por Lucifer, el portador de la luz. Estos ángeles rebeldes perdieron la batalla y fueron expulsados del cielo y lanzados sobre la tierra.

De esta caída, todos estos ángeles rebeldes quedaron cojos de un pie y también por eso se los podía reconocer. Al caer a la tierra se quedaron a vivir en las partes más altas del planeta, es decir, en las montañas. Estos ángeles caídos fueron conocidos sucesivamente como diablos, como gigantes y finalmente como moros.

Su aspecto físico era de gigantes, también lucían una cabellera que les llegaba hasta la cintura, eran cojos del pie derecho y entre sus poderes estaba el de dar grandes saltos.

La leyenda de la mora de Santa Eulalia

Dice la leyenda que un rey moro vivía en Santa Eulalia y que tenía a su hija encerrada en la torre. El padre quería que la hija se casara con un hombre que él había elegido y la hija no quería. El caso es que el padre para presionarla la encerró en la torre.

La hija del rey moro, harta de padecer tanto encierro y decidida a no aceptar la decisión de su padre, escapó de aquella torre, que está junto a Santa Eulalia, escapó dando un gran salto, viniendo a caer aquí, a la piedra Mora.

Su salto quedó grabado en las rocas, dejando estas huellas. Y además dejó su poder fecundante impregnado en estas rocas. EL problema es que, quien esculpió la huella en la piedra se equivocó. Grabó el pie derecho en vez del izquierdo, Con lo cual no encajaba al equivocarse de pie.

San Jorge y el ladrón

Cuenta la leyenda que la ciudad de Silca (Libia) vivía aterrorizada por un gran dragón que asustaba a todos y causaba daños entre la población y los animales.

Para tranquilizarlo, los habitantes del pueblo acordaron dar al dragón una persona en sacrificio y para ello, todos los días, se realizaba un sorteo en el que salía elegida la persona que debía ser entregada al dragón.

Uno de esos días, la mala suerte le tocó a la hija del rey. Era una mujer joven y bella muy admirada por los habitantes del pueblo, en especial por su padre, quien se resistía a entregarla en sacrificio. Al ver el sufrimiento del rey, muchos ciudadanos se ofrecieron para reemplazar a la princesa, pero el rey se negaba a que otros tuvieran que pagar por la suerte de su hija. Además, él era consciente de que su hija formaba parte del pueblo y, por tanto, debía seguir las normas que hasta el momento se habían pactado.

La princesa abandonó la ciudad. Caminando sin prisa en dirección hacia el gran dragón, se detenía algunos instantes para mirar hacia su pueblo con gran tristeza y resignación. De pronto, cuando menos lo esperaba, apareció un joven caballero con armadura montado sobre un caballo blanco. Al verlo, la princesa le informó de los peligros que podía sufrir estando en ese lugar, pero el caballero se negó a abandonarla y le dijo que él estaba allí para salvarla a ella y a todos los habitantes del pueblo.

Este caballero, llamado Jorge, se enfrentó al dragón tan pronto como este apareció. Libraron una gran batalla hasta que el caballero le incrustó una gran lanza al dragón en el pecho. De la sangre que derramó el dragón nació un hermoso rosal que Jorge entregó a la princesa después de haber ganado la batalla.

Otra leyenda de san Jorge

Los corajudos asediadores de Wasqa, la ciudad musulmana, comenzaban a mostrar signos de agotamiento. Dos días antes, Sancho Ramírez, su rey, había perdido la vida bajo las murallas.

Los defensores, aliviados y fortalecidos por su muerte, combatían más seguros. Sus batallones, cuando repelían los ataques de los cristianos, se alejaban cada vez más de la urbe en un intento de hacer regresar al enemigo a su fortaleza del castillo de Montearagón.

Casi sin fe y con la disputa sobre el río Isuela, una montura blanca que portaba una figura esbelta de porte noble resplandeció sobre lo alto de la loma de Alcoraz.

El caballero, ataviado con un peto blanco y una cruz roja pintada en su torso, galopó raudo al clímax de la batalla. La lucha recuperó nuevamente su actividad con un vigor inusual por parte de los conquistadores.

El inesperado invitado se convirtió, por derecho, en protagonista, pues su lanza tumbó más rivales que nadie. Los que escribieron sobre la disputa, que acabó donde apareció el héroe, anotaron la victoria cristiana el 15 de noviembre del año 1096.

Días más tarde, cuatro fornidos rufianes malcarados entraron con miradas fisgonas al Fosco, una taberna abarrotada.

El misterioso recién llegado, de tez blanca y pómulos prominentes, parecía distraído.

—¡Tú nos acompañas ahora! —gruñó uno de los rufianes mientras los otros tres lo rodeaban.

Uno de los múltiples tatuajes que cubrían el cuerpo del combatiente, concretamente el de una daga situada en su brazo derecho, brilló y esta se materializó en sus manos. Con un rápido movimiento atrapó en presa a uno de los atacantes y miró a sus compañeros amenazando con degollar a su prisionero. La taberna quedó enseguida vacía ante los pasos huidizos de los habituales.

La noche siguiente, en la misma mesa, el héroe anónimo recibió la visita de un hombre cubierto con una capa y tapado con una capucha. La luz de la vela, sobre la mesa, se movía nerviosa, exactamente igual que los corazones de todos los oscenses de la taberna.

—Ahora es Osca de nuevo y no Wasqa, como la llamaban los de la taifa de Saraugusta. Es leal y heroica, pues lo son sus gentes, pero seguirá siendo invicta gracias a ti.

—¿Quién sois?

El hombre de ojos marrones y voz recia se quitó la capucha y siguió hablando en tono bajo.

—Me llamo Pedro y soy el primero de Aragón. Mi padre fue el rey Sancho Ramírez, que perdió la vida intentando asaltar las murallas de la ciudad.

—¿Y qué quieres? —contestó el sagaz luchador de ojos azules y escaso verbo.

—Los que me dicen de las batallas son gente culta. Han vivido mucho y muy distinto y no han visto a nadie como tú. Te necesito. Contigo a mi lado uniríamos los territorios de Levante y Castilla, sin duda. ¡Ayúdame a evangelizar las tierras!

El misterioso soldado se levantó y abandonó la cantina sin mediar palabra.

Al día siguiente, las puertas de una ermita altoaragonesa eran aporreadas por la empuñadura de un enorme mandoble.

Varias habitaciones después, el fiero hombre gesticulaba escupiendo palabras, como un dragón en pleno aliento.

—Las negras barbas del rey irrumpen de madrugada en la morada del señor para decirme que san Jorge habita entre nosotros… ¿Habéis dormido bien en vuestros aposentos o vuestra compañía nocturna ardía en estado febril?

—Llegó en plena batalla. Viste el peto blanco y la cruz roja de los cruzados. Su dominio con la lanza y no digamos su golpe a espada son dignos. Su posición en batalla es precisa y su capacidad para abatir enemigos entre líneas increíble.

—Pedro, el caballero turco, vivió el 275 o el 280. Cristianizaste la ciudad el 1096…

—Su acento también es turco y los que mandé para que lo trajeran ante mí decían que materializaba los tatuajes que cubren su cuerpo.

—¿Y qué esperas que haga yo? —respondió Ramiro con cara de circunstancias.

—Lo que haga falta, pero le necesito en estos tiempos de reconquista…

—¿Estás dispuesto a perderlo todo para ganarle?

—Haré lo que sea necesario para recuperar a tan inestimable bendición.

—¿Deseas el fuego en los ojos de un guerrero?

Dos semanas después, Pedro I partió para Valencia a combatir al lado del Cid, que enfrentaba a los almorávides.

Aquella tarde el huidizo turco acampaba aprovechando las últimas luces.

—Busco la ciudad. —Un hombre de piel oscura miraba sus tatuajes e iniciaba la plática.

—Tienes varias jornadas, pero es tarde y esta zona no está segura. Mejor mañana.

—Me llamo Haiku y estaría complacido si pudiese resguardarme aquí en la larga noche.

—Soy Mehtap y este no es mi hogar, así que claro que podéis quedaros.

—¿No os aceptan aquí? —preguntó el anciano algo más tarde y a la luz de un buen fuego.

—En Turquía nunca lo hicieron. Aquí parece que todo el mundo lo tiene ya todo atado.

—No te dejes impresionar —intentó consolarlo—. Todos tenemos algo que hacer, una misión.

—Cambié mis ropajes por los de un cruzado y llegué aquí…

Un rato más tarde, el turco recostado miraba al fuego mientras Haiku permanecía sentado sobre un saco escondiendo en las sombras unos antiguos ojos rojos. Un fuerte olor a humo y quemado despertó a Mehtap la mañana siguiente. Era un 23 de abril. El fuego se había consumido y nadie lo acompañaba. Cuando hizo por levantarse, algo del mismo color de las telas de sus pantalones se desprendió de él. El turco sostuvo el extraño, traslúcido, rugoso y escamado manto que le había protegido del frío en la noche. Su color cambiaba con el viento.

Tres días después, el héroe de Alcoraz llegó a la ciudad envuelta en restos humeantes. Las gentes yacían carbonizadas y las haciendas claudicaban vaporosas. El guerrero cabalgaba tenso entre los pinos de la loma de Alcoraz cuando una llamarada dirigida contra él lo hizo agacharse y esquivar el ataque.

—¿Eres tú la maldad que ha asolado la ciudad?

—No hay vileza en lo que hago, tan solo deber.

Una nueva explosión de fuego sorprendió a Mehtap, quien materializó un escudo y lo alzó protegiéndose de las llamas. El enorme dragón escamado era ya visible. Su piel, mimética, cambiaba a cada instante y había tomado aspecto incandescente.

El turco arengó a su caballo blanco intentando destrabarse del combate. Su oponente aleteó, comenzando una persecución a ras de suelo sin dejar de soltar fuego por la boca. Los árboles ardían uno tras otro, dejando un enorme surco en la cima verde. El jinete frenó su caballo y enfrentó la monstruosidad.

—Gracias por indicarme dónde estaba la ciudad —rugió el dragón escupiendo vapor.

—¿Haiku? —preguntó con asombro.

—¡Qué hay, chico! Estas montañas de aquí hacia el norte son perfectas para nosotros. Ahora ningún hombre podrá hacerme rugir de dolor…

—¡Mas yo no soy un hombre! —respondió revelando una melena castaña bajo su casco.

La verdad sobrecogió tanto al dragón que permitió que la guerrera agarrara una rama caída por el fuego cuya punta abrasaba y corriese en dirección a su fiero oponente. El torso escamado de la bestia batía insistentemente sus alas con la madera clavada en su costado y con el héroe agarrado a ella. El ser alado se elevó sobre los pinos, volando sobre la ciudad.

—Cuando termine contigo no quedará aquí nada de lo que una vez hubo. Los dragones volverán a dominar este mundo y todo se perderá.

La valiente turca se agarraba a la rama clavada como podía, intentando trepar por las escamas o los pinchos que recorrían vertebrales a la criatura.

—¡Acabemos con esta justa que tanto se resiste!

El inmenso pájaro acercó sus alas al tronco y comenzó a ganar altura de la misma manera que lo haría un cohete. Sin apenas respiro, Haiku se dejó caer metros abajo en dirección a la explanada en lo alto de la loma, a velocidad endiablada.

Las ramas de los árboles atraparon al caballero caído y el dragón mimetizó su color, dejando de ser visible. Lo alto del cerro comenzó a arder.

—Hasta ahora los tatuajes de mi cuerpo me han servido para ocultar mi condición de mujer, ¿sabes? —sugirió la guerrera intentando ganar tiempo y detalles.

—Por eso estás aquí, ¿verdad? Querías pelear...

Ella se fijó en un trozo de rama entre el fuego, suspendida sobre el suelo.

—Me oculto igual que lo haces tú, sin ser visto, pero procuro tapar mis heridas, especialmente si estas me delatan...

Mientras hablaba, materializó una lanza que atravesó al dragón hasta clavarse en el suelo. Su armadura quedó empapada de la sangre amarilla de la bestia, cuya piel tomaba color del fuego de los árboles que los rodeaban.

El ser alado se hizo visible y sus escamas se empaparon del rojo de la tierra donde permanecía caído.

—Siento que no puedas ser el lacayo de los tuyos...

El caballero amarillo hizo que una nueva lanza de su tronco tomara forma y atravesó el corazón del dragón rojo. Los borbotones de sangre, liberados, se plasmaron a franjas sobre la armadura de cuero color de sol.

A los pocos meses, el rey volvió victorioso del Levante. Mehtap fue declarada como el santo Jorge, patrono y salvador de la ciudad, invicta en dos ocasiones.

La explanada sobre la loma de árboles fue conocida como el cerro de San Jorge desde entonces y aprovechando el surco de fuego y árboles quemados dejado por la bestia se aprovechó para crear camino.

Se levantó una iglesia y luego una ermita en lo más elevado de aquel lugar y cada 23 de abril se homenajea al héroe de la ciudad, aunque pocos conocen la verdadera leyenda de san Jorge y el dragón.

Martina Dueso y Alberuela de Laliena

En los siglos XVI y XVII, a muchas mujeres se las acusaba de brujería. Había brujas por todo Aragón en el siglo XVII. En Pozan de Vero está documentada Dominica la Coja; las había en Salas Altas y también en Alberuela de Laliena.

La práctica de la magia, considerada un delito, fue perseguida judicialmente en Europa durante la Edad Moderna y afectó de modo especial a la población femenina, pues la mayoría de procesos fueron incoados contra una figura, impopular por excelencia, sobre la cual se proyectaron muchas obsesiones del momento: la bruja.

No eran necesarios demasiados requisitos para ser reputada como tal: bastaba una corriente de opinión contraria a nivel local y la simple sospecha de la autoridad para iniciarse juicios cuyo desarrollo dependía más de la voluntad de los jueces que de la existencia de pruebas materiales que vinculasen claramente los hechos asignados a la supuesta delincuente.

Entre las perseguidas, encontramos un alto porcentaje de mujeres comadronas, depositarias y transmisoras de una cultura popular. Estas fueron convertidas en representantes de la superstición frente a los médicos, hombres de ciencia, que personificaban la cultura de élite que se pretendía imponer desde diferentes instancias del poder.

De este modo nació la figura de la comadrona-bruja, cuya definitiva plasmación escrita hallamos en el famoso *Malleus maleficarum*, un tratado teológico-escolástico que cargaba sobre las brujas la responsabilidad de todas las manifestaciones del Maligno en este mundo. Según sus autores, eran las parteras las que causan mayores daños: procurar la esterilidad en las mujeres o la impotencia masculina; que las mujeres fértiles no concibieran; provocar abortos; si la criatura conseguía aun así abrirse paso y salir a la luz, matar al recién nacido en parte devorándolo y en parte utilizando sus pequeños miembros para fabricar ungüentos maléficos; cuando el niño, a pesar de todo, lograba sobrevivir, ofrecerlo al demonio constituía la quinta y última alternativa.

La Inquisición aceptaba la participación criminal de las parteras en las muertes infantiles. En 1534 el tribunal de Zaragoza mandó ejecutar a Dominica la Coja, a quien bajo tortura se le habían arrancado diferentes confesiones detallando cómo ella y la Nadala, su cómplice, acababan con las criaturas:

> Fueron las dos juntas a casa del dicho Roiz Castellón y les abrió la puerta el diablo y ellas entraron de dentro y fueron a la cámara a donde el dicho Roiz y su muger dormían, y que tomaron el dicho niño de los brazos del dicho Roiz y lo llebaron a la cozina y... Gracia la Nadala saco brasas del fuego debaxo de la cenisa, y que puso el dicho niño junto con las brasas a assar la tripica del dicho niño..., y que no hobo menester más y que assí muerto, lo tornaron a do lo habían trovado.

En 1579, Martina Dueso, bruja de Alberuela de Laliena, fue juzgada por la justicia ordinaria de Huesca por participar en los aquelarres que tenían lugar en las Eras de Tolosa. Lo de menos son los hechos ciertos y averiguados, lo de menos es aquello que se ve con los ojos. A la hora de decidir bastaba la mala fama.

Lupercio Latrás, el temerario

Encargado por la Corona de prevenir una posible invasión de los protestantes franceses, en 1573 el señor de Latrás se despeñó con su caballo mientras inspeccionaba las fortificaciones de la zona de Canfranc. Al encontrarse sus hijos mayores combatiendo en el extranjero, la viuda quedó sola para educar a su hijo menor.

Fuera por la ausencia de la figura paterna, por la debilidad materna o por su propia genética y tramas infantiles, lo cierto es que Lupercio Latrás demostró un carácter violento y aventurero durante sus correrías juveniles por el valle familiar de Hecho.

A los veinticuatro años fue condenado por el homicidio de varios lugareños, escapándose al monte, donde se convierte en bandolero.

Tras cuatro años de correrías como bandido, cruzó al otro lado de los Pirineos, recogiendo información militar sobre los protestantes de la región francesa de Bearn, que amenazaban con invadir Aragón, haciéndosela llegar a las autoridades aragonesas al servicio del rey Felipe II.

Esos servicios y las influencias de su hermano mayor y nuevo señor de Latrás permitieron que Lupercio fuera perdonado por el rey Felipe II, tanto por los homicidios como por los robos. A cambio del perdón, Lupercio debía reclutar y pagar a una tropa integrada por unos doscientos turbulentos montañeses a cuya cabeza debía de dirigirse hasta la isla de Sicilia, donde debían incorporarse al tercio allí estacionado. Con la ayuda financiera de su hermano y con la autoridad entre ese colectivo por sus pasados golpes de mano, así lo hizo. Esta solución tenía una doble ventaja: alejar al joven de Aragón y junto a él a la peor calaña del Pirineo, aportando aguerridos personajes a una zona amenazada de invasión por los turcos. Adicionalmente, como muestra pública de arrepentimiento, Lupercio viajó como peregrino desde Sicilia hasta Roma; allí sus contactos en las altas esferas vaticanas le consiguieron una audiencia privada para pedirle personalmente perdón al papa Sixto V por sus pasadas fechorías.

Cansado de la inactividad de Sicilia, en 1587, Lupercio solicitó ser enviado a la guerra de Flandes. Pero durante la navegación su nave fue desviada a las islas Azores.

Allí se unió a la Flota de Indias en su viaje de regreso hacia Portugal. Tras un temporal, el barco de Lupercio fue acusado de no haber obedecido las órdenes recibidas y haber evitado su obligación de auxiliar a la nave capitana. Por ello en enero de 1588 fue puesto bajo arresto en la casa del almirante don Álvaro de Bazán. Indignado por lo que consideró una injusticia, Lupercio desertó y regresó a Aragón. Allí organizó una partida de bandoleros que se ofrecieron como mercenarios a Rodrigo de Mur, lugarteniente del conde de Ribagorza, el principal aristócrata y terrateniente de Aragón.

A causa de las guerras de religión y de la continuada tensión en Francia, el territorio pirenaico resultaba vital para la defensa de Aragón, razón por la que el rey Felipe II trataba de hacerse con su control directo del condado de Ribagorza, pues desconfiaba de la lealtad del conde. Para ello el rey estaba apoyando las reclamaciones de los campesinos del condado de Ribagorza, que habían llegado a sublevarse contra su señor natural el conde. Por su parte, el conde de Ribagorza apoyaba a los pastores cristianos viejos de su condado, que estaban enfrentados a causa de los derechos de pastoreo con los moriscos de la ribera del Ebro.

En abril de 1588, junto al también aristócrata zaragozano Antonio Martón, participó en el saqueo y las matanzas de la población morisca de los pueblos de Codo y Pina de Ebro. Este último pueblo pertenecía al virrey, lo que motivó una feroz persecución que acabó con la detención y ejecución de su colega Martón.

En represalia, Lupercio Latrás y su partida trataron sin éxito de conquistar la plaza fuerte de Barbastro. Al recibir un mensaje pidiéndole auxilio Rodrigo de Mur, se dirigió hacia el castillo de Benabarre, donde el lugarteniente del conde de Ribagorza trataba de defender la fortaleza del asedio de los vasallos ribagorzanos rebeldes. Para cuando llegó Lupercio a Benabarre, ya se había pactado una tregua.

Seguidamente, con su partida de unos cincuenta hombres, se dirigió al castillo de Aínsa. Ante la imposibilidad de tomar al asalto esa fortaleza con sus escasos efectivos, se dirigió al alcaide proclamando que se le dejara entrar con sus hombres porque venía de parte de la Diputación de Aragón en una actuación destinada a defender los Fueros de Aragón frente a las intromisiones por parte del rey Felipe II. De este modo, Lupercio consiguió hacerse con el castillo de Aínsa y con los caudales allí depositados.

Esa hazaña le brindó una fama y popularidad entre los partidarios del conde de Ribagorza, pero también motivó que el virrey pusiera precio a la cabeza de Lupercio Latrás. Envalentonado por su éxito y su celebridad, Lupercio empleó su dinero y prestigio para reunir un pequeño ejército con el que se dirigió desafiante hacia la ciudad de Zaragoza. Consiguió acercarse hasta el pueblo de Zuera, en donde Lupercio clavó un pasquín en el cual se proclamaba que era ahora él quien ponía precio a la cabeza del virrey de Aragón.

El gobernador de Aragón organizó una unidad represiva que fue persiguiendo al pequeño ejército de Lupercio Latrás hasta conseguir coparlos en el pueblo de Candasnos. Durante el combate murieron la mayoría de los forajidos, ejecutándose inmediatamente a los ochenta compañeros que cayeron prisioneros. Lupercio y algunos de los suyos consiguieron huir al condado de Ribagorza, refugiándose en el castillo de Benabarre. Hasta allí lo persiguieron las tropas del virrey, que asediaron la fortaleza. Lupercio Latrás sobornó a algunos de los sitiadores, consiguiendo escapar.

Durante algunos meses estuvo tratando de reclutar seguidores, pero la oferta de perdón regio para cualquiera que lo denunciase lo aisló completamente. Sin opciones, recurrió a su hermano mayor, que le dio dinero para escapar a

Francia; allí de nuevo acudió al recurso de reunir información para hacérsela llegar al rey Felipe II y así conseguir el perdón regio; lo mismo hizo después en Inglaterra.

Tuvo éxito, consiguiendo enviar información, pero antes de ser autorizado a regresar a España volvió a aburrirse o a quedarse sin dinero. Por ello Lupercio Latrás se enroló en un barco corsario inglés que zarpó para atacar naves castellanas que navegasen por el mar Cantábrico. Pero su nave corsaria fue sorprendida por una tormenta, embarrancando en una playa de Santander. Los corsarios fueron apresados y Lupercio fue enviado al alcázar de Segovia. Allí fue ejecutado por orden de Felipe II en 1590.

La leyenda del número áureo

Hace muchos siglos, en el tranquilo y majestuoso monasterio de San Juan de la Peña, se tejía una leyenda que hablaba del misterioso poder del número áureo. Cuentan que, en las noches de luna llena, cuando los rayos de plata iluminaban los antiguos muros, el espíritu de un monje sabio se hacía presente.

Este monje, conocido como fray Aurelio, era reconocido por su profundo conocimiento de las proporciones y las matemáticas. Se decía que había descubierto un secreto ancestral que vinculaba este número sacro con el diseño sagrado del monasterio.

Según la leyenda, fray Aurelio había pasado años estudiando las proporciones divinas y los patrones que se encuentran en la naturaleza. Fascinado por la mística del número áureo, decidió aplicarlo en la construcción del monasterio de San Juan de la Peña.

Se dice que cada columna, cada arco y cada detalle arquitectónico de aquel lugar sagrado guardaba una relación precisa con el número. El equilibrio y la belleza emanaban de cada rincón, creando una armonía que maravillaba a todos los que lo visitaban.

La leyenda cuenta que, en las noches de luna llena, cuando los astros se alineaban y el viento susurraba antiguos secretos, fray Aurelio regresaba al monasterio para revelar los misterios ocultos del número áureo. Atraídos por su sabiduría, los peregrinos se reunían en el claustro, esperando escuchar las enseñanzas del monje.

Fray Aurelio, con su voz pausada y serena, compartía los secretos de este número y cómo podía manifestarse en la arquitectura y el arte. Explicaba cómo su presencia confería una sensación de equilibrio y perfección, despertando una conexión profunda entre el hombre y lo divino.

La leyenda cuenta que aquellos peregrinos, inspirados por las enseñanzas de fray Aurelio, buscaron llevar consigo la magia del número áureo a sus propias creaciones. Se dice que, en las pinturas, esculturas y edificaciones de la época, se encuentran vestigios de esa búsqueda de la perfección estética y armónica.

Hoy en día, el monasterio de San Juan de la Peña sigue siendo un testimonio de aquellos tiempos pasados y de la leyenda del número áureo. Sus muros guardan la esencia de una sabiduría ancestral y siguen asombrando a aquellos que tienen el privilegio de contemplar su belleza.

La leyenda del número áureo en San Juan de la Peña nos recuerda que la armonía y la proporción están presentes en cada rincón del universo y que a través del arte y la arquitectura podemos alcanzar una conexión trascendental con lo divino.

La bruja de Nochebuena

En una casa de Yespola, como es habitual en los pueblos, las personas de todas las casas en Nochebuena marchaban a misa de gallo. Era uno de los días más felices del año; tras la misa todo el pueblo se juntaba y se felicitaban la Navidad, luego cada familia se iba a su casa a seguir la celebración.

Pero, cuando la familia rica llegó a su casa, no pudieron continuar la celebración, ya que les aguardaba una sorpresa.

Cuando volvieron a casa, el amo de la casa bajó a buscar leña para avivar el fuego. El cuarto en que estaba la leña estaba al lado del corral. Cuando pasó por el corral, vio a la mejor mula que tenían muerta en el suelo.Llamó a su hijo mayor y la miraron para ver por qué se había muerto. Le vieron unos arañazos pequeños en el cuello, pero pensaron que se los habría hecho con algún instrumento de labrar y no le dieron importancia.

Para ellos ya no hubo más Navidad, ya que esa mula era el animal de trabajo de la casa.

Cuando pasaron las Navidades, el dueño compró un nuevo animal para el campo y todo volvió a la normalidad.

Estaba muy contento con lo joven y fuerte que era su nueva mula. Y ella sola sacaba todo el trabajo adelante.

No pasó nada en todo el año, pero llegó el invierno y Nochebuena. Este año todos volvieron a misa de gallo con cierto reparo y miedo. Cuando volvieron a casa, el hijo bajó a coger vino y cuál fue su sorpresa cuando bajó y vio a la mula de ese año muerta. Bajó su padre y vieron que tenía los mismos arañazos que la del año anterior.

Como la casa podía permitírselo, repusieron de nuevo el ejemplar, pero, cuando llegó la Nochebuena y la hora de ir a misa, la familia no sabía qué hacer, pero el amo dijo que había que ir para pedir por los animales. Le pidió a su hijo menor que se quedara velando por los animales en la cuadra.

Así que todos marcharon a misa, menos el hijo menor y la abuela, que no podía ir porque estaba en cama. El hijo se cogió una manta y un candil y se bajó a la cuadra. Se quedó traspuesto un rato, pero los animales, nerviosos, lo despertaron. Entonces vio encima del mejor animal de ese año a un gato negro mirándolo, así que cogió la vara que tenía a su lado y le arreó al gato, que salió corriendo.

Cuando todos llegaron a casa, este les contó lo que había pasado, todos sabían que ese no era un simple gato, sino que era una bruja. La dueña de la casa fue a ver a la abuela, como hacía todas las noches, pero, cuando entró a la habitación, vio a la abuela que se quejaba de la espalda y, cuando miró qué tenía, descubrió las marcas de una garrota en su espalda. Ella era la bruja del pueblo.

La cueva del gigante

En esta cueva se supone que vive O Fotronero, personaje legendario cuyo mito ha sido recogido en el valle de Tena por varios investigadores.

En esencia, O Fotronero es un gigante que vive en la cueva de San Clemente y que exige un tributo a los que pasan por la puerta de la cueva.

Para evitar que el gigante se llevara a los repatanes de los rebaños trashumantes que pasaban por allí en otoño rumbo a los pastos de invernada, estos debían «pagar a manta» a los pastores mayores en el mesón de Arguis, donde habían pasado la noche.

Muy cerca de Huesca, en la cueva de San Climent, a la entrada del congosto de Arguis, hubo otro gigante de origen mítico, cuya presencia de alguna forma se hizo sentir casi hasta nuestros días.

Lo llamaban O Fotronero. Era ambicioso y se aprovechaba de su fuerza hercúlea para amedrentar a los pastores del valle de Tena que conducían sus cabañas a la tierra baja.

Los hacía pagar fuertes impuestos o de lo contrario devoraba a los pastores más jóvenes.

Digo que casi duró hasta nuestros días, es decir, mientras la foz de Arguis presenció el paso de las cabañas.

Los pastores mayores embromaban a los más jóvenes con el temor del gigante y hasta hubo veces en que en el mesón de la Foz alguien se disfrazaba de Fotronero para cobrarles una «manta» a los jóvenes pastorcicos.

Con frecuencia, los pobres críos que no tenían un real se cubrían con una piel de carnero y pasaban por delante de la cueva agachados en medio de las ovejas para que O Fotronero no pudiera descubrirlos.

Naturalmente, no conocemos ningún caso en el que el temible gigante se llegase a comer un repatán.

El Corro de las Brujas

El Corro de las Brujas es un rodal de tejos que encontramos en el camino hacia Lizara, en Aragüés del Puerto; aunque para comprender por completo el significado de este pequeño rincón deberemos antes conocer la singularidad de la especie que lo forma.

Vida y muerte. Así podríamos definir lo que representa el tejo o tacho en la tierra. Es un árbol que arrastra leyendas desde el inicio de los tiempos, tal vez por su infinita longevidad, su apariencia sobria, su tendencia a aparecer en solitario en el bosque, su toxicidad o por una unión de todo ello.

Los pueblos celtas dejaron la herencia de veneración al tejo desde Britania a Bretaña y Normandía o, más cercanamente, en Asturias, Galicia, Cantabria o León. De hecho, cualquier acontecimiento importante se celebraba bajo su copa.

Su alta toxicidad también hizo que incluso fuera usado por los pueblos cántabros como método de suicidio. Incluso se especula con que esta elección no fuera casual, sino ligada a algún ritual, dado el mencionado carácter sagrado que tenía en todos estos pueblos.

A su llegada, el cristianismo trató de sacralizar los viejos puntos de veneración pagana construyendo templos a su lado. Tanto lo intentó que incluso podemos encontrar capillas construidas dentro del propio tejo, como la normanda Sainte Anne des Ifs.

Es por ello que tradicionalmente se ha visto a esta especie unida a ermitas y cementerios. Incluso cuentan las leyendas que el tejo dirige una raíz hacia la boca de cada una de las personas enterradas en el cementerio donde se erige, haciendo así de puerta hacia el otro mundo.

Pero también hay que destacar que, paradójicamente, está íntimamente ligado a la vida. En los años 60 se obtuvo el paclitaxel, un potente fármaco usado en el tratamiento del cáncer, a partir de la corteza de tejo. Afortunadamente se ha podido sintetizar en laboratorio, ya que hacían falta diez kilos de corteza de tejo para obtener un gramo de paclitaxel.

Tal vez sea un rodal testimonial, pero la forma en que están distribuidos varios de estos árboles parece simular un corro, por lo que la leyenda estaba servida. Suelen ser muy ventosos todos estos lugares bautizados con nombres como *revuelta de las brujas, corro de las brujas*… donde se supone que se reunían estas pobres mujeres en sus aquelarres[4].

El fantasma de Sariñena

En tiempos pasados, y quién sabe si también en los presentes, abundaban los diablos y los fantasmas. Aparecían y desaparecían a su antojo. La gente huía de ellos, sin plantarles cara. Nadie podía sospechar que tales personajes podían ser también vulnerables a los ataques del hombre.

No obstante, el hecho acaecido en Sariñena se ignora cuando demostró que era posible la lucha contra los fantasmas.

El relato, según ha llegado hasta nosotros, cuenta que merodeaba un fantasma por las proximidades de la citada localidad oscense. Los vecinos estaban atemorizados y no se atrevían a salir de noche. Aquel ser sobrenatural sentía una predilección especial por la laguna, sin saber por qué.

Tan pronto aparecía sobre tierra firme, nadie osaba pasar por aquel lugar. Hasta que un mozo se armó de valor, tomó su arma y salió cierta noche en busca del temido fantasma. A eso de la medianoche, contempló impresionado una sombra que se deslizaba sobre el agua, cerca de la orilla de la laguna. El mozo se quedó mirando, atónito, al descubrir que se trataba del fantasma. Disparó seis veces y el fantasma continuó impasible, como si nada.

4 El corro de las brujas de Lizara. Óscar Martín Estallo. Holartica. blogspot,com.

El mozo, entonces, emprendió la huida y decidió refugiarse en la iglesia, que estaba abierta. Se resguardó tras la pila de agua bendita, en la que remojó varias balas y volvió a cargar el arma. Recuperado su valor, volvió a la laguna. Disparó una sola vez y el fantasma desapareció para siempre[5].

Brujas y diablos por el Somontano

En las crudas noches del invierno las gentes de nuestros pueblos se juntaban junto al fuego del hogar y allí se conversaba largas horas y surgían historias y leyendas. Uno de los temas recurrentes era el de las de las brujas y los diablos.

De Pozán de Vero era Dominica la Coja, que, con sus amigas Gracia la Nadala y Benedeta la Piquera, fue acusada de bruja, según han estudiado Ángel Gari y Carmen Espada. A Dominica, una mujer que sabía de brebajes, de curaciones, del poder de las plantas para determinadas enfermedades, la acusaron de todos los males que pasaban en el pueblo y fue condenada en el año 1535.

Existen otras historias menos rigurosas pero salidas del pueblo y de una sociedad muy supersticiosa, que vivía en circunstancias muy difíciles y sometida a la autoridad.

En Berbegal se cuenta que dos jinetes eran seguidos por un gato. Ante la imposibilidad de librarse del felino, uno de ellos le pegó un golpe en la cabeza con un hacha que portaba. El gato comenzó a dar saltos y pareció como si hubiese llegado su fin. A la mañana siguiente vieron que salía de su casa la que era tenida por bruja en el pueblo con un golpe en la cabeza.

Más curioso fue lo que sucedió en Salas Bajas. Según narra Herminio Lafoz, el hijo de una casa de la población, al llegar a su vivienda encontró en el rellano de la escalera un jarro de vino. Le pegó una patada y el jarro cayó escaleras

5 Leyendas de Huesca. Recopilación de leyendas de la provincia de Huesca. leyendasdehuesca.wordpress.com

abajo, rompiéndose el pico. Al día siguiente el abuelo de la casa se levantó con la nariz rota.

Salvador María de Ayerbe y Marín relata que, en una de las aldeas de la sierra de Sevil, una noche estaban sentados alrededor del hogar el amo y los criados, cuando oyeron un ruido atronador que hizo caer trozos de hollín. Asustados, cerraron todas las puertas y ventanas. Recorrieron todas las dependencias, con candiles, para ver qué podía haber ocurrido. Finalmente, vieron que el buey había abandonado el establo y estaba paciendo tranquilamente en la huerta. En esta ocasión no fueron las brujas de Guara quienes provocaron los espantosos ruidos.

Por el Somontano encontramos topónimos brujeriles: el barranco de las Brujas, en Naval y Hoz, la senda de las Brujas, en Castejón del Puente, o el peñón de las Brujas, en Salas Altas. En este último lugar se cree que se desnudaban, se colocaban unas largas alas y se convertían en gatos, y en la era de Juanvilla bailaban acompañadas del repiquetear de sartenes, empleando bacías como sombreros.

Otros puntos de reunión eran la fuente de Burballa, en el Grado, las eras de Posán o la peña Plana, por el camino de Hoz. Si la noche venía con temperatura agradable iban al Puntón de Asba, en la sierra de Guara, y a las cuevas de Solencio de Bastarás. Algunos pueblos, como Alberuela de Laliena, aparecen documentados como lugar de aquelarres.

Entre Buera y Salas Altas existe un peñón sobre el denominado barranco de Palomares, bajo el que aparece una cueva en la que, según se dice, se celebraban los aquelarres en caso de mal tiempo.

Muchos pueblos colocaban patas de jabalí en las puertas para protegerse de las brujas. Otros, mazorcas de maíz, pues dicen que las brujas se entretenían en contar los granos y ya no entraban en la casa. Creían que las granizadas eran provocadas por ellas y que en cada bola de granizo había un pelo.

En Huerta de Vero nos contaron que cuando había un nacimiento se lo llevaba a bautizar cuanto antes para que las brujas no pudieran actuar sobre el recién nacido. No se atrevía a sacar por la puerta al niño hasta que no estuviera bautizado. Así que los sacaban con un capazo por la ventana. En una ocasión el capazo cayó al suelo y hubo tanta fortuna que no le pasó nada y luego fue una de las personas más mayores del pueblo.

El diablo siempre ha estado relacionado con las brujas. También en la comarca encontramos leyendas del diablo en su faceta de constructor. Según la tradición oral, construyó el denominado puente del Diablo de Olvena mientras sonaban las doce campanadas. Otro diablo se apareció a tres caballeros en la Fondota, próxima a Alberuela, Abiego y Azlor, ofreciéndoles mucho dinero a cambio de que le entregaran su alma.

Y hasta encontramos un importante santuario para la curación de las personas que se consideraban posesas, el de San Román, en Ponzano. Petra de Pano y Romualda de Cantán eran las encargadas de realizar el ritual de expulsión del «mal dado».

La historia del arriero de las Almunias es harto curiosa. Este personaje iba de pueblo en pueblo transportando mercancías. Una noche de verano que se quedó a dormir en el carro, oyó a las brujas y vio que se untaban con ungüentos y salían volando tras realizar el siguiente conjuro:

Por encima de rama y hoja,
a las eras de Tolosa,
sea lugo allá.

El arriero recogió el ungüento, que se habían olvidado las brujas, y realizó el conjuro montándose en una escoba, pero erró en el comienzo:

Entre rama y hoja
a las eras de Tolosa,
sea lugo allá.

Realizó el vuelo, pero muy accidentado, pues pasó entre las ramas y hojas de los almendros, los olivos, los chopos…, y llegó al aquelarre completamente lleno de magulladuras.

Allí, observó que el diablo, en forma de macho cabrío, presidía la reunión. Todos los brujos y las brujas le obedecían. A nuestro arriero le entró un miedo atroz y se limitó a seguir al resto de los convocados. Antes del amanecer, brujos y brujas se despedían realizando el ósculo anal; se colocaban en fila y daban un beso al trasero del diablo, como signo de sumisión. Esto a nuestro protagonista le daba mucho asco, así que cuando le tocó el turno sacó un punzón que guardaba en el bolsillo y se lo clavó.

El ritual se repetía una segunda vez y, cuando le tocó el turno al arriero, el diablo se volvió malhumorado y le dijo: «¡Tú pasa, pero no beses!»[6].

La leyenda de Canfranc

Cuenta la leyenda que hace varios siglos, en una fría y desapacible noche de invierno, llegó hasta Canfranc una peregrina judía. Como era costumbre para los caminantes que transitaban el camino hacia Santiago de Compostela, la peregrina solicitó cobijo en aquella horrible noche. Pidió alojamiento entre los hogares de la villa y lo pidió también a las puertas de la iglesia, sabedora de que el cura estaba dentro oyéndola.

Pero, inexplicablemente, nadie la socorrió. No se sabe si fue por algún tipo de superstición, o por ser judía, o quién sabe por qué… pero ¡en mala hora!

La peregrina siguió su camino, no sin antes echar una maldición sobre el pueblo al llegar al punto más alto del puente donde termina la población: «¡Canfranc, yo te maldigo! ¡Dos veces por el fuego arderás y, por último, el agua te arrasará!».

---

6 En rondasomontano.com

En 1617 Canfranc, con doscientos habitantes, sufrió un grave incendio en el que solo quedaron en pie dos casas, el molino de harina, el castillo real y la iglesia de la Santísima Trinidad. En junio de 1944, con más de mil habitantes, Canfranc se incendió por segunda vez. Una chispa del fuego de un hogar, las vigas de madera de las casas, la paja que se guardaba y el fuerte viento que hacía aquel día hicieron todo el trabajo. El pueblo se consumió en un momento. Se quemaron ciento diecisiete casas de las ciento treinta y dos que había. Por el momento, salvo alguna riada grande, Canfranc no ha sucumbido bajo las aguas. Pero, a veces, pensamos en el Ibón de Ip y en la presa de Canfranc Estación con cierto temor[7].

7 En leyendasdehuesca.wordpress.com

Las brujas de Alquézar

En la época musulmana este municipio era conocido como Al-Qsar y era gobernado por el tirano Jalaf ibn Rasid. Pero, un día, una hermosa joven mató al rey Jalaf y, gracias a esto, Alquézar volvió a ser gobernada por cristianos. La gente de aquellos tiempos le tenía miedo a las tormentas, granizadas, nubarrones, sequías y enfermedades. Todos estos males se les atribuían a las brujas. Se cuenta que las brujas de Alquézar eran capaces de crear las peores tormentas y granizadas que estropeaban los cultivos y las cosechas. Además que en cada bola de granizo había un pelo de bruja. Estas fuerzas del mal se combatían tocando las campanas de la colegiata de Santa María la Mayor de Alquézar. La población tenía sus propias armas para enfrentarse a las brujas, ya que, además de tocar las campanas, ponían patas de jabalí en la entrada de las casas como símbolos de protección contra las hechiceras y las fuerzas del mal[8].

La leyenda de la Cruz Cubierta

Esta es la historia de la reconquista de Aínsa, que tiene como protagonistas a los cristianos, comandados por el rey de Jaca, García Ximeno, conquistando la villa de Aínsa y expulsando finalmente a los musulmanes.

La gran batalla se libra en las cercanías del pueblo, en un lugar conocido como La Morisma, con la peña Montañesa como telón de fondo. Fue cantada por trovadores y ha pasado a través de los siglos hasta nuestros días por tradición oral.

En conmemoración de esta batalla y de la reconquista de la villa medieval capital del Sobrarbe, se construyó este monumento, la Cruz Cubierta de Aínsa, en representación del milagro ocurrido, gracias al cual se ganó la batalla cuando parecía perdida. Hoy en día se puede ver una

8 En magicospirineos.com

representación teatral en la plaza Mayor de Aínsa el primer domingo de septiembre, todos los años pares.

Sobre los campos de las afueras de Aínsa, en el año 724 aconteció la batalla de los cristianos por la reconquista de estas tierras. Las tropas de guerreros cristianos procedentes de las montañas colindantes, inferiores en número y además con la moral por los suelos, iban perdiéndola. Cuando todo parecía perdido, se obró el milagro de la Cruz Cubierta de Aínsa.

Cuenta la leyenda que sobre una encina apareció una cruz de fuego. Este milagro enardeció a los guerreros defensores del cristianismo, dándoles el valor suficiente para resistir y amedrentar a los musulmanes, por lo cual estos al final acabaron batiéndose en retirada y por consiguiente perdieron la batalla, recuperando, así pues, el pueblo de Aínsa[9].

La leyenda de Heracles

Había una vez, en los albores de la historia, una tierra misteriosa y llena de maravillas llamada Bolskan. Sus colinas estaban cubiertas de pinos altos y majestuosos, cuyas agujas se alzaban hacia el cielo como lanzas de guerreros antiguos. Los ríos serpenteaban por los valles y las montañas se alzaban imponentes en la distancia.

En esta tierra, vivía un héroe legendario llamado Heracles. Hijo de Zeus, Heracles era conocido por su fuerza sobrehumana y sus hazañas heroicas. Pero también tenía un lado oscuro: una ira incontrolable que lo llevó a cometer un acto terrible. En un arrebato de locura, mató a su esposa e hijos, y, como castigo, se le impusieron doce tareas imposibles.

Una de estas tareas fue capturar al feroz toro de Creta y llevarlo ante el rey Euristeo. Heracles se embarcó en su búsqueda, siguiendo las huellas del toro a través de bosques oscuros y montañas escarpadas. Finalmente, llegó a

9 En leyendasdehuesca.wordpress.com

los Pirineos, donde el toro se detuvo a pastar en una colina cubierta de pinos.

Heracles clavó su garrote en el suelo y ordenó al toro que se alimentara mientras él descansaba. Pero, cuando despertó, encontró que el toro no se había movido. El garrote se había transformado en un árbol de pino alto y frondoso. Heracles quedó asombrado por este milagro y decidió fundar una ciudad en ese lugar sagrado.

Así nació Bolskan, la ciudad del pino. Sus habitantes adoraban al árbol como un símbolo de fuerza y resistencia. Construyeron templos y altares alrededor del pino y cada año celebraban festivales en su honor. La ciudad prosperó y su fama se extendió por toda la región.

Con el tiempo, el nombre de la ciudad cambió a Osca durante la época romana. Los romanos admiraban la belleza del pino y lo consideraban un signo de buena fortuna. Pero, incluso después de la caída del Imperio romano, el espíritu del pino siguió vivo en Osca. Los habitantes continuaron venerándolo y protegiéndolo.

Finalmente, el nombre se transformó en Huesca, pero el espíritu del pino nunca desapareció por completo. Incluso hoy en día, cuando caminas por las calles de Huesca, puedes sentir la presencia del antiguo árbol. Sus ramas se alzan sobre los tejados, recordándonos la leyenda de Heracles y su garrote convertido en pino.

Y así, la ciudad de Huesca sigue siendo un lugar de maravilla y misterio, donde la historia y la mitología se entrelazan en cada rincón. El pino sigue siendo un símbolo de fuerza y esperanza, una conexión con el pasado y un recordatorio de que incluso los héroes tienen sus momentos oscuros.

Según leyendas antiguas, aquel que se siente junto a uno, puede escuchar los susurros de los espíritus ancestrales. ¿Te atreverías a acercarte a este misterioso árbol y escuchar lo que tiene que contar?[10]

10 En leyendasdehuesca.wordpress.com

El nacimiento de Monte Perdido

Dicen que hubo un tiempo en el cual allí, en ese paraje, no había ninguna montaña. Eran amplios prados en los cuales los pastores llevaban a pastar a sus ovejas... Cuenta la leyenda que uno de estos pastores estaba tranquilamente sentado jugando con su navaja a tallar en una rama de boj. En eso, un hombre se le acercó. Se trataba de un mendigo, pobremente vestido, descalzo y con rostro demacrado tras tantos días de ayuno. Este le habló al pastor diciendo: «

Llevo mucho tiempo sin probar bocado. Dame algo de comer, Dios se lo pagará». El pastor, duro de corazón, no le hizo ni el menor caso. El mendigo siguió insistiendo, pero el pastor le respondió de malas maneras reprochándole que él también pasaba hambre y frío. Finalmente, el pastor se volvió a concentrar en la talla del boj. Mientras, el mendigo seguía insistiendo en vano... Cuenta la leyenda que, instantes después de negarle auxilio al mendigo, el valle quedó impregnado de niebla. El pastor, amedrentado, se desentendió del mendigo con el fin de recoger el ganado disperso por el prado.

Pero, con aquellas nieblas, se hacía completamente imposible. Todos estaban irremediablemente perdidos. Los nubarrones tornaron en una intensa lluvia, como jamás se había producido en los Pirineos. Perro pastor y ganado se perdieron definitivamente y nunca más se supo de ellos. Los montañeses afirman que justo en donde se perdieron apareció una nueva montaña formada de piedra y hielo.

Sin duda la más formidable, impresionante y peligrosa del Pirineo. Fue el castigo a aquel pastor que había negado a san Antonio un currusco de pan. Puesto que él dijo, cuando el pastor le negó caridad: «Te perderás por avaricioso, y allí donde te pierdas, saldrá un gran monte, inmenso, tan grande como tu falta de caridad». Es por ello por lo que Monte Perdido está compuesto solo de rocas y hielo, como el corazón del pastor...

El cautivo de Arascués

En demasiadas ocasiones resulta sumamente difícil, por no decir imposible, establecer la diferencia existente entre una leyenda y un milagro. Tal sucede con el cautivo de Arascués, lugar de Nueno, en la provincia de Huesca.

En el año 1562 ocurrió el milagro de la Virgen del Olivar, venerada como patrona en Nueno y Arascués, que tuvo su protagonista en Ángel Domingo Ribarés, el cual se encontraba preso en Argel, con grillos, esposas y una cadena al cuello. Así era mortificado a diario. Incapaz de soportar tanto tormento, se encomendó a la antigua patrona de su pueblo y le pidió fervorosamente que le concediera la libertad. La Virgen lo escuchó, por lo que se produjo el milagro. Aquella misma noche, Ángel se vio trasladado a la ermita mariana, situada en la partida de Los Olivares, tal como se encontraba en el momento de la invocación, es decir, con los mismos grillos, esposas y cadenas con los que le tenían atado los bárbaros, acompañado por el moro que le guardaba.

Este es el relato de tan celebrado milagro, fundido con la leyenda. El misterio gira en torno a él para justificar el regreso del preso en Argel, el cautivo que se reencontró con su pueblo para siempre.

En busca de la dama del lago

No hace mucho mi señora me pidió un pequeño deseo. ¿Quién fue realmente la dama del lago? Era una pregunta arriesgada. Hace algún tiempo un manchego perdió la cabeza al intentar acercar aquellos cuentos mágicos a la áspera realidad. Pero yo no soy hidalgo y procedo de un lugar de Teruel. Podría ser que saliese algo. Así fue como comencé una aventura en búsqueda de aquella hada fabulosa[11].

---

11 En leyendasdehuesca.wordpress.com

Mi intuición me decía que, enterrada bajo aquel montón de relatos, se escondía una persona real. Esta señora debió ser lo suficientemente importante para que el eco de su vida resonase en aquellas fábulas.

Una vez más el *Cuento del grial*, creado por aquel trovador, nacido en la villa de Troyes, podía arrojar algo de luz a este enigma. En este cantar, compuesto hacia 1180, podemos encontrar una pequeña referencia.

Sabemos, por numerosos autores como Adré de Mandach y otros, que el castillo del grial, lo podemos identificar como el monasterio viejo de San Juan de la Peña. Este mismo historiador ha conseguido identificar a Perceval con Rotrau III de Perche. A esta rueda de identificación podemos sumar el rey Arturo. Este personaje parece ser una visión idealizada de Alfonso I de Aragón.

Al poco de salir del castillo del grial, Perceval se encuentra con una dama que llora la muerte de su caballero.

«Se precipita en el bosque mientras le van durando aquellas huellas, hasta que inopinadamente ve a una doncella al pie de una encina que llora, grita y se desespera como infeliz desdichada». En este extraño encuentro la dama dice ser su prima. «Yo te conozco mejor que tú a mí, pues tú no sabes quién soy; contigo me crie en casa de tu madre, durante mucho tiempo: soy tu prima hermana y tú eres mi primo hermano».

Podemos intentar traducir este parentesco. Rotreau III de Perche estaba emparentado con la casa Aragón por su tía, Felicia de Roucy. Felicia era hermana de su madre, Beatrix de Ramerupt. Felicia se había casado con don Sancho Ramírez, rey de Aragón. Es en este lío genealógico donde se puede encontrar a aquella dama del lago.

Entre las hermanas del rey Sancho, existía una gran señora que, como la del cantar, había enviudado. Tras aquella muerte, fue nombrada abadesa del convento benedictino de Santa Cruz, al pie de San Juan de la Peña.

Se trataba de doña Sancha de Aragón. El trovador había exagerado el parentesco. Sancha era tía política de Rotreau

III. ¿Pudo durante su juventud este conde francés llegar a conocer a su tía política? Doña Sancha era la abadesa de aquel convento benedictino.

Los documentos no nos lo pueden asegurar, pero parece que hubo más de un rey moribundo que viajó a este lugar sagrado para dejar este mundo junto al cáliz sagrado. En este caso en el reinado de Pedro I parece que se sitúa la acción real que los trovadores ochenta años después mezclaron.

Sancha había enviudado, a los veinte años, del conde Ermengol III de Urgel. Tras este fallecimiento, doña Sancha no renunció a los señoríos de su marido. Seguía siendo condesa de Urgell.

Simbólicamente, es por eso por lo que esta dama, aparece llorando a su caballero muerto en combate. El parecido era, todavía, algo difuso. El convento a los pies de San Juan de la Peña de Santa Cruz de la Serós parece el lugar apropiado para situar la acción.

El encuentro de Perceval con esta prima continúa. Leí con atención este fragmento, pues en él parecía encontrarse el comienzo de todas las leyendas de la dama del lago.

> Mas, ¿de dónde ha salido esta espada que os cuelga del flanco izquierdo, que jamás derramó sangre de hombre ni fue desenvainada en ningún trance? Yo sé bien dónde fue hecha y sé bien quién la forjó. Procurad no fiaros de ella, que sin duda alguna os traicionará cuando estéis en gran batalla, pues os volará hecha pedazos.
>
> —Hermosa prima, la envió ayer noche una de las sobrinas de mi buen huésped (el rey Arturo), y él me la dio y yo me tengo por muy satisfecho. Pero me inquieta mucho lo que me habéis dicho, si es cierto. Decidme ahora, si lo sabéis: en el caso de que se rompiera, ¿se podría reparar?
>
> —Sí, pero sería muy trabajoso para el que supiera seguir el camino que lleva al lago que hay al pie de Cotoatre. Allí, si la ventura os llevara, la podríais rehacer, templar de nuevo y restablecer. Id exclusivamente a casa de Trebuchet, un herrero que así se llama, porque él la hizo y la rehará, lo que no logrará jamás ningún hombre que se empeñe en

ello. Procurad que ningún otro ponga en ella sus manos, porque no sabría cómo conseguirlo.

En el ciclo artúrico, esta es la primera referencia donde aparece una espada rota, una dama y un lago. ¿Os suena esto de algo?

En el condado de Urgel, este del que Sancha de Aragón fue señora, existe un lugar digno de semejantes fantasías, unas tierras llenas de lagos. Hoy lo conocemos como el Parque Nacional de Aigüestortes. En estas tierras pirenaicas hay un monte llamado Colomeras de Aigüestortes. Parecía que este era el mítico Coloa-Tre. A los pies de este monte tenemos el lago de San Mauricio.

Las historias de espadas mágicas como la de Vilardell o incluso la Tizona, que fue cedida al conde de Urgell, según un documento de la época, recorren esta tierra de lagos. Quizás la pureza del metal de hierro, junto a las bajas temperaturas de aquellas aguas, hiciera prosperar una floreciente industria metalúrgica en aquel condado. Cuando el metal está al rojo vivo, es conveniente sumergirlo en el agua más fría posible, para que se produzca el acero. Las gélidas aguas de los lagos pirenaicos, junto a la pericia de los artesanos, hizo que la fama de aquellos aceros cruzase los Pirineos y se fundiese con la leyenda.

Los canteros lombardos, que durante el siglo XII trabajaron en estas tierras, pudieron unir aquella poderosa condesa de Urgell con el milagro de san Galgano. Este piadoso caballero había clavado una espada en la roca para finalizar su vida como guerrero. La imaginación de los trovadores hizo el resto.

Curiosamente, junto a la iglesia del convento, en el pueblo oscense de Santa Cruz de la Serós, hay una iglesia de estilo lombardo.

Quizás nunca podamos encontrar a la dama del lago, pero doña Sancha de Aragón se le parece. En su sepulcro el recuerdo de aquellos caballeros permanece gravado. La que un día llegó a ser obispo de Pamplona, descansa en este sepulcro de piedra y su vida pudo originar la leyenda de Nimué.

Una bandera de Lepanto en Liri

Nadie la vio jamás, al menos por lo que respecta a las últimas generaciones de vecinos, pero el hecho tiene visos de realidad fundida con la leyenda, como de costumbre.

Liri pertenece Castejón de Sos, en la provincia de Huesca. El caserío se encuentra frente a Villanova y Sahún, en el valle de Benasque, sobre la margen derecha del río Ésera. Tiene escaso número de habitantes, pero los suficientes para recordar el pasado, aunque este sea legendario más que histórico, lo que resulta difícil de deslindar con el paso del tiempo.

Al sur del pueblo, separado del resto de los edificios, se levanta la casa solariega de los Barrau, emparentados con los Azcón, conocida popularmente como Casa La Plana. Se halla en recinto cerrado, al que se accede bajo arco de medio punto. En uno de sus ángulos se ven los restos de un torreón defensivo. Esta mansión perteneció a la baronía de Castarnés y, junto a ella, se hallan las ruinas del primitivo templo románico. La antigua parroquial contenía, según cuentan, una bandera que fue tomada a los sarracenos en Lepanto por un hijo de la ya mencionada familia Azcón.

Se especula con que es el único trofeo de este carácter existente en Aragón, y en Liri conservaban la enseña como una reliquia.

La duda permanece vigente en nuestros días, porque ya es sabido como la historia se convierte en leyenda y viceversa. El caso es que Liri contó con uno de los mejores trofeos de la batalla de Lepanto, gracias a la heroicidad de uno de sus hijos más preclaros.

La Excalibur aragonesa

La legendaria espada del Cid guarda celosamente sus secretos. Solo nombrarla nos sugiere recuerdos de batallas épicas, de nobles caballeros y de grandes reyes. Un arma mágica que estuvo protegida por los templarios.

La primera vez que una espada con ese nombre aparece en la historia es en 1020, en manos de Ramón Berenguer I, en un documento templario el *Liber feudorum*. Así la Tisó aparece en manos de los condes de Barcelona. Los historiadores no reconocen, oficialmente, que la Tisó y la Tizó castellana son la misma espada templaria.

Pero esta afirmación se comienza a complicar en los montes de Monroyo. El *Cantar de mío Cid* refleja una extraña historia. En la batalla de Tebar (1090), el Cid gana a Ramón Berenguer II y le hace prisionero: «Vençido a esta batalla el que en buena hora nascó / Al conde don Remont a preso le ha tomado / Hi gañó a Colada que más vale de mil marcos».

Este lugar, «Tebar», se identifica con un bosque de la villa del Matarraña. Entre estos pinares de Teruel también se fraguan leyendas.

El autor de este cantar la llama «la Colada». Así pues, en el cantar se nombra al campeador con dos espadas: la Colada y la Tizona. En concreto se dice que al conde de Barcelona se le arrebata «la Colada»; parece lógico pensar que el anónimo autor del cantar se equivoca y que es la Tisó que los castellanos llaman Tizó el arma en concreto. Algunos autores proponen que tanto la Colada como la Tizona son la misma espada (Martí de Riquer y Ferrán Juste).

La historia se complica cuando la Tizona aparece en dos documentos posteriores. Por una parte, en la dote de la hija de don Rodrigo Díaz de Vivar, doña María de Rodríguez, en sus esponsales con Ramón Berenguer III; típico de la nobleza, tan pronto se aman como se matan. También sitúa a otra Tizona en la dote de su otra hija, Cristina, con Sancho Ramírez, que en ese momento era conde de Monzón. Uno de sus hijos pasaría a ser rey de Navarra, García Ramírez el Restaurador. En el cantar, también el Cid deja sus espadas a sus yernos, pero el autor parece que se inventa dos personajes que no existieron realmente.

Paseando por estas montañas entre Monroyo y Rafales buscando respuestas parece que di con una teoría. El Cid arrebató de manos de Ramón Berenguer II una vetusta y ajada arma de la que el Campeador mandó hacer copia. Para replicar una pieza se utiliza una técnica que se denomina *colado,* que consiste en tomar un molde de un objeto y después llenar este molde con un metal fundido. Así tenemos una parte del enigma resuelto. La Tizona y la Colada son dos espadas gemelas y las dos empuñadas por Rodrigo Díaz de Vivar.

Según el canónigo Monzones Pilzano, al parecer un hermano menor de García Ramírez recibió de su madre la espada. Así aparece un caballero apodado Tizón, que fallece en la batalla de Fraga en 1134. Su hijo, que se hizo templario, llevó esta arma de vuelta al castillo de Monzón. Así queda en un documento, nombrándola «petri ticiones». El historiador Ubieto en sus *Estudios sobre el Cid* dice que la espada estuvo colgada sobre la tumba de un templario en la iglesia del castillo.

La orden se hizo cargo del castillo de Monzón y de la custodia de esta reliquia de doble filo. Es en esta fortaleza donde se forjaría con el martillo y el yunque, se templaría una persona, un rey que estuviese a la altura de la espada.

En Monzón se cuenta le leyenda de un niño que, acompañado por el comendador del castillo, llega a una cueva donde vivía un anacoreta. El ermitaño al parecer sumergió el arma que portaba el señor del castillo en una fuente cercana y se la entregó al que sería Jaume I el Conquistador. Así, en la fuente del Saso en Monzón la Excalibur aragonesa salió de las aguas para volver a entrar en la épica del reino. El Temple forjó un rey al que entregó el arma que le estaba esperando. Hoy la fuente del Saso es un charco inmundo. Vergüenza de tierra que no respeta los lugares donde se crean nuestros mitos.

Así, la historia reflejada en el *Llibre del fets* nos cuenta como Jaume I el Conquistador, portando la espada Tizona, comienza una cruzada en la que logra formar un imperio que llegaría desde San Juan de la Peña hasta Valencia: «(…) haviem nos auyta una espasa de Montsó que havia nom Tisó, que era molt bona e aventurosa a aquells qui la portaven, e volguem-la més levar que la llança».

Un arma que describen como «constil·lades», fabricadas en una constelación.

Los magos cuentan que aquel acero fue fraguado en la luna llena de géminis para que un rey dragón no perdiese ninguna batalla combatiendo con ella.

Algunos dicen que hoy se encuentra en un museo de Toledo y que por ella se pagó un millón y medio de euros. Otros opinan que los templarios la custodian esperando el momento en el que un rey la vuelva a empuñar con honor.

Los ingleses harían películas, los franceses grandes documentales. Los aragoneses, que ni queremos ni sabemos ensalzar nuestra historia, seguimos sin hacer nada por recordar nuestro pasado.

La leyenda de Leonor de Aquitania

Entorno a Leonor de Aquitania existe una leyenda negra alimentada por el paso de los siglos y la multitud de elucubraciones que se han hecho en relación con su comportamiento, su aspecto físico, su espléndida preparación cultural, su amor por el mundo trovadoresco y su increíble fortaleza, pues vivió ochenta años en un mundo en el que la esperanza de vida era mucho menor. Una trascendencia nada habitual para una mujer de la época.

Esta visión tan negativa de la duquesa de Aquitania comienza con los testimonios que recogen los monjes y los clérigos de la época, quienes se encargaron, tal vez bajo una mirada de desconfianza hacia la mujer, de mostrar a una Leonor que, lejos de llevar una vida tranquila, transgrede las normas habituales. Además, y como muestra inequívoca de maldad, la describen como una mujer muy bella y por ello sospechosa de cualquier acción contra los hombres.

Leonor de Aquitania y Luis VII

En épocas posteriores, los documentos que estos últimos dejaron fueron interpretados por historiadores, quienes adoptan diferentes posturas entorno a la figura de Leonor. Los franceses reprocharán a Leonor haber roto, con su conducta y su divorcio, la unidad francesa. Otros, por el contrario, describen a Leonor como una reina avariciosa, egoísta, elucubradora y sedienta de poder. Un tercer grupo de historiadores considera a Leonor de Aquitania como una de las primeras feministas de la historia. Hay, por tanto, interpretaciones para todos los gustos.

Independientemente de estas ideas, y como dijo Jean Flori, el mejor biógrafo de Leonor de Aquitania, no es posible separar a Leonor de su leyenda porque tan solo la conocemos a través de esta.

Por último, cabe recordar que Leonor fue dos veces reina y madre de tres reyes. Intentó vivir la vida que ella quería. Así nace la historia sobre Leonor de Aquitania, una mujer entre el mito y el símbolo.

El santo grial en Huesca

Muchos juglares que hicieron el Camino de Santiago encontraron en San Juan de la Peña y sus alrededores una importante fuente de inspiración y el monasterio se convirtió en un lugar de intercambio de ideas y de encuentro.

Sin duda alguna, uno de los mejores ejemplos de esto lo constituye el poema de Wolfram von Eschenbach *Parsifal* (Perceval), un caballero de la Mesa Redonda y de la corte del rey Arturo, cuyo objeto principal es la búsqueda del santo grial.

El poema *Parsifal* narra la historia del caballero perteneciente a la corte del rey Arturo, en el que incluye su aventura con el Rey Pescador. Tras abandonar la corte, Perceval (o Parsifal) se dirige a buscar a su madre, a la que abandonó años antes para ir junto al rey Arturo. Mientras camina perdido por las montañas, se encuentra con dos hombres que están pescando en el río, a los que pregunta dónde puede encontrar cobijo. Uno de ellos le indica el único lugar donde podrá hacerlo, llamado Monsalvat, al cual se dirige el caballero. Pero más que es un castillo lo que encuentra es un monasterio. Allí, le recibe el señor, que es uno de los dos hombres que estaban pescando en el río, el Rey Pescador, que es el pescador que le ha indicado el camino.

En el castillo, Perceval es testigo de una extraña ceremonia. Un paje lleva una brillante espada que le entrega al rey. El rey se la regala al caballero. Después, entran un criado que porta una resplandeciente lanza de la que gotea sangre y, mientras una joven muchacha lleva en sus manos un resplandeciente y hermoso grial, camina tras él y se dirige a una habitación en la que se encuentra un moribundo anciano acostado. La joven le da entonces de comer de los alimentos que lleva en el grial.Durante la cena, Perceval no se atreve a preguntar al rey, el cual padece una enfermedad incurable, el significado de lo que ha visto, ya que ha sido educado para no preguntar por simple curiosidad. Tras la cena, todos se dirigen a sus aposentos. A la mañana siguiente el castillo se encuentra abandonado y todo el mundo ha desaparecido. Perceval sigue su camino en búsqueda del grial. Se encuentra entonces a una joven, que en realidad es una maga, que le informa de que el señor del castillo era Amfortas, el Rey Pescador, el cual se encuentra muy enfermo a causa de una herida que le hizo una lanza en una batalla.

La muchacha le reprende por no haber preguntado al rey por lo que ha visto, pues, de haberlo hecho, hubiera curado la enfermedad y la maldición que pesaba sobre el rey y su reino. Le cuenta que la lanza representa a aquella que fue clavada en el cuerpo de Cristo y el grial, el objeto con el que fue recogida la sangre. Lo informa también de la muerte de su madre, de pena por la desaparición de su hijo. Perceval decide volver a la corte del rey Arturo y buscar el grial. Camina errante y vive varias aventuras en las que utiliza la espada que el rey le regaló. Después de largo tiempo, encuentra un grupo de peregrinos. Es Viernes Santo y vienen de una ermita escondida en las montañas en la que vive un santo ermitaño. Perceval decide ir a la ermita y hacer penitencia. Encuentra al ermitaño y confiesa sus pecados ante él, contándole su encuentro con el Rey Pescador.

El ermitaño le pregunta su nombre y, al responderle, le reconoce por su historia: aquel a quien no se atrevió a preguntar por su mal era su hermano, como hermana era también su madre, y el que lo recibió en el castillo era el hijo del rey. Como penitencia por sus pecados, el ermitaño le ordena que siga y ame a Dios. Perceval recobra su espiritualidad y busca Monsalvat para encontrarse con el grial. Tras encontrarlo, hace las preguntas necesarias y reconforta el sufrimiento de Amfortas y encuentra el santo cáliz. Perceval descubrirá que su padre es Amfortas y a su muerte custodiará el grial.

Muchos investigadores han identificado a Amfortas con el rey Alfonso y a Monsalvat con el monte del Salvador, donde se encuentra el monasterio de San Juan de la Peña. Incluso el nombre del personaje de Perceval está basado en un familiar del rey llamado Perche de Val. El poema describe lugares, personajes y elementos que coinciden con los de San Juan de la Peña, incluyendo muchos detalles arquitectónicos que encontramos en el monasterio. Pero incluso la leyenda alcanzó al propio rey Alfonso I, principal defensor del monasterio, cuyo carácter templario y custodio del grial dio origen a la leyenda en torno a él, que decía que, tras la batalla de Fraga, en la que resultó herido de muerte, se trasladó al monasterio y milagrosamente se recuperó y recuperó la juventud y el vigor.

De hecho, Amfortas es Alfonso en lengua occitana, siendo el segundo hijo del fundador del templo del grial, llegando a ser rey a causa de la muerte de su hermano, que no tenía descendencia. Era templario y siguió a lo largo de su vida una conducta que queda reflejada en la leyenda. Alfonso fue herido en la batalla de Fraga, perdiendo parte de sus tierras y gravemente herido, retirándose al monasterio. Allí dicen que fue recuperándose gracias a las propiedades mágicas del grial, del que tomaba los alimentos. Existen otros elementos que ayudan a identificar San Juan de la Peña con el lugar donde se desarrolla la leyenda. Monsalvat es el monte Salvador, sobre el que se asienta el monasterio. Montsalvat fue edificado y sostenido por una dinastía de reyes; San Juan de la Peña es el santuario y mausoleo de los primeros reyes de Aragón. Perceval es identificado con Ramiro II el Monje, el ignorante, el que no se atreve a preguntar, el caballero místico que finalmente encuentra el grial y se convierte en su custodio.

Hasta el año 1399 estará custodiado el grial en el monasterio de San Juan de la Peña. Será ese año cuando el rey Martín el Humano solicita al abad del monasterio la entrega del grial a cambio de un cáliz de oro. Después llevará el grial al Palacio Real de la Aljafería de Zaragoza. Más tarde lo trasladará a Barcelona. En la actualidad, el santo cáliz se encuentra en la catedral de Valencia, adonde llegó en el año 1437.

La leyenda de las cien reliquias

Cuenta la leyenda que un peregrino valenciano arribó a Castiello agotado y maltrecho, sin fuerzas físicas ni espirituales para continuar su tránsito hacia Compostela. En agradecimiento al pueblo y a las familias que lo acogieron y socorrieron, el peregrino cedió a sus gentes todo cuanto llevaba. Es por ello por lo que el lugar de Castiello es conocido como *el de las cien reliquias*, y es el alcalde quien guarda la llave de la arqueta de plata junto al sagrario del altar mayor de la iglesia de San Miguel, donde estas se custodian, mostrándolas tan solo una vez al año, el primer domingo de julio.

Castiello de Jaca es uno de los principales puntos del Camino de Santiago en Aragón. La iglesia románica de San Miguel y su entorno, con restos del cementerio medieval de lajas, la vieja abadía, la pradera sur, el antepecho de la portada y el remate del campanario constituyen un conjunto de enorme importancia histórica.

Santa Orosia

Según dicen, una princesa procedente de Aquitania que llegó a aquellas montañas acompañada de un numeroso séquito camino de Toledo, donde estaba destinada a contraer matrimonio con un príncipe godo. Su largo viaje coincidió, sin embargo, con la invasión agarena, de la que ni siquiera tuvieron noticias al emprender su andadura. Así, la comitiva principesca, al pasar por los montes cercanos a la localidad de Yebra, tuvo la desgracia de tropezarse con una numerosa partida de musulmanes que los hizo prisioneros.

El cabecilla de aquella partida, Aben Lupo, se sintió inmediatamente enamorado de la princesa cristiana y la requirió de amores, pero fue rechazado una y otra vez por Orosia, que sentía sobre todo la incompatibilidad de su fe con las creencias de aquel moro que pretendía convertirla al islamismo y casarse con ella según sus creencias religiosas. El enamorado caudillo echó mano de todos los trucos imaginables para convencer a la cristiana y, ante sus firmes negativas, no encontró otra solución que intentar convencerla recurriendo al miedo. Así, en presencia de la virtuosa princesa, hizo degollar a su propio tío y a su hermano, que la acompañaban. Con ello no logró otra cosa que afirmarla en sus convicciones y, finalmente, desesperado por el mismo horror que había despertado en su amada, la hizo también decapitar con todos los demás miembros de su comitiva y arrojó sus cuerpos a una sima cercana.

Pasó el tiempo y la poca gente que tuvo noticias de aquella matanza buscó primero inútilmente sus restos y luego olvidó el suceso. Pero un buen día, mientras conducía su rebaño, un pastorcillo de Yebra distinguió luces que salían de una covacha y, al acercarse, sintió que de ella salía un aroma indefinible. Cuando se asomó encontró los restos de los mártires y, entre ellos, el cuerpo decapitado e incorrupto de la princesa Osoria. La noticia corrió por toda la comarca y, muy pronto, el cabildo de la catedral de Jaca reclamó la reliquia de la princesa, que inmediatamente después de ser encontrada fue proclamada santa y comenzó a hacer prodigiosos milagros. El pueblo de Yebra, en cuyo término había tenido lugar el hallazgo, reclamó por su parte el derecho a conservar a su santa y solo largas conversaciones con la autoridad religiosa abocaron en una solución: Yebra conservaría la cabeza de la princesa mártir, pero el cuerpo sería trasladado a la catedral jacetana, donde habría de recibir el culto apropiado para que su santidad fuera conocida de mayor número de fieles. Y así se hizo. Y, desde entonces, la reliquia de santa Osoria siguió repartiendo milagrosos favores desde su capilla del templo catedralicio.

El cuerpo de la princesa aquitana se sigue conservando en la capilla especial que se le construyó junto al claustro de la catedral. Esa capilla tiene una disposición muy significativa, porque fue levantada justo a los pies de la gran nave central, de tal manera que su estructura conformaba como los dientes de una llave cuyo cuerpo lo constituiría la nave misma del tiempo. Este simbolismo de la llave se repite en numerosos templos cristianos, y la disposición del enterramiento sagrado llama la atención por el mensaje que transmite. Todo hace pensar que, tanto aquí como en otros lugares con las mismas características, la capilla debía transmitir la idea simbólica de que aquella llave estaba destinada a guardar y a descubrir un determinado secreto a aquellos que fueran capaces de captar debidamente su significado. El secreto en cuestión, en nuestro caso, sería probablemente la identificación del culto a la princesa mártir con sus cultos ancestrales rendidos a personajes femeninos, como la Perséfone de los misterios eleusinos, a los que se traspasaría el papel sagrado antiguamente destinado a las divinidades femeninas de las antiguas tradiciones precristianas: diosas que participaban de la maternidad telúrica y de la pureza y que, con el tiempo, serían absorbidas por la devoción popular mariana, que vino a asumir una parte fundamental de las creencias propiciadas por el cristianismo a partir del siglo XII.

La hechicera Kundry

Es una hechicera condenada a vagar eternamente por la tierra, en castigo por haberse burlado de Cristo cuando ascendía al Gólgota. La hechicera Kundry y otros magos habían hecho caer maldiciones sobre el monasterio y el monte de Monsalvat, donde estaba el santo grial. Según Antonio Beltrán, Montsalvat podría ser el monte Pano y San Juan de la Peña. Aquí, según la leyenda recogida en *Parsifal* y en *Lohengrin*, de Wagner, el caballero Titurel conserva la lanza y la copa que contenía la sangre de Cristo que manó de su costado atravesado por la lanza de Longinos. Las maldiciones de Kundry y sus secuaces impedían a la sangre obrar las maravillas con que beneficiaba a sus guardianes y recibir la paloma del Espíritu Santo en Pascua. Un héroe llamado Parsifal con la lanza de Longinos terminará con el hechizo. Esta leyenda entronca con la del santo grial, que habría sido donado por san Lorenzo y habría estado en San Juan de la Peña hasta 1399.

Las brujas en Huesca

Sin duda, esta provincia aragonesa es la que tiene mayor tradición brujeril. Basta con repasar muchos de los topónimos existentes para darse cuenta de ello. En Tramacastilla hay un bosque de las Brujas; en Gavín, la Caseta de las Brujas; en Aquilué, en Nocito y en Ibirque, la Caseta de la Bruja, en singular, para una sola. En Aineto hay otro topónimo llamado las Brujas en plural. Al parecer, las brujas eran muy aficionadas a esconderse en los bosques y a ocultar casetas solitarias en aquellos puntos más estratégicos. También, en Biescas, junto al barranco de Aratiecho, existe una caseta llamada de las Brujas. Dicen que la bruja Maut era de aquella zona y cuentan que hacía ladrar a las personas como a los perros. En cierta ocasión, un sastre se encontró, sin buscarlo, en la reunión del aquelarre, cundo vio a las brujas pasar a realizar el ósculo anal al diablo en forma de macho cabrío. El sastre sacó su punzón y le pinchó. Luego, la segunda vez que volvieron a pasar, cuando le tocó el turno al sastre, el diablo se volvió y le dijo: «Tú pasa, pero no beses». Como cabe suponer, el buen sastre jamás regresó por aquellos lugares por temor a volver a vivir tan desagradable experiencia.

Cuentos y agudezas baturras del *Tío Jorge*

En el año 1901 se publicó, en Zaragoza, un libro subdividido en cinco tomos bajo el título *Cuentos de las Cinco Villas. Serie de cuentos y agudezas baturras* del Tío Jorge. Cada tomo incluye treinta y dos páginas con cuentos más o menos cortos. Al comienzo de cada tomo, un dibujo nos enseña a un hombre mayor sentado en un taburete, con una bara en la mano, el Tío Jorge. Está rodeado de cuatro niños de pie y sentados un perro, una cabra y un burro. Todos lo están escuchando atentamente y pidiéndole más historias. A continuación se puede leer:

> Los chicos: ¡Tío Jorge! ¡Ice que sabe V. más cuenticos!
>
> El Tío Jorge: ¡Táma, táma! Ya lo creo, y estos sí que son mágicos, que jamás habéis oído.
>
> Ch.: ¿Ni liidos?
>
> J.: ¡Ni liidos!
>
> Ch.: ¡Pues no los cuentes!
>
> J.: Pus, ¡allá van! Aparar bien los oídos.

Esta colección de cuentos fue escrita por los hermanos Mariano y Manuel Domeque. Para publicar el libro utilizaron el seudónimo de Tío Jorge. Quizás utilizaron este nombre en homenaje al héroe zaragozano Jorge Ibor Casamayor (1755-1808), que luchó en la defensa de Zaragoza durante el primer sitio de la ciudad en la guerra de la Independencia y que era conocido con este apodo. Murió como consecuencia del tifus y lo enterraron en el panteón de los Palafox, marqueses de Lazán.

Hemos seleccionado, de los cinco tomos, una serie de cuentos explicados por el Tío Jorge, a esos cuatro niños y animales, y a todos aquellos que los quieran oír y leer:

* * *

Desde el tiempo inmemorial venían casándose en Laznuza, pueblecito de la provincia de Huesca, los miembros de dos repetables familias; los pepinos y la de los gurriones.

Los pepinos varones, se casaban con las gurrionas hembras; o bien las hermanas pepinas con los gurriones varones, y esto acontecía siempre que en cada familia respectiva se disponía de un miembro capaz para el matrimonio.

Narciso, único pepino que habia había dejado con vida la epidemia colérica del año 1885, determinó seguir la tadiconal costumbre de su casta, tomando por esposa a Cristobalina, primogénita de los actuales gurriones de aquella época.

Preparóse todo para la ceremonia nupcial con general aplauso y satisfacción de parientes, amigos y convecinos.

Narciso, montañés un poco expléndido y deseoso de dar alguna sorpresa a su futura, hizo un viaje a Zaragoza llevándose algunos cuartejos para gastar en los regalos de ordenanza.

Visitó uno de los establecimientos de la Capital en el ramo de la juguetería escogiendo por lo vistosos dos objetos dedicados respectivamente a su novia y madre suegra.

El primero, era una zanahoria de cartón que al pronto parecía criada por la naturaleza, objeto este, para llenarlo de dulces.

El segundo era un sapo de porcelana capaz de dar el camelo a los sapos vivos y efectivos.

Regresó Narciso a Lanuza orgulloso de sus compras de boda, amén de algunas chucherías para los parientes pepinicos y gurrionicas.

Tuvo especial cuidado de no exhibir aquellos dos objetos destinados a Cristobalina y suegra porque su propósito era sorprenderlas cuando llegara ocasión.

El día que se había de verificar el enlace y a fin de no equivocar los sorprendentes regalos, metióse Narciso la zanahoria en la parte delantera de la faja y el salo, en la de atrás, proponiéndose sacar ambos en el momento más solemne y oportuno.

Llegando éste y que en su concepto fue a arrodillarse los novios ante el altar, momento de religioso silencio y compostura, y cuando Cristobalina ponía los ojos en blanco y a su madre se le caía la baba, saca Narciso la zanahoria por la parte superior de la faja, dejando oculta la mitad y con profunda voz exclama:

—Esposa mía, ¡pá tú!

Los concurrentes que formaban la comitiva, se levantaron asombrados y como si los hubiera movido un resorte.

Orgulloso Narciso por el éxito de su concurrencia golepóse fuertemente por la parte posterior e hizo grandes esfuerzos para sacar el sapo diciendo al mismo tiempo:

—¡Pa tu madre!

A la vez que esto dijo e involuntariamente, tuvo la mala suerte de dejarse escapar una cantidad de gases por la parte posterior que produjeron un enorme ruido.

El auditorio en masa soltó una estrepitosa carcajada sin poderse contener. La novia se desmayó; la suegra… quiso arañar a su reciente yerno y tal vez hubiera efectuado su deseo a no haberse interpuesto el sacerdote que calmó un tanto los ánimos.

Narciso, lanzado de la Iglesia por los parientes de Cristobalina, enfermó de pena y murió poco después, llevándose consigo el pobrecico, la simiente en flor de los pepinos.

Con respecto a la gurriona Cristobalina no sabemos si volvió a casarse, o por el contrario mantuvo su estado de viudez en respeto y veneración a la zanahoria, obsequio de su pepino Narciso.

* * *

Al tomar posesión de la alcaldía el tío Casiano allá por los comienzos de la última guerra civil carlista en un pueblecito de muy escaso vecindario de la provincia de Teruel, se creyó de hecho la primera autoridad de la dicha provincia y comenzó a dar órdenes en la localidad.

Su carácter era verdaderamente reformista.

Muchas veces se le oía exclamar:

¡Ah ridiela! Si yo juera ray, había de cortar más cabezas… Había de hacer una degollina de deputaus, ministros y toda esa granujería que viven a costa del probe…

¡Ah probe Espala! ¡Como gus la vais mereciendo poco a poco!

Así filosofaba con, o sin razón.

Pues bien: en su buen deseo de reformar las costumbres de aquella pequeña localidad, y dando algunas reglas para la mejor observancia de las ordenanzas municipales, fijó un bando de su puño y letra en la puerta de la casa consistorial y que copiado *ad pedem literae*, decía así:

BANDO

Dom Casiano de la Peña y Gutierrez del Morral, Arcarde constituional deste lugar ñomvrado por la gracias de Dios y la constitución, ago saber:

Que al cair en el mío poder la vara e la josticia va a introducir a tóos los becinos deste pueblo u pedania unos cuantos artículicos, u layes pa que respeten y obedezgan en tóo y por tóo lo que el señor arcarde gus va a ordenar.

Y cudiao me llamo, si no soy sirbido.

Alticulo 1º.- Tons la propiedaes, presonas y demá animales de mi familia, serán respetaos mesmamente que si jueran el ray.

Alticulo 2º.- Se proive en disoluto y treminantemente el uso de armas ocultas cono pistolicas, guchillos, puñales, estralicas de mano, reguelveres, asadores, ozes de podar, trabuquicos naranjeros, palos con punchas de yerro, sabres, estoques introducidos en palos, estacas, garrotes y otros destrumentos prejudiciales; reserbandome yo el siñor arcalde pa mi defensa, usos y resgualdo, los materiales de mi autoridaz.

Alticulo 3º.- Si algún regolvedor doficio tratara de enaltecer el orden deste lugar, será castigado on toa la juerza y rigor de mi bara de mando.

Alticulo 4º.- En el momento que Dios amanezca, las mozas escovarán y rujiarán bien en tóo tiempo las puertas de las calles y dende este momento queda proibido el measen como acen algunas cuando escovan para que paizca quian rujiu por pereza de ir a la juente por un cantarico dagua.

Alticulo 5º.- Los guayes de gusotros que los llebais sueltos cuando bais a dales agua, los llebareis bien atadicos porque a lo mejor arrméten a las mugeres y arman un regullicio que se joroba el monario.

Ya sabís lo que son las mugeres cuando les arremeten lo mesmo animales que personas, que tóo se les bá en gritar, chilar y armar estropicios.

Con que mucho hojo en este caitulico.

Alticulo 6º.- Los golpes de comedias de titeres que esta noche y mañana tendrán lugar en el granero de casa el Zapo, los prisidiré yo, y como estaré presiente, no premitiré tirar patatas, reglotar, estornudar, peder, estirase las piernas ni los vrazos, dar patadas en el suelo, abriduras de voca, ni llamar a Juanico el tonto por que antimás de estar mal esas cosas y autos con los modales de las presonas, bus asemajais, a las cavallerías.

Alticulo 7º.- El dia 14 deste mes, bendrá a este pueblo una debisión de melitares de tropa a cobrar la contrevución, y gus aconsejo que en cuantica saga de noche, tóo cristo sachante en su casa y se meta por ande a salido por que con esas escopeticas que gastan y que jo…rovan a diez por menu, no hay que metese con ellos pa nada.

Las mozas casaderas tendrán mucho cudiao con la desonrra de sus cuerpos y sobre todo náa de grumicas con los melitares no sea calgún probecico del lugar baya a pagar lo que no sa comido.

Alticulo 8º.- Las mugeres que no lleban medias en casi tóo el año, y que eso está mu mal con la inmoral, se las pondrá en cuanntico se puvlique este vando, y a los chios que anden pol pueblo con cada bela de moco que arde el filmamento, les pondrán sus madres un moquerico en el bolsillo, y les enseñarán a sonarse.

Alticulo 9º.- El dios que po las noches arme zaragata pol lugar tirando tiricos y haciendo la p… al cecindario causando distragos y emprejuicios y sobre todo reguznando cono los lechales, será castigao con todo el peso que marca la vascula de la lay y su cunferencia.

Alticulo 10º.- En la Misa primera que hice los Domingos, proibo de raiz toser y más toser, porque rediós, paico que tóos tenís moquillo, muelmo ú tos felina.

Alticulo 11º.- Toos gusotros llebarais vozos puestos en los morros de güestros perros y cavallerías pa que no muerdan a nadie ni a denguno, ni causen prejuicios, distragos, descandalos y pretupicios.

Alticulo 12º.- Por si gus acontece alguna cosa y no stoi besible por que me paice que estaré desaminando las cuentas del ajuntamiento salido, ya sabís ande tengo mi casa: en pasando la plaza y regolbiendo a mano zurda, un lumero que ay tapao con varro y pa más señas ay un cuerno de craba a cada lau de la puerta y una jaulica con una cardelina en un barcón de madera.

Y no teniendo que hacerus más mandaus y no quisiendo de molestarus más, gus aconsejo que me obedezgais tdo lo que sus ordeno y no me dis lugar a castigos por que el enfeliz y probecico que caiga en mis manos, me zampo encima del con todo el rigor de la lay.

Dado en este Lugar a primero del mes que corremos del año 1872.

Yo el Alcalde, Casiano de la Peña y Gutiérrez del Morral.

* * *

Una comisión del pueblo de Morata de... Compuesta de alcalde, un regidor y secretario, fueron a Zaragoza por asuntos administrativos.

Por la noche creyeron muy del caso ir al Teatro, y se dirigieron al Principal.

En el vestíbulo había bastante concurrencia formando cola y entraron en fila para sacar localidad.

Algo impaciente el secretario y regidor al ver que el despacho iba con bastante lentitud y aconsejados por otro individuo no menos impaciente, determinaron ir a *paraiso* y así lo hicieron sin acordarse para nada del alcalde.

Le llegó a éste el turno de tomar billetes y no sabiendo qué pedir, se fijó en un caballero que iba delante de él y dijo:

—Deme usté un pasaporte como el que la dao a ese señor.

—Ahí va.

—¿Cuánto vale?

—Diez reales.

—¿No puede usté rebajar alguna perrica?

—No, señor.

—Pues como esos y en paz.

Llegó a entrar, y preguntó a los empleados:

—Digan ustedes. ¿Han entrado ya unos de mi pueblo?

—¡Qué sabemos!

—¿Y yo, adonde tengo que dir?

El alcalde de Morata de... siguió al pie de la letra la indicación de los empleados: constantemente fue detrás del caballero: si éste se paraba en los pasillos, se paraba también. Si paseaba, iba siempre detrás; subió a galerías, e hizo lo mismo.

Sus compañeros ocuparon asientos de *paraiso.*

Al concejal se le ocurrió pasear la vista por toda la sala, y al fijarse en butacas, no pudo menos que exclamar:

—¡Rediós qué hondo está esto! ¡María Santísima cuantos balconcicos y cuantos pisos hay aquí! ¡Ahí va… cuantas lucecicas!

El caballero era uno de esos entes que les gusta entrar en la sala cuando ya ha comenzado la función; así lo hizo seguido del alcalde armado éste de un fenomenal paraguas debajo del brazo.

Tan pronto entró en la sala, se fijó desde arriba el regidor y no pudo contenerse en gritar:

—¿Tío chato…? Aquí estamos. Suba.

Este que iba azorado, al oír la voz del de su pueblo, se le abrió un mundo de gloria y contestó:

—¡Rediela! ¿Ahí estabais? Ya era hora que gus encontrara. Enseguidica voy.

El público comenzó a siscar y decir:

—¡Fuera, fuera!

—Cállese ustez, dice un polizonte al regidor.

—¡Otra que rediós! ¿Que no se pué hablar ú qué? Pa eso hi pagao medio duro; antimas ha de saber usté, que soy regidor en mi pueblo y po lo mesmo no le digo a usté mas, que respete a la autoridá.

Un espectador: Que baile ese regidor.

Otros: ¡Que baile, que baile!

El regidor: ¿Sabéis lo que vus digo? Que me…

Muchos espectadores: ¡Fuera ese! ¡Fuera!

Quedó apaciguado el tumulto y el alcalde acompañado por un acomodador, subió a paraiso, a reunirse con sus compañeros.

Durante la función estuvieron con orden y nada ocurrió de particular hasta las últimas escenas que figuraba una gran tempestad acompañada de truenos, relámpagos y una gran lluvia.

Al ver que la tormenta iba arreciando, dice gritando el regidor:

—¡Tío chato, ridiós! Abra usté el bateaguas que si no, aquí nos vamos a jorobar de agua.

En efecto: abre el paraguas y se cobijan los tres debajo.

El secretario era un castellanico que nunca había estado en un teatro formal, solo sí, según decía, había visto unas comedias en Reznos, su pueblo natal, por lo tanto creyó también la tempestad real y efectiva.

Al ver el público grupo tan interesante comenzó otra vez a gritar:

—¡Fuera ese paraguas! ¡Fuera! ¡Que lo cierren!

Como era final de función, el griterío fue en aumento y se hizo general, tomando participación los espectadores de otras localidades.

Seguían impertérritos cobijados bajo el aparato para preservarse de la lluvia, hasta que por fin cayó el telón y entonces el alcalde levantando en alto el paraguas dice gritando con su voz de becerro a los de paraíso:

—Jorobarse si no tenis bateaguas.

Y a continuación se dirige a los de otras localidades:

—Y gusotros, dos veces.

Salieron del Teatro y una vez en la calle y siempre obcecados en que llovía, volvieron a abrir otra vez el paraguas quedando parados y pegados a la pared.

El griterío fue enorme degenerando casi ya en un verdadero escándalo que puso fin la intervención de un inspector de policía y dos parejas que les convencieron de su error acompañando a los protagonistas de Morata a su hospedaje, que lo tenían en la «posada de las Almas».

* * *

Subía un baturro bien plantado de los llamados cuadrados por el paseo de Santa Engracia de Zaragoza.

En uno de los bancos había un señorito sentado y por burlarse del baturro que demostró ser éste un bonachón, le dice:

—Oye, baturro. Me parece que yo te conozco.

—Bien puá ser.

—¿De dónde eres?

—De Mezalocha.

—Toma asiento y nos fumaremos un pitillo.

—Venga day.

—No te sepa malo lo que te voy a decir: ¿sabes que he oído muchas veces que los de Mezalocha sois muy brutos?

—¡Quiá! No lo crea usté señorito. Son más brutos los de Pedrola y Tauste que se apostaron a comer *alfalce* y se comieron sais *fajos,* pero los de Pedrola les llevaron ventaja y les ganaron porque se comieron los *fencejos* tamién.

—Tú, debes tener mucha fuerza.

—Un poquico. Hace unos días estábamos en la estación de Las Casetas encajonando unos mulos y había uno que no quería entrar y dije yo: ¡Ah rediós! ¿Qué no entras gurrión? Me metí debajo de la tripa, lo subí en alto y lo entré adrento.

—Apeito, me parece que lo debes tener muy bueno.

—Vay, rigular. No está malejo. Un cabritico a juerza de pan y vino, a cualsiquier hora cay.

—Listo, también debes serlo y sobre todo, un poquito tuno, porque tiene cara de ello.

—Una miajica de todo, porque en cuanti a lo primero, de Mezalocha a La Almunia en dos horicas no me da cudiao y respeuto a lo segundo, no tengo que hicile a usté más siñorito, que sé ahonde tié mi novia una pequica mu maja.

—Bien, hombre. Ya veo que eras listo, pero yo te apuesto que no me pegas una *puñetazo* en esta mano aquí extendida sobre el banco: y más te diré: que no me harás daño.

—Miuste, siñorito. Si yo pego un *puñetazo* en la mano, se la *desago.*

—Vamos a verlo, dale sin miedo.

—Si se empeña usté, allá va.

Descarga el puñetazo con toa su fuerza pero al caer el puño, retira el señorito la mano, y dá en la piedra.Quedóse mirando el puño algún tanto dolorido y dice:

—Ya sé una cosa más que no sabía, en fin, perdiendo dicen que se aprende en este mundo: ma engañao usté siñorito, pero en cuanto llegue al pueblo, hi de engañar yo a otri.

Le faltó tiempo al baturro cuando llegó a Mezalocha para querer engañar a otro.

—Oye tu, Anicasio, dice a un convecino. ¿Te quies juar un jarro de vino a que no me pegas un puñetazo en esta mano? (colocándosela extendida por toda la cara).

—¡Quita hombre, quita! Si te pego el puñetazo te deago la mano, la cara y el tozuelo.

—Pues tira y verás cómo no me tocas la mano, ni me haces mal en ella.

—Si te empeñas…

—Anda sin miedo.

Siguiendo la práctica del señorito, retiró la mano de la cara y del puñetazo resultó las narices deshechas y con una grande hemorragia.

—¿No te hicía yo que te desaría la cara?

Y echando sangre como un toro le contesta:

—¿No te hicia yo tamién que no me pegarías en la mano? ¡Rediez, cómo ti engañao! Aprende, aprende, si no sabes, que en Zaragoza lo hi aprendido.

* * *

En una barraca de espectáculos de la feria del Pilar de Zaragoza se exhibe una colección de animales de diferentes clases.

En la puerta se halla el dueño, un italiano de muchas melenas, gritando:

—¡Ah siñores! Pasen adelante solo por un rel; pasen a ver la gran osa blanca cogida en la Siberia; la gran serpiente boa, la gran gorrina que pesa ochenta arrobas y sobre todo la gran foca que dise pápa y máma. Todos estos animales han sido cazados sin arma ni instrumento alguno por la intrépida Mis Dorinda, sueca de nacimiento, de quince años de edad. Adelante siñores, entrada un real, niños y soldados diez céntimos.

Entre los que entraron a la garita lo hizo un zurrador de las Tenerías, que oyó atentamente al italiano la descripción que de cada unos de los animales hacia, hasta que llegó el turno a la gran Foca.

—Aquí tienen siñores la gran maravilla del mundo, la Foca sabia humana entiende, habla, ríe, canta, come, bebe y c... lo mismo dentro del agua que fuera y dice pápa y máma.

El zurrador observa que para llamar el italiano a la Foca, mete en la cuba del agua en que se halla el animal un palito con un pincho en la punta y que acto seguido asoma la Foca la cabeza y aun berío, mientras el feriante dice:

—¡Siñores! ¡Ha dicho pápa!

Repite la operación y dice:

—¡Ha dicho máma!

—¡Ha dicho... Leche!, dice el zurrador sin poderse contener, y dirigiéndose al italiano. Mire v., tío Greñicas, en su tierra de usted querrá decir todo eso pápa y máma, pero en esta tierra todo eso quiere decir ¡leche! Váyase a su tierra a enganar tontos, porque si nó, aquí, le vamo a dejar sin esas melenas que gasta.

* * *

Después de merendasen y cabrito y beber mucho vino y aguardiente varios individuos de La Almolda comenzaron a referir los sueños que cada uno había tenido la noche de antes.

Dijo el primero: To hi sañau ue me encorría un toro por una viña regada, que me undía hasta la rudilla y no podía andar un paso; que ma cogido y ma llevau en las astas media hora hasta que ma estrellau contra un árbol y mi hecho peazos y ha venido una manada de lobos y cada uno se ha llevau un peazo.

Uno de los oyentes: ¡Rediez! Que fin más desastroso has tenido, chico.

Otro: Pues yo, que fui a una ciudá donde los hombres tenán veinte varas de alto y las casas cien; que el primer hombre que me vio me cogió y como si fuera un pajarico me entregó a un chico de pañales pa que jugara con mí; que me llevaba en la mano como si fuera una moña y tanto me pretaba la entraña que tuve que gritar media hora pa que m'oyeran.

Dispués pa que el chico se divirtiese más, me puso su padre una gomica en el cocote pegada con un poquico de cera, y principió a subime y bajame como un moñaco desos de la feria y cada vez que tiraba de la gomica me daba un culetazo en el suelo, hasta que sa roto la goma y del golpe tan fuerte mi dispertau.

El tío Canina, hombre que parecía algo serio, dijo: Pues yo hi soñau que mabía muerto, y que fui al cielo acompañau de un angelico; que al llegar a la puerta ha salido uno con barbas y ma preguntau que de donde era; yo li dicho que de La Almolda, ha puesto mu mala cara y ma dicho: aquí no entran los almoldanos porque son muy embusteros. Entonces le dije que yo solo era vecino de La Almolda, que nacido era de Fuentes, y ma contestau:

Pior, que pior; aun son más embusteros los de Fuentes y tampoco de ese pueblo entra nadie. Como no me movía de la puerta se arremangau una sotana, ha sacau un manojo de llaves y ma pegau con él en la cabeza y las narices que me estrurdecido y me hizo perder el sentido.

Cuando abrí los ojos vi que iba por el aire y que me caía a unos montes altos pa estrellarme, de repente que me volvía un cuervo y volaba por donde quería; al poco rato que era hombre y que me caía otra vez; de repente vi en mitad del camino en el aire una anilla, y dije, esta es mi salvación; metí el dedo y allí estuve dios sabe el tiempo agarradico hasta que ya no podía más porque noté que me dolá mucho la anilla y me tenía que soltar y caer.

Uno de los reunidos: ¡Rediez la anilla! ¿Sería el dedo lo que le dolería a V., tío Canina?

—No señor: era la anilla lo que me dolía; porque me dispertéy vi me m'habia metido el dedo en el c…

Todos: ¡Rediós que salidica de… que ha tenido V, tío Canina!

* * *

Reunidos varios vecinos de Rueda referían sus viajes y lo que les había causado admiración.

Decia el primero: yo estuve en Madrid y allí todos son casas, rediós cuanto casilicio, casi no se ve el cielo. También me gustó una culebra que vi en mi cuerpo de gorda y una burra de rayas muy maja que estaba entre rejas sin hacer nada, en un jardín que decían del Retiro, yo le dije al que la enseñaba, que me la duera para ir al campo y no quiso.

Otro: Yo estuve en Barcelona cuando la guerra de cuba y lo que más me gustó fue ver el mar y muchos nidos de gurriones en los árboles de un paseo y sobre todo una cadena de hierro que sostenía un barco que el herro de cada anilla era más gordo que todo mi cuerpo y un pilar cerca del mar tan alto que llegaba a las nubes.

El tercero: Pues yo solo hi llegau hasta Zaragoza y lo que más me gustó fue os hombre de piedra muy grandes que hay uno a cada lau de la puerta de la Audiencia con unos garrotes levantaos, como diciendo, ¡el que aquí tenga que entrar leña no le ha de faltar! Y dispués un ciego que cantaba la jota en la plaza del Pilar, que e tan fuerte que tenía la voz resonaba tanto en la iglesia que se le menaban las enegüicas a la Virgen del Pilar y casi se quedaban sordos los que le estaban rezando.

Uno de los reunidos: Chiquios, ¿sabis que paicis andaluces? Y eso que no había salido de España, que si por casualidad vais a Buenos Aires… no son aires embusteros lo que hubiais venido contando.

* * *

Doña Crisógona, señora viuda y muy apreciada en la sociedad zaragozana, tenía por único hijo a Carlitos, joven de veinte años que cursaba sus estudios en la carrera de Medicina.

Joven de relajadas costumbres, proporcionaba a la que le dio el ser sendos disgustos que monaba aquel caso decrépito organismo.

En vano recriminaba aquella señora los desvaríos de su hijo. Lo que más la molestaba y la hacía vivir en continua zozobra era la maldita costumbre de retirarse a casa en las primeras horas de la mañana.

Con objeto de poner freno y remediar o corregir aquel defecto, dio órdenes al vigilante nocturno para que no le abriese la puerta en aquellas intempestivas horas.

Carlitos con su defecto de tartamudez, llegó a la puerta de su asa y gritó:

—¡Vi… vivigilante!

—Allá va, contestó medio dormido desde un portal.

—A…bra usted la… puupupu… erta.

—Señorito, le dice. Tengo orden de su máma de no abrir la puerta a usté.

—¡Ah…! Es… tá bien. Lla… mamamaré y titiraré la pu… pupupuer… ta si es prepreciso.

Dá fuertes aldabonazos y al cabo de poco rato, se oye el chirrido de los goznes de un balcón que se abre.

Doña Crisógona que no dormía y esperaba aquel momento, pregunta desde el balcón…

—¿Quién es?

—Soy… yo.

—¿Quién es usted?

—A… bre mamama… má. Soy tu… tutu hijo.

—No puede ser que sea usted mi hijo; ninguna persona decente se retira a estas horas a su casa. Mi hijo es más decente que todo eso, y se retira antes.

Cierra el balcón doña Crisógena y Carlos vaga por las calles hasta la hora de Misa de Infantes buscando refugio en el Templo del Pilar para reaccionar sus ateridos miembros por el frío.

Pocas noches después de este suceso, dice así doña Crisógona a su hijo:

—Carlos; ya sabes que doña Sinforosa la de Pérez, se halla gravemente enferma y como la amistad que nos une es grande quiero demostarle mi afecto en esta noche haciéndole compañía hasta las doce o la una de la mañana. Así pues, espero te retires tempranito para que la casa no quede sola y a merced de las muchachas.

Sería la una y media de la madrugada, cuando el vigilante forcejeaba en vano para abrir la puerta.

—Señora, dice. Etá el cerrojo corrido y no se puede abrir.

—Llame usted.

Con la mano fuerte dá cuatro alsabanzados. Carlos que no dormía, sale al balcón y pregunta:

—¿Quién… es?

—Soy, yo.

—¿Y… quién es… usted?

—Abre Carlos, soy yo. Tu mamá.

—No… nonono puede ser quequeque… sea usted mi… mamama… má, nin… guna per… sona decente sese… retira a… estas horas a… su cacacaca… sa. Mi mamama… má es más decente que tototo… do eso y, sesere… tira an… tes.

Carlos cerró el balcón y se acostó.

Doña Crisógona acompañada por un criado de la enferma, volvió de nuevo al lado de ésta, donde permaneció hasta las nueve de la mañana.

* * *

En un merendero del barrio de Torrero de Zaragoza, se hallaban de tertulia una porción de individuos refiriendo casos y cosas de tal magnitud, que por lo estupendo y exajerado merecen consignarse.

Lo gracioso del caso era, la gravedad pasmosa de aquellas referencias, pero según se averiguó luego, era una apuesta que habían hecho de contar cada cual lo que le ocurriese con la condición de no reirse ni tampoco los demás oyentes.

Entre lo que pudo recogerse de aquellas referencias, resulta lo sigue:

Un tejedor: Refería que en Grisen, su pueblo natal, el monumento que colocan para Semana Santa era inmensamente grande y que para desacerlo tardaban nueve meses trabajando a destajo cuatro carpinteros y siete peones.

Un albañil: Este decía que en su lugar había un labrador muy rico y que era tal el número de huéspedes que siempre tenía en aquella casa, que para sacar del corral las cáscaras de los huevos que consumían, empleaban dos carros diariamente sin más objeto que sacar carretadas de cáscaras de huevos a las afueras del pueblo.

Un oficial de carpintero: Haciendo referencia este individuo al buen estado de su vista, dice:

—Tengo una vista que no la envidio a nadie, y pa ver si es verdá lo que esta mañana me ha paicido ver, voy a enterarme mejor. Salir con mí, dice a los demás.

Salen todos los tertulianos y el tal individuo se coloca una mano en forma de visera y dirige la vista al Moncayo y después de dijarse atentamente, dice:

—Pues aún está, ya me paicia a mi que no me entivocales. Nada, nada. Que estoy viendo una pulga por la puntica del Moncayo: cómo está dando brincos. Un sapatero de portal. Callar, callar; no hablar nada.

Colócase una mano en una de las orejas como para recoger mejor las ondulaciones del sonido y después de un rato de atención dice:

—Tienes razón, Menardino. No te entivacabas. ¡Rediez qué vista! Hi estao oyendo el ruido que hacia la pulga con las patas cuando brincaba.

Un bracero del campo: ¿Si supiais lo que me pasó ayer en el café? ¡Ya, ya! Le di un duro al mozo pa que se cobrara el gasto que había hecho, y se lo puso en la boca y mientras se miraba los bolsillos pa ver si me podía golver lo que sobraba, sin saber cómo se lo tragó.

—Pues no tengo que golver, me dijo.

—¡Otra que ridios!, le dije. ¿Y ahura me voy a quedar yo sin duro? Risumen chiquios, que armemos zaragata y le pegué tres puñetazos en las costillas a mi gusto. ¿Y sabeis lo que hizo? Pues que echó pol e… todo el duro en cascajo (calderilla).

Un sillero ambulante: Pues yo, en una corrida de toros vi a picador que lo tiró el toro lo menos cuarenta varas de alto y cuando cayó en tierra que cayó de cabeza, de la fuerza que llevaba no quiero hicieros más que se metió debajo tierra lo menos cuatro varas. ¿Y pa qié lo habían de sacar? Pues allí se quedó. ¡Remoño qué cosas! ¡Paice mentira! ¿Qué dirais que salió al poco tiempo?

Un tertulio. Una malva.

—¡Quia, hombre! Salió, una remolacha.

Un alpargatero. De eso de caídas puede contar lo que vi yo pasando por una obra. Se cayó un pión desde el quinto piso con una vacieta de yeso en las manos, y no se hizo nada.

—Hombre, quien no se hizo nada fue la vacieta, ¿el pion? ¡Redios el pion! A piazos se hizo.

Un tornero. Cuando yo era músico en el Regimiento de Almansa, estaba una noche estudiando una pieza nueva en el clarinete y de tanto sueño que tenía me quedé dormido con el clarinete en la boca tocando un si bemol. Cuando me desperté al otro dia y me vi con el estrumento en los morros y que aun estaba tocando, dije pa mí. ¡Redios! ¡Si mi pasao la noche tocando el si bemol!

Un pintor de brocha gorda. Yo emigré con mi familia a Méjico y lo primero que vi cuando desembarqué, fue un cañón que había en el muelle que tenía de largo… en fin chicos, no quiero deciros más, que cuando lo disparaban, tardaba a salir la bala del cañón al menos media hora.

Un matraco: Pues yo siñores, no se hicir más que la verdá. Que tuve unan ovia planchadora, y a pesar de ser tuerto me la pegaba.

Como todos se rieron mucho y bebieron más, quedaron citados para el domingo siguiente para continuar sus cuentos y mentiras.

* * *

Allá por los años 1850 o 1860, se hizo célebre en Zaragoza por lo muy estrafalario un tal mosen Obanos, beneficiado de la parroquia de San Pablo.

Unos le juzgaban como un desequilibrado de su razón; muchos, de gran despreocupación en su manera de ser, y sobre todo en lo que afectaba a los actos de su ministerio; y los más, como un demócrata muy popular amante de la clase trabajadora.

Gozaba de gran popularidad entre las verduleras del mercado y todas le trataban con suma familiaridad.

¿Mosen Obanos? ¿Sabe usté que no me ha escrito el chico que tengo soldao hace ya más de un mes?

—¿No…? Pues ahora mismo le vamos a escribir. Anda por papel.

Sacaba un tintero de asta y pluma de ave que siempre iba provisto, hincaba una rodilla en tierra y escribía.

—¿Mosen Obanos? ¿Sabe usté que ayer le habló a mi chica un arbañil pa casase con ella?

—Bueno. Ya me enteraré y veré si conviene o no.

Resumen: era un asesor, un desfacedor de entuertos y un componedor de todos los asuntos de aquellas gentes que lo mismo manejan las pesas que una navaja de Albacete.

Todos los servicios se los recompensaban con verduras y frutas: así es, que siempre iba cargado a casa de estos artículos.

La mayor parte del día lo pasaba por el mercado adquiriendo compromisos de celebrar misas que ajustaba a bajos precios y que casi siempre cobraba en vegetales.

Cierto día que iba en dirección a San Pablo con objeto de celebrar misa, al pasar por una pollería le llama la dueña y le dice:

—Oiga usté mosen Obanos. Quisiera decirle hoy una misica a mi marido, porque hace cinco años que se murió.

—Bien, Nocanora. Ya se la diremos, si quieres, ahora mismo voy a celebrar. Esta que iba a decir era para la Pepa la frutera, pero la dejaremos para mañana y te la diré a ti.

—Bueno. Pues me voy con usté y cuando vuelva le daré chocolate y se la pagaré, porque ahora no tengo suelto.

—No importa; ya me llevaré un conejo si te parece.

—Pues elija uno.

Cogió uno vivo y se lo llevó bajo el manteo.

Llegó a la sacristía y mientras se revestía para celebrar, se lo dio a guardar a un monaguillo.

Ya revestido, dice al muchacho:

—Trai, trai. No sea cosa que se escape este tunante.

Y se lo colocó dentro del alba.

Mientras la celebración fue haciendo evoluciones alrededor del cuerpo del mosen, sin duda buscando un punto por donde escapar.

Algo debió ver, porque al volverse el cura para dar por terminada la misa y decir ite misa est, el conejo dio un salto y echó a correr.

Mosen Obanos que era poco escrupuloso y que no reparaba en pelillos, corrió tras el animalito por toda la iglesia.

Al pasar por cerca de la pollera le echó mano y lo cogió, y al entregárselo al cura, le dice:

—Tómelo usté, mosen Obanos. Ya me dirá otra misa.

—¿Otra? Cuando me des un conejo sin patas pa que no se me escape. ¡Canastos! Pues estaría bueno que me hubiera quedado sin cobrar después de dicha la misa.

Cuando le tuvo en su poder lo levantó en alto por las orejas diciendo:

—¡Ola pajarraco! Sin duda el alma del difunto está en el purgatorio cuando tú quieres escapar.

En otra ocasión, estaba administrando el acto de Comunión a unos fieles y entre estos había una mujer con un niño en brazos.

Al depositar en esta la Sagrada forma, el niño alargó la manita y la cogió, teniéndola prieta sin quererla soltar.Mosen Obanos, para conseguirlo, recurrió a una frase ingeniosa que le dio el resultado que deseaba, diciéndole:

—Quita day, cochino. Esto es ca...

En ocasión en que iba a celebrar misa en la iglesia de Torrero y cuando ya se hallaba revestido, se le ocurre decir al muchacho que le había de ayudar:

—Mosen Olanos. Que no hay vino en la vinajera.

—Tráela, le dice.

Y sin reparar en nada y tal como iba para la celebración, salió de la iglesia y fue a una cantina cercana a buscar vino.

Entre los vecinos de este barrio de Torrero, tambén gozaba de mucha popularidad.

El día de San Isidro labrador, convinieron con mosen Olanos una porción de hortelanos, costear una misa en obsequio al santo.

Esperó a que estuviesen todos reunidos y cuando ya se hallaba en el altar para dar comienzo al sacrificio se vuelve y pregunta:

—¿Estáis todos?

—Tres faltan, contestó un hortelano.

—Pues que se amuelen, dijo. In nomene Patris et, y dio principio.

El tiempo estaba nebuloso y durante la misa dejóse sentir algún vago y lejano trueno presagios de tempestad.

Terminada la misa y reunidos los colonos en el pórtico de la iglesia, hacían cálculos astronómicos de aquel mal día que presagiaban. Salió el acerdote e hizo causa común con los labradores previendo la tormenta.

Uno de ellos le dice: Amos, mosen Obanos.

—¿Qué le paice a usté de este tiempecico?

—La que es hoy, me paice muy mal.

—¿Por qué?

—¿Veía aquella nubecica?

—Sí señor, contestaron casi todos.

—Pues aquella nubecica nos va a jo… robar; no nos va a dejar ni frutas ni hortalizas.

Canso ya el Clero de la ciudad de oír casos y cosas de mosen Obanos, formularon una queja al señor Arzobispo y este le mandó llamar para amolestarle y ordenarle que no celebrase misa a menos precio.

Oyó con respeto y resignación las amonestaciones del superior y cuando hubo terminado le dice:

—Ya comprenderá Su Eminencia, que la misicas que digo por boreajas, coles, ciruelas, etc, etc, no valen pa hacer p… y además tengo que advertirle, que de cada cien misas a estos precios, solo sigo una completa.

Poco tiempo después se decía si le habían o no retirado las Licencias para celebrar.

* * *

A un empleado con cargo importante en la Diputación de Huesca, muy célebre por sus dichos, cuentos y ocurrencias, le correspondieron veinte mil duros de lotería.

Disfrutaba un sueldo de diez mil reales y solicitó permiso para separarse de su destino por el tiempo que le durase en gastar los veinte mil duros.

No le fue concedido.

Solicitó nuevamente un año de licencia sin sueldo y se lo concedieron.

Nueve días antes de terminar el año se presentó en la oficina a posesionarse del cargo acreditando no tener un cuarto y como es consiguiente haberse gastado los veinte mil duros.

Sus compañeros le preguntaron en qué había gastado tanto dinero y contestó:

—En fuegos artificiales que todo es mucho ruido y pocas nueces.

* * *

En un de las inmediatas torres de Zaragoza llegó un joven preguntando:

—¿Esta es la torre del Sr. Venturían el Zurdo?

—No, le contestó una mujer. Ya le acompañaré yo. Aquella que se ve allí es: mialo; allí está trebajando junto a la casa.

—Es de mi pueblo, venía a verlo.

—Tío Venturían, este joven de su pueblo que pregunta por usté.

—¿Y quién eres?

—Ciriaco, el hijo del Treburcio.—¡Rediez!, exclama. ¿Tú eres Ciriaquico el hijo de Treburcio? ¿Pues quién tabiá de conocer hombre? ¿Cuánto te vas? Si estás hecho un mocetón y te dejé tan pequeñico hace sais años cuando nos fuemos del lugar. ¡Cuánto malegro de vete! ¡Tu padre y tu madre tan buenos! ¿Eh? ¡Rediez, rediez! Oye: ¿y tu hermanica la Rosa, ya se casó? Pus claro que sabrá casau; estaba hecha una potrica que daba el gorpe hache; pacia un cocollico de esquerola. ¿Y el tío Baila-curruscos aún le da tan mala vida a su mujer la señá Crespina? Mete y saca se murió ¿verdá? Y qué escansadica se quedría su parte contraria. ¿Y vas a estar muchos días?

El tío Carpanta seguirá tan bueno, ¿no es eso? ¡Ah rediela! Aquel siempre tirando planare: ¡claro, le dá la mano el siñor Telisforo el cerujano y tié que dir bien:

¡Me caso en diez! Miá que tas engordau y tas hecho grande. ¿Quién habia de hicir que eras tú?

Macuerdo muchas veces de tu padre de cuando un día juimos a cazar, y mató a Sagata, amos, al perro, pensando que era un conejo; ¡vaya una juevada aquella! Y otra vez de cuando nos introducieron a los dos en la carcel y ¿sabes por qué fue?

Era entre dos lunes y estábamos esperando en una esquina a tu madre, es decir, cuando festejaba con tu padre que tu estarías... vere a saber ahonde estarías. Subía po la calle arriba el cua, y me hice tu padre: chiquio, Veturirán: ¿A qué no le pagas un peñazo en un pico del bonete de mosen Gacinto?

¡Rediela! Agarró una pedra y... ¡zás! ¡rediós! Al suelo cayó el probe cura del pedruscazo. ¿Te pa tú?

Bien Ciriaquico, bien. ¿Y qué te trai por aquí, por custión de quintas u a buscar noviaje?

Haces bien, chiquio; que yo a tus años ya llevaba al retortero tres u cuatro novias, y siempre venían detrás de mí.

El joven: tria usté delante. (Por lo bajo ¡qué tío melón!).

—¿Y Mingote el tejedor aún tiene tratos con la Chata?

¡Rediez qué chicas más aprovechadichas las tres hermanas! La una se escapó con un carabinero; la mediana, por no dar qui hablar en el pueblo se vino aquí y se amistó con un monecipal desos del desorden pública; y la Chata se jué a servir a un siñor solo y aluego no se su con razón u con mentira, le sacaron esta canción:

Rebustianica la chata
A sirvir a un siñor jué
Y a los nueve meses justos
Ya eras de familia tres.

¡Coñe, coñe! Pus chico, si no me dices que eras tú, pa luego que te conozco; estás mu güeno y coloradete.

¿Ya ha cantao misa el hijo de Toca-tripas? Güen mozo es su padre, peor me paice que su mujer aún le hace ser mejor mozo. Y si no, ¿de qué le viene dale estudios al hijo? Vete a saber lo que son las cosas; la cuestión es, que con haber servido ella tantos años y aún pué que le sirva al siñor Militón, está al pelo ella y toa la familia.

Y de Melindres qué me cuentas, ¿sabes algo?; aquel con muchas perras; miá lo que son las cosas, cuando mide azaite, le tiembla el puso; ¡y pa que veas! A su hija que solo tiene veinte años, cuando coge la libra y mide, hasta que la vulca en la azaitera del probe que va a comprar, tamién le va temblando el pulso: ¡ladrones! ¡milagro hagan perras!

(A una joven que pasa por un lindero de la finca).

—Chiquia… rubia; ven aquí.

—¿Me va usté a dar algo?

—Sí, ven. Mira este es Ciriaco un chico de mi pueblo, ¿no es mal paicido, verdá? ¿Sabis que podiais hacer algo los dos? ¿Qué te piace?

—¡Otra! A eso estamos, por mi…

—Ciriaco: arrea plante von ella que güen apaño y tié güen reconcomio e cara. En in, chiquios, ya arreglaré yo este asunto. Por lo pronto no te digo más Gaspara que a estar, cuatrocuentos cuernos el día que se muera su padre no le ha de faltar.

—¡Osús, cuernos!

—Amos, quió decir, que doscientos carneros no le faltarán. En din chiquia, ya hablaremos más despacio y veré de arreglar este asuntico. ¿Sus apice birn? Pues adelante con los faroles. Oye rubia; monojico de claveles, ojicos de cardelina, pimpollo de fregadera y cuerpo zaragatero; hasta la noche que iré por tu torre a matar un ratico con tu padre.

—Que güen sol e ha salido hoy a usted señor Venturián.

—En saliendo tu de casa, limoncico fresco, no se necesita más.

—Vay, vay, adiós.

—Adiós cara de triangulo picolominácitis; carica de paniquesa, alegría del termino de Miraflores, Jarandín, Garrapinillos y hasta del barrio de los chuflaos.

¡Coñe con Ciriaco!

A monicaco creo que lo mataron ¿verdá? Bien se le estuvo, jorobarse y no ir ahonde no le importaba, que la chica bien ba con Pablico y denguna nesecidá tenía de estorbarlos.

¿Aún presta hineros Espelleja probes? Lástima e bomba dilamita.

Según me contaron, Perdigón se metió a fraile; ya hicía yo que aquel acabaría por mal.

Bien Ciriaquico, bin hombre bien. Ya verás cuando venga mi mujer cuántos salegra de vete: pué que no te conozca tampoco.

Tengo unas ganas dir pol pueblo a dar una güeltecica…

¿Y la Jorobada está en el lugar?

La via hace unos sais meses pol Coso y dije pa mi: ¿tu po aquí? Me paice cabrás venido a mudar de aguas.

¿Y solo doscientos duros le daron de dote a la chica de Veneno? Paice mentira pa tanta fachenda y tanto argullo; gracias que el novio sabrá quedao satisfecho porque la mocia es bien plantaa y con cuatro cuartos bien hechos.

Pero rediós, chiquio: ¿Sabes qui sido bien torpe de no hicite si querías echar un trago? Amos padrento, y hablaremos más despacio. (El joven por lo bajo) Ridiós, y a mîi cuando me va a tocar de hablar. Pues como beba me joroba a palabras.

Chiquia, Nastasia: saca la señá botecaria pa echar un piscolabis.

Esta es la más pequeña de las chicas. La grande la vamos a casar muy pronto con un hijo del torrero del siñor Jiménez que tié fabrica de pieles en las Tañerias.

En nuestro pueblo tan brutos como sempre ¿verdá? No te quio hicir más, que una vez hicieron una regacha mu honda al redor de la torre de la ilesia, la llenaron de fiemo y la regaron pa ver si crecia.

Ala, bebe.

No es mal vinico, ¿eh?

Venga la botecaria.

Brrrrrrrrrrrr… esto es teta y mantequica de Soria. ¡Ah, ridiós! Lastima no se golviera toa laguna que baja pol Canal, el Huerva y el Ebro vinico como este.

A continuación y sin dejar la bora de las manos, suelta otro erupto más estrepitoso por detrás y volviéndose a mirar, dice:

Güen viaje.

Anda Ciriaco, otro trago.

—Déjelo, usté pa la tarde que golveré.

Hasta otro ratico. (Marchándose y dicienfo por lo bajo) No me cojerás tú tan printo ni me jorobarás otra vez, aura ya ti conocido gurrión.

* * *

Dos perdiganas de estudiantes de Zaragoza despedidos por su patrona por no pagarle y tener empeñada toda la ropa, menos una vieja capa que llevaba uno de ellos, porque ya no la admitía el tío Quita manchas, discurría en la plaza de San Felipe la manera de comer aquel día.

De repente se pega una palmada en la frente uno de ellos y dice: yo ha discurrido el medio, sígueme.

Tomaron la calle de Torre-nueva hacia el Mercado, llegaron a un puesto de venta de cabritos donde se halla un tío de calzón vendiéndolos que tiene cara de infeliz, y le dicen:

—¿Cuánto quiere usted por este cabrito?

—Nueve pesetas, contestó.

—¿Quiere usted ocho?

—Llévelo.

El estudiante le dice: bueno, venga conmigo, que es para mi tío y él lo pagará. Es aquí cerquita en la iglesia de San Pablo, donde está mi tío el cura, que se lo pagará a usted. ¡Vamos andando! Y tomaron los tres la calle de San Blas. Ya cerca de la puerta de la iglesia el estudiante que llevaba la capa dice al cabritero:

—Deme usted el cabrito para entrar en la iglesia, porque parece mal llevarlo a la vista y yo lo puedo entrar debajo de la capa.

El cabritero se lo dio y los tres juntos con el cabrito entran en la iglesia.

Se dirige hacia los confesionarios y uno de los estudiantes se adelanta y dice: espero aquí un momento que voy a decírselo a mi tío.

Se aproxima a un confesionario donde está un cura muy gordo esperando penitentes que confesar.

—Padre cura; vengo a participarle que hoy he hecho una de las obras mejores de mi vida para beneficio y gloria de nuestra religión cristiana.

—¿Qué es pues, hermano? Dijo el cura.

—¿Ve usted aquel hombre de calzón que está allí?

—Sí, señor.

—Pues bien, ese hombre hace más de 20 años que no se ha confesado, y yo con mis exhortaciones y ruegos he podido convencerle y traerlo para que se confiese hoy: es algo bruto y exaltado, lo examine.

—¡Bien, muy bien, hermano! Dios le premiará su obra; dígale que se acerque, a la vez que el cura lo llama con la mano.

El estudiante se dirige al cabritero y dice: que vaya usted que se lo va a pagar.

Mientras el cabritero se dirige al confesionario, los estudiantes toman la puerta de la plaza y las de Villadiego llevándose el cabrito.

El cura: Arrodíllese usted, hermano.

El hombre lo hace así.

—¿Cuánto tiempo hace…?

—¿El qué, el cabrito? ¡Pues ya tenía tres meses, pero estaba muy gordo!

—No es eso lo que pregunto, sino ¿qué cuánto tiempo hace que no se ha confesado?

—Yo, pues el año pasau.

—Mire hermano que la mentira es pecado mortal; diga la verdad si no se quiere condenar.

—¡Qué verdad ni qué ocho cuartos! Yo no me vengo ahora a confesar; vengo a que me dé usted las ocho pesetas del cabrito que se acaba de llevar su sobrino.

—¿Qué sobrino? Si yo no tengo ningún sobrino.

—Sí señor, usted ha estau ahora hablando con él y me ha llamau a mí usted mismo para pagármelo.

—Pero hombre si lo que me ha dicho ese señor es que usted no se confesaba hacía veinte años y que lo había convencido a usted y traído para confesarse hoy.

—Bueno, pues yo no tengo nada que ver con esos enredos; yo no pierdo el cabrito; o me lo paga usted o escomienzo a puñetazos con usted y va el confesionario a rodar.

El cura al ver la decidida actitud del cabritero y por evitar un escándalo en la iglesia, sacó las ocho pesetas del bolsillo y se las dio mientras decía:

—¡Todo sea por Dios!

Este libro se terminó de imprimir, en su primera edición, por encargo de la editorial Almuzara el 23 de enero de 2025. Tal día del 1878 en Madrid, el rey Alfonso XII contrae matrimonio con la infanta María de las Mercedes de Orleans.